児童・青年期臨床に活きる
ロールシャッハ法

Rorschach

松本真理子
Matsumoto Mariko

森田美弥子
Morita Miyako

小川俊樹
Ogawa Toshiki
..................●編

金子書房

はじめに

　ロールシャッハ法はヘルマン・ロールシャッハによる1921年の創始以来，心理測定法としての信頼性・妥当性の批判を受けつつも現代まで脈々と投影法の代表としての地位を維持してきている。心理臨床家が実践における有効性を実感しているということであろう。

　一方で昨今の臨床心理学分野も時代の流れを受けてエビデンスという用語が趨勢を極めるなか，ロールシャッハ法を活用する心理臨床家は全体からすれば決して多くはない。熟練への道のりと実施解釈ともに時間がかかることが，この優れた道具を臨床の場に活かすことの足かせになっていることは想像に難くない。

　このような時代の流れのなかであえて本書を企画した背景には大きく次の2つがあげられる。

　1つには，編者らが，1950年代以来本格的に研究されることのなかった，一般の児童・青年期を対象とした日本人ロールシャッハ反応の特徴についての基礎研究を続けるなかで，ロールシャッハ反応とは時代を超えて共通する特徴（Universal Popular；Hallowell, 1945）を有すると同時に，文化や時代の要因を大きく受けて変化する特徴をもつものであることが，あらためて明らかになったことがある。すなわち，編者らは現代においてロールシャッハ法を活用するには，従来いわれてきた特徴とあわせ現代的特徴を理解することが重要であると考えている。そのために本書には，このことを理解するための基礎データによるロールシャッハ反応の特徴が詳説されている。

　2つ目には，世界に目を向けたとき，日本人は今なおそれでもロールシャッハ法を用いる臨床家や研究者が多いことにある。3年に1度開催される国際ロールシャッハ学会における日本人研究者の割合は，国別にみても上位に位置している。ロールシャッハ法に限らず，わが国では描画を含め投影法を用いる臨床家の多いことが，編者の調査でも示されている（小川，2012）。日本人にとってのロールシャッハ法とは，という視点に立って，今一度日本のロールシャッハ法を振り返り，臨床場面における優れた心理臨床の道具として活かされるにはどのような活用方法とそして発展の可能性があるのか，ということを具体的な実践例を通して読者諸氏に問いかけたい。

　このようなことを主なねらいとして，本書は次の3部から構成されている。

　まずⅠ部では「総論」として，わが国におけるロールシャッハ法の歴史と日本における各分析システムを紹介している。そして，日本人にとってロールシャッハ法とは，という視点に立ち，文化・社会的背景をふまえたその存在の意味について述べている。さらに，ロールシャッハ法による児童・青年期理解の意味やロールシャッハ法で対象とかかわるということについても，ロールシャッハ法全体を理解する視点から述べられている。

　Ⅱ部においては「アセスメントのために」として，上述したように，一般の日本人児童・青年期を対象として実施したデータに基づいた日本人のロールシャッハ反応の一般的そして

現代における特徴について詳細に解説している。アセスメントの道具としてのロールシャッハ法には必須の基礎知識であろう。

Ⅲ部においては「アセスメントからセラピーへ」として，児童・青年期において面接技法としてのロールシャッハ法の活用についてさまざまな対象の実践事例を通して提示している。加えて，昨今進歩の目覚ましい脳科学との学際研究としてロールシャッハ法の展開の可能性についても最終章ではふれている。

なお，投影法の表記については，歴史的経緯から，現在では「投影法」もしくは，「投映法」のいずれかの表記が用いられている。本書においては，各章担当執筆者の表記のままとした。

本書の刊行によって，現代の日本における児童・青年期心理臨床において，ロールシャッハ法がアセスメントの道具としてのみならず，日本の文化社会の特徴とうまく調和しつつ新たな面接技法としても，展開していくきっかけの一助となることを祈っている。

2013年8月

編者一同

〈文献〉

Hallowell, A. I. (1945) Popular responses and cultural differences: An analysis based on frequencies in a group of American Indian subjects. *Rorschach Research Excange*, 9, 153-168.

小川俊樹（2012）研究法④投映法（投影法）．齋藤高雅・元永拓郎編，新訂臨床心理学研究法特論，pp.92-108．放送大学教育振興会．

目 次

はじめに　i

I 部　総　論

1章　日本人とロールシャッハ法──時代と文化 ……………小川俊樹　3
1．日本へのロールシャッハ法の紹介 …………………………………………3
2．ロールシャッハ法の発展──日本における各種システム …………………4
3．日本のロールシャッハ法 ……………………………………………………11

2章　ロールシャッハ法による子どもの理解 ……………松本真理子　15
1．子どもはどのように反応を表出するのか ……………………………………15
2．子どものロールシャッハ反応における知覚と投影と言語 …………………16
3．子どもと大人の相違──子どもの発達を考える ……………………………23
4．心の援助手段としてのロールシャッハ法の可能性 …………………………25
5．まとめにかえて──子どものロールシャッハ法における法則定立的接近と個性記述的接近 …27

3章　ロールシャッハ法でかかわるということ ……………森田美弥子　33
1．私たちにとって，ロールシャッハ法とは何か ………………………………33
2．ロールシャッハ法でわかること ………………………………………………34
3．ロールシャッハ状況で何が起きているか ……………………………………35
4．対話としてのロールシャッハ法 ………………………………………………37

II 部　アセスメントのために

1章　児童・青年期データの概要 ……………松本真理子・森田美弥子　41
1．対　象 …………………………………………………………………………41
2．結果の分析方法 ………………………………………………………………42

2章　初発反応時間 ……………………………………………畠垣智恵　45
1．初発反応時間の概観 …………………………………………………………45
2．時代による比較 ………………………………………………………………47
3．成人との比較 …………………………………………………………………48

3章　反応数，反応拒否 ………………………………………大賀梨紗　50
1．反　応　数 ……………………………………………………………………50

2．反応拒否……………………………………………………………51
　　3．図版特徴……………………………………………………………51

4章　領　域　　　　　　　　　　　　　　　　　　　松本真理子　55
　　1．領域とは……………………………………………………………55
　　2．図版特徴……………………………………………………………55
　　3．年齢による特徴……………………………………………………60

5章　決　定　因　　　　　　　　　　　　　　　　　鈴木伸子　67
　　1．決定因とは…………………………………………………………67
　　2．図版特徴……………………………………………………………67
　　3．年齢による特徴……………………………………………………72

6章　形態水準とP反応　　　　　　　　　　　　　　袴田雅大　78
　　1．形態水準とP反応とは……………………………………………78
　　2．形態水準……………………………………………………………79
　　3．P反応………………………………………………………………82

7章　反応内容　　　　　　　　　　　　　　　　　　大橋陽子　87
　　1．反応内容とは………………………………………………………87
　　2．図版特徴……………………………………………………………88
　　3．年齢による特徴……………………………………………………91

8章　感情カテゴリー　　　　　　　　　　　　　　　平久江　薫　97
　　1．感情カテゴリーとは………………………………………………97
　　2．図版特徴……………………………………………………………97
　　3．年齢による特徴……………………………………………………103

9章　思考・言語カテゴリー　　　　　　　　　　　　森田美弥子　108
　　1．思考・言語カテゴリーとは………………………………………108
　　2．カテゴリーの構成…………………………………………………108
　　3．思考・言語カテゴリーの出現傾向………………………………110
　　4．ま と め……………………………………………………………114

10章　イメージ図版　　　　　　　　　　　　　　　　坪井裕子　117
　　1．イメージ図版について……………………………………………117
　　2．好悪図版……………………………………………………………117

3．親イメージ図版………………………………………………………………120

Ⅲ部　アセスメントからセラピーへ

序章　ロールシャッハ法と心理療法……………………………小川俊樹　127
1．心理査定と心理療法……………………………………………………127
2．ロールシャッハ法の心理療法への貢献………………………………127

1章　児童虐待とロールシャッハ法……………………………坪井裕子　131
1．虐待を受けた子どもの特徴……………………………………………131
2．虐待を受けた子どものロールシャッハ法の特徴……………………132
3．児童福祉施設におけるロールシャッハ法……………………………135

2章　青年期面接におけるロールシャッハ法の活用……………古井由美子　140
1．病院臨床におけるロールシャッハ法の位置づけ……………………140
2．心理療法と関連したロールシャッハ法の用い方……………………140
3．ロールシャッハ法におけるフィードバック面接の伝え方…………141
4．ロールシャッハ法が面接に活かされた青年期2事例…………………142
5．青年期におけるロールシャッハ法の臨床的応用について…………149

3章　母子関係への介入技法としてのロールシャッハ法………白井博美　152
1．関係性のアセスメント・ツールとしてのロールシャッハ法………152
2．母子CRTの施行法と分析法……………………………………………153
3．個別ロールシャッハ反応とCRTの合意反応にみる母子の特徴……155

4章　発達障害に対するロールシャッハ法の用い方……………篠竹利和　161
1．青年期発達障害の支援における心理検査……………………………161
2．ロールシャッハ法に現れる発達障害の特徴…………………………162
3．ロールシャッハ法による発達障害のアセスメント…………………163
4．事例を振り返って──PDD個別支援の重要性………………………170

5章　プレイセラピーとロールシャッハ法………………………佐藤至子　172
1．「遊び」・「遊ぶこと」そしてプレイセラピー…………………………172
2．子どもにとってインクのしみ遊びとは………………………………174
3．子どもがインクのしみに出会うとき…………………………………177

**6章　認知神経科学と生理指標からみた
　　　ロールシャッハ法の可能性**……………………………平石博敏　182
　1．認知神経科学の観点から……………………………………………………182
　2．生理指標の観点から…………………………………………………………189

あとがき──ロールシャッハは何のようか？　195
人名索引　196
事項索引　199

I部

総論

　I部においては，ロールシャッハ法が日本に紹介されて以来の歴史と特徴を概観し，ロールシャッハ法を通した子どもの理解（アセスメント）と，ロールシャッハ法を通して対象とかかわるということ（面接技法）をめぐる総説からなっている。本書のねらいでもあるこれからのロールシャッハ法について考えていただきたい。

1章　日本人とロールシャッハ法——時代と文化

小川俊樹

　ヘルマン・ロールシャッハ（Hermann Rorschach）がその独創的なインクブロットを用いて，新たな心理アセスメント技法を発表したのが1921年9月とされているので，ロールシャッハ法は実に90年以上の研究史をもっていることになる。その間，この技法は多くの批判にさらされ（たとえば，Wood et al., 2003），また臨床での採用にも浮き沈みが認められている（Weiner, 1983）。もっとも，ロールシャッハ法への批判は最近に始まったことではなく，アメリカの代表的な心理学の教科書である "Hilgard's Introduction to Psychology" では以前から，心理測定論的に問題がある心理検査として紹介されている。しかし，現在でも毎年一定数の研究が発表されており，心理臨床の現場でアセスメント技法として採用され続けているのも事実である。APAのPsycoNetでRorschachをキーワードとして過去10年間（2003年～2012年9月現在）の文献検索をすると，101件の研究がヒットする。ロールシャッハ法と対照されるMMPIについても同期間の文献検索を行うと，81件がヒットする。多くの批判がありながらも，ロールシャッハ法は今日でも活発に研究されているといえよう。一方，日本における研究をみてみると，日本ロールシャッハ学会や包括システムによる日本ロールシャッハ学会といったロールシャッハ法の専門学会以外でも，たとえば日本心理臨床学会大会では2011年度に12件，2012年度に7件の研究報告が行われており，どちらかというと基礎心理学関係の研究が主である日本心理学会大会でも過去5年間に平均2件のロールシャッハ法に関する研究が発表されている。本章では，日本のロールシャッハ法について，時代と文化という視点から考えてみたい。なお，本稿は，これまでの学会発表等をまとめたものである（小川，2011；Ogawa, 1993, 2004）。

1．日本へのロールシャッハ法の紹介

　よく知られているように，ロールシャッハ法を日本に最初に紹介したのは，専門も，その目的も異なる2人の研究者であった。1人は心理学者の内田勇三郎（当時，体質研究所，後に早稲田大学）であり，もう1人は精神科医であった岡田強（京都大学）である。いずれも1930年のことであった。内田は一連の性格研究の一部として，小学生を対象にロールシャッハ法を実施し，『教育心理研究』に発表している。クレッチマー（Kretschmer, E.）の体質による性格論にロールシャッハ法の結果を関連づけて考察している。当時の小学生の多くがすでに高いF%（エクスナー式でいうところのハイラムダ〔High Lamda〕）を示していることは，大変興味深い。一方，岡田は精神疾患の患者を対象に，ロールシャッハ法の追試研究を行い，その成果を『精神神経学雑誌』に発表している。検査法としての改善を図るための工夫とともに，症例検討をも行った力作である。

岡田がどのようにしてロールシャッハ法に出会ったのかは不明であるが，秋山（1968）によれば，内田の場合は神田の古本屋街を散策していて，偶然ロールシャッハの"*Psychodiagnostik*"（1921）をみつけたとのことである。内田クレペリン作業検査法もエミール・クレペリン（Emile Kraepelin）の著書が出発点となっており，ドイツ語に堪能な内田が埋もれていたドイツ語圏の精神医学専門書を発掘したのであろう。内田は，ロールシャッハ法の心理検査としての可能性を探るということよりも，当時研究を進めていた気質の類型化のための測定手段としてロールシャッハ法に関心をもっていたので，いわばロールシャッハ法を完成されたものとみなしていたと考えられる。

同じ年に日本で最初に報告されたこの2つの研究は，ロールシャッハが自著を『精神診断学』（*Psychodiagnostik*）と名づけたものの，図らずもその後のロールシャッハ法研究の方向である，基礎的研究（発達心理学や人格心理学）と臨床的研究（臨床心理学や精神医学）を示唆するものであったといえよう。その後，たとえば久保（1934）は精神発達遅滞の研究にロールシャッハ法を採用し，本明（1942）は早稲田大学教授となった内田の指導を受けて，「ロールシャッハ検査に於ける良形態反応の研究」というタイトルで卒業論文を昭和17年に『心理学研究』誌に発表している。また，堀見・杉原・長坂（1958）や本明（1978）によれば，戦前には城谷敏男や宮田義雄，橋本健一などの研究があるという。しかしながら，歴史的にみれば，きわめて早い時期に日本に紹介されたロールシャッハ法ではあるが，ロールシャッハ法が誕生地のスイスでよりも，フランスやアメリカなど異国の地で開花したように，日本でロールシャッハ法が広く用いられるようになるのは戦後のことである。

2．ロールシャッハ法の発展——日本における各種システム

上述したように，日本でロールシャッハ法が活発に研究されるようになったのは，心理学の分野でも，あるいは精神医学の分野でも，終戦後ドイツよりもアメリカの影響を受けたからであった。アメリカの臨床心理学や力動的精神医学の紹介により，ロールシャッハ法への関心が高まり全国各地に研究会ができた。『ロールシャッハ研究』の創刊時（1958年）には，東京ロールシャッハ研究会，関西ロールシャッハ研究会（名古屋大学関係の研究者名は当初この研究会名簿にある），金沢大学ロールシャッハ研究会（心理学分野で宮孝一，精神医学分野で佐竹隆三が研究をリードしていた）の3つであったのが，第2号（1959年）では，京都ロールシャッハ研究会，名古屋ロールシャッハ研究会，福岡ロールシャッハ研究会，信州ロールシャッハ研究会などが結成されている。その後も全国各地で研究会ができ，研究会以外でも早稲田大学，日本女子大学，金沢大学，東北大学など，大学の心理学研究室でも活発に研究が進められ，ロールシャッハ法研究が興隆した。しかしその後，臨床心理学徒の関心が査定よりもカウンセリングやサイコセラピーに移るとともに，ロールシャッハ法への関心はひところよりは乏しくなった。このあたりの事情は，国を異にするとはいえ，上述のワイナー（Weiner, 1983）の指摘の一部は日本にも当てはまる。

今日，日本にはロールシャッハ法については，片口式，阪大式，名大式，慶應大学式，包

括的システムという5つのシステムがある。ロールシャッハ法を用いた研究ということであれば，もっと多くの立場をあげることができようが，記号化や解釈システムという観点からは，これらの5つに代表される。それぞれに実施法にも違いがあるし，スコアリングも異なっている。したがって，共通しているのはロールシャッハの作成した図版のみで，Rorschach Tests と複数形で表記するのが正しいのかもしれない。

(1) 片口式

片口式は，その名前に認めるように片口安史により考案されたものであるが，基本的にはクロッパー（Klopfer, B.）式に拠っている。しかし，クロッパー式の記号化システムの複雑さをなくし，クロッパー式以外のロールシャッハ法システムをも取り入れて，適度に簡素化した記号化システムを作っている。「私自身は，こんにちまで『片口法』と称したことはない。……しかし，いつしか歳月がたつうちに，片口法＝クロッパー法という誤った図式ができあがっていることに気づいた」と片口自身が述べているように（片口，1993），必ずしもクロッパーの修正版ではないとしている。片口式では，クロッパー式のように形態水準を数量化せず，＋・±・∓・−の4段階を採用しているが，この考えはラパポート・シェーファー（Rapaport, D. & Schafer, R.）式の評価方法である。また，クロッパー式では立体反応（FK）は濃淡要因が関与した反応と定義されているが，片口式では必ずしも図版の濃淡要因が関与したものとは限らず，3次元知覚という特質を主たる要因として，決定因を定義している。また，晩年になって，ピオトロフスキー（Piotrowski, Z. A.）式の主要な決定因である色彩投影反応（Cp）を採用して，クロッパー式から離れていった。しかしながら，片口（1993）自身，「ある面では，ベック（Beck, S. J.）法に接近していった」と述べているように，形態水準の評価にベック式にならって頻度を採用することになったのは，形態水準の定義に統一を欠くことになるのではないかと危惧される。片口自身も述べているように，色彩形態反応（CF）の形態水準に反応によっては±が付されることや，純粋色彩反応（C）を−とみなすことは形態水準の基準に矛盾が生じるように思われる。

(2) 阪大式

阪大式は大阪大学医学部精神医学教室が母体となって作られたといえるが，ロールシャッハ法を積極的に導入したのは当時の主任教授であった堀見太郎であった。長坂（1987）によれば，堀見教授がヨーロッパ外遊の折にロールシャッハ図版を2部購入して戻り，研究を指示したとのことである。当初教室員の黒田重英がてんかんを中心にロールシャッハの追試研究を行ったとのことであるが，阪大式という形を整えたのは長坂五朗，辻悟の指導の下に行われた大阪大学精神病理学グループの活発な研究である。このような経緯からわかるように，ある意味では精神医学的研究の方法としてのロールシャッハ法が阪大式の特徴といえよう。堀見のもとで行ったロールシャッハ法の文献展望（堀見ほか，1958）では，脳器質性疾患やパーキンソニズムなどに関する研究も網羅されている。そのことと関係して，アメリカのロールシャッハ研究の影響もさることながら，ヨーロッパの研究，特に原点であるヘルマン・

表 I-1-1　反応領域の記号化（小川，2005）

反応領域	下位カテゴリー			
	片口式	名大式	阪大式	エクスナー式
全体反応 (W)	W W DW	W W DW	W, WS, (W) DW, D'W, DoW	W
普通部分反応 (D)	D d	D d	D, 〔D, DS, (D) dD, d'D, DoD〕 d	D
特殊部分反応 (Dd)	dr dd di de	dr dd di de	dr dd di de	Dd
空白反応 (S)	S	So, Se, Si	Sc, Ss, Sw, Sb, Sf, Su	WS DS DdS
その他	（主分類と副分類の区別）	A：ブロットの結合反応 →WA, DA B：概念の結合反応 →WB, DB	DO, OD 結合反応は第4カテゴリーでh, l, d, nを付加	反応領域に発達水準を付加 +，o，v/+，v →W, Wo, Wv/+, Wv

ロールシャッハの考えを重視している。阪大式の解説書（辻，1997）の人名索引ではRorschach, H. が圧倒的に群を抜いている。また，ヨーロッパ圏の研究への関心は，発達的視点の重視があったのではないかと考えられる。アメリカのロールシャッハ研究でも精神発達への関心もないわけではないが，精神医学的視点からの発達論への関心はヨーロッパ圏に多く認められる。児童精神科医でもあったワロン（Wallon, H.）もまたロールシャッハ法による発達研究の本（Beizmann, 1982）に序文を寄せて，精神医学的研究への精神発達研究の貢献を指摘している。阪大グループもまた，健常者を対象としたロールシャッハ研究を，小学生を対象として把握型をめぐって活発に行っている。

　さて，阪大式のスコアリングは主としてクロッパーのスコアリングシステムに拠っているが，より細かな分類を提唱している（表 I-1-1，表 I-1-2 を参照）。しかし何よりも阪大式の特徴は，解釈につなげる，対象者のロールシャッハ体験を追体験するためのスコアリングとして，6つのカテゴリーに分けてスコアすることである。第1カテゴリーは，初発反応時間や反応数など，各図版の特徴である。第2カテゴリーは反応領域，第3カテゴリーは反応決定因，第4カテゴリーは形態水準，そして第5カテゴリーは反応内容のスコアリングとなっている。阪大式のスコアリング上顕著な特徴は，第6カテゴリーで，文章型（Sentence Type）と呼ばれている。対象者の言語表現に注目し，批判（思慮）型，断定型，否定型など7種類の分類を行っている。このようなカテゴリー創設のもととなっている，「この種の心理テストにおいては，心理学的事実はすべて言語表現の中にあると考えねばならない」（堀見ほか，1958）という主張は，フランスのロールシャッハ研究者であるミンコフスカの言語分析に通じるものである（Minkowska, 1956）。この点でも，上述したヨーロ

表 I-1-2　決定因の記号化（小川，2005）

反応決定因	下位カテゴリー			
	片口式	名大式	阪大式	エクスナー式
形態反応 (form)	F	F	F, (F)	F
運動反応 (movement)	M FM Fm, mF, m	M, M' FM Fm, mF, m	M, (M) FM_M, FM, (FM) CM m	M FM m
色彩反応 (color)	FC, F/C CF, C/F C Csym, Cn	FC, F/C CF, C/F C Csym	FC CF C/F C F/C, F↔C Csym, Cn, Cdes	FC CF C Cn
無彩色反応 (achromatic)	FC' C'F C'	FC' C'F C'	FC' C'F C'	FC' C'F C'
材質反応 (texture)	Fc cF c	FT TF T	FT TF T	FT TF T
立体反応 (vista)	FK	FV VF V	FV VF V	FV VF V FD
明暗反応, 拡散反応 (chiaroscuro, diffuse)	KF K	FY YF Y	FY YF Y	FY YF Y
その他の反応	色彩投影反応 FCp, CpF, Cp	運動反応には a, p, i を付加 → Ma, FMp, mi	姿勢反応には post を付加 → Mpost, FMpost	運動反応には a, p を付加 → M^a, FM^a, m^a
			2つ以上の決定因には合成スコアを採用 → M×C/F・m, 　MC（M と FC） 　FM_M/C（FM_M と F/C） （注）C/F は他のシステムのC/F とは異なる	反射，鏡映の反応は Fr, rF ペア反応（2）

ッパ圏のロールシャッハ研究への志向が認められる。

(3) 名大式

　名大式の誕生にも，阪大式と同じように，精神医学教室が深くかかわっている。秋谷（1988）によれば，名古屋大学精神医学教室の主任教授であった村松常雄はフルブライト財団からの研究費を得て，日本人の精神医学的心理学的研究を行ったが，その研究方法としてロールシャッハ法や TAT などが選ばれたという。これらの投影法の研究にはアメリカから来日していた文化人類学者であるデボス（DeVos, G.）が深くかかわり，今日名大式と呼ばれるシステムが作られた。デボスはベック式のロールシャッハ・システムを採用していたの

で，名大式の基本はベック式であるが，ベック式では採用されていない動物運動反応（FM）や無彩色反応（FC'）などクロッパー式のシステムをも取り入れている（表 I-1-2 参照）。名大式の顕著な特徴は，精神医学者の植元行男を中心とした思考・言語カテゴリー（Thinking Process and Communicating Style）と，心理学者の村上英治を中心とした感情カテゴリー（Affective Symbolism）の開発であろう。阪大式と違って，名大式では精神医学者と心理学者との協働で研究が進められたという点も大きな特徴といえる（同じく名古屋大学精神医学教室の主任教授であった笠原〔1993〕は，村松の研究方法を multi-disciplinary であったと述べている）。

　思考・言語カテゴリーは対象者の言語表現を手がかりに思考過程を理解しようとするもので，ラパポートの逸脱言語表現をヒントにしている。反応に表れた言語表現を手がかりとするという点では阪大式の第6カテゴリーと同じであるが，対象者の思考過程の特徴や対人関係の様相を明らかにしようとする点では，より力動的といえるかもしれない。本カテゴリーは，萎縮的態度，恣意的思考など13カテゴリー（86スコア）からなる膨大なものであるが，今日森田らを中心に新たな展開をみせている（森田ほか，2010）。一方，感情カテゴリーはデボスの発想によるものであるが，反応内容を手がかりに反応に込められた「感情的価値」（affective value）を量的に把握しようとするものである。こちらも敵意感情，依存感情など7カテゴリー（57下位カテゴリー）という細かなスコアリングシステムとなっている。感情カテゴリーは，反応内容に基づく分類という点では理論的基盤は異にするが，後述する主題分析と同じく内容分析である。デボスもカテゴリーの改訂を行っているが，反応内容に基づく分類であるので，文化差をも考慮に入れた感情カテゴリーの構築が必要であろう。

(4) 慶應大学式

　慶應大学式は，片口式や阪大式，名大式と違って独自のスコアリングシステムをもっていない。その意味では，「〜式」と呼べないかもしれないが，その解釈理論をもっぱら精神分析学に拠っている点で独自の存在といえる。このアプローチを主導してきたのが慶應大学精神医学教室の小此木啓吾および馬場禮子の心理学グループなので，本稿では慶應大学式と呼ぶことにする。精神分析学に基盤をおくロールシャッハ法は，アメリカではラパポート・シェーファー式と呼ばれて，独自の実施法とスコアリングシステムを有しているが，慶應大学式ではこのスコアリングシステムを採用せず，片口式，そして最近は包括的システムを採用しているようである。ちょうどアメリカの精神分析的ロールシャッハ法の代表者であるラーナーが，スコアリングに際して，ラパポート・シェーファー式のスコアリングシステムを必ずしも採用せず，エクスナー式でもかまわないと述べているのと似ている（Lerner, 1994）。とはいっても，その解釈にあたっては，当初はラパポートやシェーファーらの自我心理学（ego psychology）に準拠した防衛解釈が主流であった（小此木・馬場，1972）。抑圧や知性化，反動形成といった防衛機制がロールシャッハ法上にどのような形で表現されているかを把握しようとしている。スコアの形式的な特徴だけでなく，テスト態度（態度分析）や反応過程（継起分析），言語表現など，テスト状況を含めた全体からのロールシャッハ反応理解

であり，その意味では上述したスコアリングシステムに縛られていないといえよう。特に内容分析の1つである，主題分析（thematic analysis）はシェーファーによって考案されたものであるが，精神分析的解釈の特徴をよく表している。精神分析的アプローチは，その後対象関係論や自己心理学など新たな発展にともなって，ロールシャッハ法を用いて原始的防衛や対象表象を理解しようと試みてきている。なお，本章では慶應大学式の特徴を解釈基盤に精神分析学を採用していると指摘したが，小此木・馬場（1972）によれば，慶應大学式のアプローチは「ロールシャッハ・テストの精神分析的解釈」ではなく，「精神分析（または自我心理学）とロールシャッハ解釈の統合である」として，「ロールシャッハ・テストの方法そのものがすでに一種の精神分析的なactionである」と述べている。ラパポートの投影法（projective method）の定義によれば，すべての行為はプロジェクターでスクリーン上に投射されたものであるので，その意味では心理的葛藤を引き起こすロールシャッハ法そのものが精神分析的actionといえよう。一般に反応を産出する段階を「反応段階」（response proper）と呼ぶが，一部の研究者は「自由連想段階」（free association period）と名づけている。

(5) 包括的システム

　包括的システム（Comprehensive System）は，1974年エクスナーによって創案されたロールシャッハ法である（Exner, 1974）。今日の日本と同じように，1960年代のアメリカでは多くのロールシャッハ技法が存在していた。エクスナーは主要な5つのシステム（Beck, Klopfer, Herz, Piotrowski, Rapaport-Schafer）を比較検討の上（Exner, 1969），これらのシステムを統合して実証的に支持されるものを作ろうとし，各種システムを包括するものという意味で「包括的システム」と名づけて発表した。しかし，各種システムを包括するとはいうものの，基本的な枠組みはベック式に拠っている。形態水準の基準は出現頻度に基づいており，決定因に副分類を認めないこと，ラムダや現実体験（EA），組織化指標（Zスコア）といった変数などは，ベックの発想であるし，Zスコア値もベック式そのままを採用している。包括的システムの大きな特徴は，検査の実施法にあり，総反応数が13以下の場合には質疑段階に移らずに反応段階を繰り返して総反応数が14以上にすること，反応拒否を認めないこと，反応時間を測定しない等である。これらは，上述した日本における各種システムと大きく異なる点である。もっとも，エクスナーは1974年に第1版を発刊後，1986年に第2版，1993年に第3版，そして2003年に第4版と版を重ねており，そのたびに実施法やスコアリングシステムに大きな改訂をしている。たとえば，上述の反応時間の測定は第1版では実施していたものの，第2版では行わなくなっている。また基礎体験は第2版ではepであったものが第3版ではesとなり，対処不全指標（CDI）は第3版で初めて提唱された。そして，第4版では人間表象反応（GHR, PHR）という特殊指標が加わった。これらの改訂は，データ収集にともなっての必然的な変更であったり，研究の成果ではあるが，スコアリングがますます細かく複雑化してきており，スコアリングの信頼性が問題となってくるかもしれない。

　ところで，日本における包括的システムは，厳密にいえば2種類あるといえる。1つは，

アメリカの包括的システム（エクスナー式）をそのまま日本で採用しているものであり，その意味ではこれまで述べてきた片口式などがアメリカのシステムを参考に日本で作られたシステムであるのと大きく異なっている。上述したように形態水準は頻度に基づくリスト表であるが，母集団のサンプルはアメリカ人が多数を占める。もう１つの包括的システムは，高橋雅春らによるスコアリングシステムである。このシステムでは，エクスナー式の顕著な特徴であった実施法と異なり，他の日本のシステムと同じように，反応時間の測定を行い，反応段階での反応数が13以下の場合でも質疑段階に移り，反応拒否も認めている。この点について，高橋・高橋・西尾（2006）は，「われわれの臨床経験では，このような方法は検査者と被検者の関係を損なう」（p.16）と述べている。つまり，検査時の指示的で，ある意味では権威的な検査者—対象者関係が，検査結果に好ましくない影響を及ぼすと考えられるのである。しかしこの実施法の問題は，文化の違いともみることができないだろうか。自由に反応をという教示を与えておきながら，見えないという反応，つまり反応拒否を認めないのはおかしいのではないかと，著者も考えていた。エクスナーとともにいわば包括的システムの共同開発者ともいえるワイナーが学会の招待講演に来た折，この点について尋ねてみたことがある（Weiner, 2008）。反応拒否を対象者はできないのかという著者の質問に，ワイナーは反応拒否はできるとの答えであったが，その意味するところは検査を拒否するということであった。ロールシャッハ法を受ける前に十分な心理検査の説明を受けた後で，つまり承諾した上での受検は対象者が最善の努力をすべきであって，反応を出さないということは検査そのものの拒否，放棄にほかならないのである。他方，日本ではあまりこの種の契約めいた検査の実施という意識が薄いのではないだろうか。検査を受ける，受けないという権利の表明そのものがこれまでは乏しかったように思われる。もちろん，このような検査態度の文化差だけでなく，これらの実施法の違いには，反応拒否も１つの反応とみるか否かとか，心理測定論的信頼性などの問題がかかわっていることは明らかである。

　以上みてきたように，日本には現在５つのロールシャッハ法システムがある。その状況はちょうど各種のシステムが混在していた1960年代のアメリカと同じかもしれないし，日本のシステムがアメリカのロールシャッハ法システムの影響下に発展してきたことを考えれば当然のことかもしれない。そして，エクスナーの努力のように，日本でも統一したロールシャッハ法システムができるのであろうか。しかし，そもそも日本のロールシャッハ法が片口式をはじめとして，包括的システム（エクスナー式）を除けば，アメリカのシステムそのものを採用していないのはなぜなのだろうか。翻訳が出ているのでクロッパーのテキストに基づいてロールシャッハ法を実施されている方もおられるとは思うが，それほど多くはないであろう。クロッパー式がベック式と異なり，基本的には形態水準の判定に出現頻度を基準としていないので，文化を超えて用いられても良さそうに思われるが，そうではなさそうである。日本のロールシャッハ法について考えてみたい。

3．日本のロールシャッハ法

　国際ロールシャッハ学会に加盟している国は，22か国30学会に上る。参加国数と学会数が合わないのは，国によって2つないし3つの学会があるからである。たとえば，アルゼンチンとイタリアからは3つの学会が参加しており，ブラジル，日本，オランダ，スイスからは2つの学会が参加している。このように同じ国から複数の学会が参加しているのには，いくつかの理由がある。スイスのように多言語国家では，仏語圏のロールシャッハ学会と独語圏の学会とに分かれているし，イタリアや日本のように包括的システム独自の学会ができている国もある。また，イタリア（Roma と Padova）やアルゼンチン（Buenos Aires と Rosario）のように，研究の中心となっている都市によって学会が分かれている場合もある。このような多くの学会が加盟しているなかで，日本の2つの学会の会員数は合わせて1,000人を超しており，会員が国別では最大の会員を擁しているといってよい。かくも多くのロールシャッハ法人口を有しているというのが，日本の特徴であろう（なお，日本やフランスのロールシャッハ学会の会員は自国の学会への入会が自動的に国際学会の会員となるが，アメリカの学会のように，会員が国際学会会員になるか否かを選択するという加盟国の制度的な違いも，もちろん会員数の多寡に関係はしている）。

　日本人の会員が多いということは，それだけ日本でロールシャッハ法が広く受け入れられているといえよう。その背景には，各システムの開発者やその支持者が大学など教育機関や学会をリードする人たちであったということがまずもってあげられよう。前述したように，阪大式や名大式は精神医学教室単位で研究が進められたし，片口式には井村恒郎や懸田克躬，慶應大学式には三浦岱栄といった有力な支援者が精神医学界にいた。

　なお，ロールシャッハ法に理解が深い精神医学者が多いという点では，ヨーロッパ圏のロールシャッハ法研究状況と似ている。筆者が初めて国際学会に入会した1984年当時の会長であるバッシュ（Bash, K. W.）はスイスの精神科医であったし，1987年にパリで開催された第12回大会の顧問を心理学者であるアンジュー（Anzieu, D. D.）と精神医学者であるピショー（Pichot, P.）が務めた。イタリアのロールシャッハ法研究者であったザンチ（Zanti, B.）も精神科医であり，スペインも同じである。一方，アメリカではラパポートやシェーファーが関係したメニンガークリニック（Menninger Clinic）のように，支援者としての精神医学者はいてもロールシャッハ法の臨床はほとんどが心理学者であった。

　また，本明寛，片口安史，村上英治といった開拓者はロールシャッハ法学界のみならず，心理学界でも中心で活躍していたため，ロールシャッハ法が広く認められたのではないかと考えられる。

　さらに，日本人会員の多い理由の1つとして，2つの学会に重複して入会している会員の多さをあげることができると思う。上述したように，同じ国で2つ以上の学会が存在する理由はいくつかあるが，諸外国では日本のように重複しての会員は少ないように思われる。イタリアの学会の場合，地域的に離れているという理由もあるが，それぞれの学会が独自の思想なり立場を堅持しており，ある意味では相容れない側面を有している。そのため，2つの

学会に重複して入会ということは考えも及ばないのかもしれない。ところが，日本では仕切りが比較的緩いのである。この点は，日本と諸外国との文化的な違いなのかもしれない。

日本へのロールシャッハ法の導入の発端が内田による古本屋街での『精神診断学』の発見であったことは述べたが，このことに象徴されるように，ロールシャッハ法研究だけの特徴ではないが，海外における研究の紹介が盛んであることをあげることもできるよう。しかも，アメリカだけでなく，ヨーロッパでの研究への関心も怠らない。片口の創刊した『ロールシャッハ研究』誌上の文献紹介には，英語文献はもとより，独語，仏語の文献のみならず，スペイン語文献まで紹介されていた。いわば全方位的立場が日本の特徴といえるのではないだろうか。多様なシステムや立場が混在するなかで，特定の立場だけでなく，全体に注意関心を向けるというのが，日本の特質のように思われる。2つ以上の学会に重複して加盟している会員が多いということも，その表れとみるのは早計かもしれないが，あれもこれもといった，「なんでも飲み込む」傾向が強いのかもしれない。それが，日本人のメンタリティとみることができよう。

文化心理学者の石井（2010）によれば，西洋人が分析的で細かな部分に注意を向けがちなのに対して，東アジア人は「包括的，つまり中心的な属性のみならず，その背景情報やそれとの関係性にも注意を向けやすい」のだという。ロールシャッハ法研究で文化差を問題とする場合，包括的システムではハイラムダが取り沙汰されているが，石井の指摘はむしろ全体反応（W）の問題を考える必要があることを示唆している。日本人にWが多く出現することは，すでにデボス（DeVos, 1954）や藤岡（1974）が指摘していることであるが，最近の研究でもこの事実は確認されている。表Ⅰ-1-3に示した日米を比べた高橋・高橋・西尾（2007）の研究でも，また表Ⅰ-1-4に示した日米仏の3か国の発達研究を行った松本（2003）の研究でも，日本人にWが多いことが認められる。ロールシャッハ法のみならず，増田とニスベット（Masuda & Nisbett, 2001）は実験的手法を用いて日米の大学生の認知様式が異なることを明らかにしている。それによると，日本人大学生はより周囲の事物と関係づけた情報処理を行いがちであるという。このような日米の文化差をマーカスと北山（Markus & Kitayama, 1991）は，他者と自己を相互独立した存在とみる自己観とは異なり，日本人は他者と根本的に結びついた存在とみる相互協調的な自己観をもっていると指摘している。

日本人にWが多いことについてはすでに小沢（1975）も指摘しており，日本人は「カードⅩに対して『バラバラなカー

表Ⅰ-1-3　全体反応の出現頻度：日米比較

	日本（N=400） （高橋ほか，2007）	米国（N=600） （Exner, 2003）
平均（SD）	11.53(4.59)	8.28(2.16)
中央値	11	8
最頻値	10	9
総反応数	23.51	22.32

表Ⅰ-1-4　全体反応の出現頻度（％）：日米仏の3カ国比較
（松本，2003）

幼稚園児	小学生 （低学年）	小学生 （中学年）	小学生 （高学年）	中学生
日　47.2 米　57.1 仏　34.5	日　47.2 米　53.6 仏　32.6	日　47.3 米　50.3 仏　38.0	日　55.1 米　41.1 仏　39.2	日　51.4 米　41.1

注）日：日本，米：アメリカ，仏：フランス。

ド』という印象を受けないわけではないのだが，『バラバラなりに全体として見よう』という態度がある」と述べている。そして，中根（1972）の連続の思考という考えを手がかりに，西洋的な思考が2つの部分を独立した対立したものとみなしてその関係性が追求されるのに対して，日本的な思考ではそれらの部分はいったん関係ができると，独立性を失い連続したもの，一体のものとみなしてしまうと指摘している。そして小沢は，日本人の特徴として，「部分を部分として留めておかずに，それらを連続融合させやすい伝統的な思考—行動様式」をあげている。

このように，ロールシャッハ法そのものによって明らかにされた日本人心性の特徴からみれば，日本のロールシャッハ法はさまざまなシステムが混在するなか，それらを相補的ないし学融的にとらえられていると考えることができる。しかしながら，複数のロールシャッハ法が共存すること，そのこと自体がロールシャッハ法の本質を表しているといえるのではないだろうか。どのように見えてもかまわないというロールシャッハ法の自由性は，集団ロールシャッハ法のように実施法によっては質問紙法ともなりうるし，解釈の次元によってはさまざまなアプローチが可能になるのである（Ogawa, 2005）。

呉（Oh, 2011）によれば，戦後日本と同じようにアメリカの臨床心理学の影響を受けた韓国ではロールシャッハ法の採用は少ないという。過去の国際的研究（Piotrowski, Keller & Ogawa, 1993）でも，日本では同じ投影法の中でもロールシャッハ法が多く採用されていることが明らかとなっている。筆者がかつて国際学会の印象を報告したときに，病床にあった片口がフランスでどうしてロールシャッハ法が盛んなのだろうかと考えていたとうかがったことがある（片口，1987）。日本にロールシャッハ法がなぜ広く受け入れられるのか。日本人はロールシャッハ法に強い親和性をもっているのだろうか。これらの問いについての回答はまだまだ不十分であるが，今後心理アセスメントの国際調査などを通して明らかにできればと思う。

〈文献〉

秋谷たつ子（1988）退職記念パーティーでの講演（1988年5月22日）．

秋山誠一郎（1968）内田勇三郎博士とロールシャッハ法．ロールシャッハ研究，**9・10**，241-244．

Beizmann, C. (1982) *Le Rorschach de L'enfant à L'adulte: Etude Génétique et Clinique.* Neuchâtel: Delachaux et Niestlé.

DeVos, G. (1954) A comparison of the personality differences in two generation of Japanese Americans by means of the Rorschach test. *Nagoya Journal of Medical Science*, **17**, 153-261.（小沢，1975による）

Exner, J. E. (1969) *The Rorschach Systems.* New York: Grune & Stratton.［本明　寛監修（1972）ロールシャッハ・テスト——分析と解釈の基本．実務教育出版．］

Exner, J. E. (1974) *The Rorschach: A Comprehensive System, Vol. 1* (1st ed.). New York: Wiley.

Exner, J. E. (2003) *The Rorschach: A Comprehensive System, Vol. 1* (3rd ed.). New York: Wiley.

藤岡喜愛（1974）イメージと人間——精神人類学の視野．日本放送出版協会．

堀見太郎・杉原　方・長坂五朗（1958）歴史的発展と意義．戸川行男ほか監修，心理診断法双書　ロールシャッハ・テスト1．pp.1-39．中山書店．

石井敬子（2010）文化と認知-文化心理学的アプローチ．石黒広昭・亀田達哉編，文化と実践——心の本質的社会性を問う．pp.63-105．新曜社．

笠原　嘉 (1993) 村松常雄. 加藤正明ほか編，新版精神医学事典，pp.910-911. 弘文堂.
片口安史 (1987) 1987年6月19日付けの私信.
片口安史監修 (1993) ロールシャッハ・テストの学習――片口法のスコアリング入門. 金子書房.
久保良英 (1934) 精神薄弱の研究. 応用心理学研究，3, 117-129.
Lerner, P. M. (1994) 1994年11月16日付けの私信.
Markus, H. R. & Kitayama, S. (1991) Culture and the self: Implications for cognition, emotion, and motivation. *Psychological Review*, 40, 409-416.
Masuda, T. & Nisbett, R. E. (2001) Attending holistically versus analytically: Comparing the context sensitivity of the Japanese and Americans. *Journal of Personality and Social Psychology*, 81, 922-934.
松本真理子 (2003) 子どものロールシャッハ法に関する研究――新たな意義の構築に向けて. 風間書房.
Minkowska, F. (1956) *Le Rorschach: À la Recherche du Monde des Formes*. Paris: Desciée de Brouwer.
森田美弥子・髙橋靖恵・髙橋　昇・杉村和美・中原睦美 (2010) 実践ロールシャッハ法――思考・言語カテゴリーの臨床的適用. ナカニシヤ出版.
本明　寛 (1942) ロールシャッハ検査に於ける良形態反応の研究. 心理学研究，17, 271-281.
本明　寛 (1978) ロールシャッハ研究ノート. ロールシャッハ研究，20, 5-8.
長坂五朗 (1987) ロールシャッハ戦後事始め. 辻　悟ほか編，これからのロールシャッハ――臨床実践の歴史と展望，pp.4-13. 創元社.
中根千枝 (1972) 適応の条件. 講談社.
Oh, Kyon Ja (2011) 延世大学（Yonsei University）での会話（2011年12月9日）.
Ogawa, T. (1993) Contemporay trends in Rorschach research in Japan. *Rorschachiana*, 18, 93-104.
Ogawa, T. (2004) The development of the Rorschach in Japan. *South African Rorschach Journal*, 1, 40-45.
Ogawa, T. (2005) Troisième interpretation du Rorschach. Presented at the XVIII International Congress of Rorschach and Projective Methods in Barcelona. 7/25-7/30.
小川俊樹 (2011) 第20回国際大会基調講演　日本のロールシャッハ法. ロールシャッハ法研究，15, 10-19.
小川俊樹 (2005) さまざまなロールシャッハ法. 小川俊樹・松本真理子編著，子どものロールシャッハ法，pp.237-245. 金子書房.
小此木啓吾・馬場禮子 (1972) 精神力動論――ロールシャッハ解釈と自我心理学の統合. 医学書院.（現在，金子書房）
小沢牧子 (1975) 日本人の把握様式に関する一考察――全体反応傾向をめぐって. ロールシャッハ研究，17, 143-158.
Piotrowski, C., Keller, J. W. & Ogawa, T. (1993) Projective techniques: An international perspective. *Psychological Reports*, 72, 179-182.
高橋雅春・高橋依子・西尾博行 (2006) ロールシャッハ・テスト実施法. 金剛出版.
高橋雅春・高橋依子・西尾博行 (2007) ロールシャッハ・テスト解釈法. 金剛出版.
辻　悟 (1997) ロールシャッハ検査法――形式・構造解析に基づく解釈の理論と実際. 金子書房.
Weiner, I. B. (1983) The future of psychodiagnosis revisited. *Journal of Personality Assessment*, 47, 451-461.
Weiner, I. B. (2008) 日本心理臨床学会第27回大会での会話（2008年9月5日）.
Wood, J. M., Nezworski, M. T., Llienfeld, S. O. & Garb, H. N. (2003) *What's Wrong with the Rorschach?* San Francisco: Jossey-Bass.［宮崎謙一訳 (2006) ロールシャッハテストはまちがっている――科学からの異議. 北大路書房.］

2章　ロールシャッハ法による子どもの理解

松本真理子

1．子どもはどのように反応を表出するのか

(1) 空の雲の見立て遊び

　子どもに人気のある長新太（1980）の絵本に『キャベツくん』という物語がある。お腹をすかせたブタヤマさんが目の前のキャベツくんに「お前を食べる」というと，キャベツくんは「僕を食べるとキャベツになるよ」と返事をする。するとブタヤマさんは空に浮かぶ雲がキャベツになった自分の姿に見えて驚き，その後キャベツ姿のヘビやクジラのイメージが次々と空に浮かんでは消える，という物語である。この物語では雲を見立てたという記述はないが作者の発想には雲の見立て遊びがあることを思わせる。

　さて，ヘルマン・ロールシャッハ（Hermann Rorschach）も，子どもの頃インクのしみを何かに見立てる「インクのしみ遊び」が好きだったらしい。私たちもまた子どもであった時代に，空を見上げて「あの雲，何に見える？」といった，たわいのない会話をした懐かしい記憶が残っている。子どもにとってロールシャッハのインクブロットは，そうした見つけ遊びの延長の1つでありえても何ら不思議ではない。

(2) インクブロットとイメージ

　藤岡（1974）は人間とはイメージを蓄えた世界そのものであり，いわばイメージ・タンクであり，ロールシャッハはその人となりのイメージ界からのサンプリングである，と述べている。ここでいうイメージとはユング（Jung, C. G.）やフロイト（Freud, S.）のいう内的現実や表象に重なるものであり，想像の発達における前提となるものである。人間は現実に生きる存在であると同時にイメージの世界に生きる存在でもある。イメージの世界は現実世界の体験をもとに作られるものの，イメージの世界のなかでそれらの体験は姿を変え，現実の世界ではありえない形や関係を作り上げていくことができる。ロールシャッハのインクブロットは，この2つの世界にまたがるいわば外的刺激であると同時に内的世界の刺激であると考えることが可能である。すなわち，空に浮かぶ雲が，客観的な現実世界では「雲」という水滴の塊であると同様，インクブロットは「単なるインクのしみ」という表現が的確である。一方，「何に見えるか」と問われ，「キャベツブタ」に見えるという反応は，現実の世界とイメージの世界にまたがる反応であるということができる。

　つまり，図版Ⅰで「こうもり」と答えたとき，ある人は，インクのしみがたまたま夕方見かけた飛びまわる「こうもり」に見えたのかもしれないし，ある人は，お化け屋敷で出くわした怖い顔をした「こうもり」に見えたのかもしれない。インクブロットは，背景にいくつものイメージを抱えつつ「こうもり」という現実世界に共通する言葉で表現される「反応」

に姿を変えることになるのである。

(3) 反応にみる3つの視点

このようにして，同じこうもりであっても，現実の世界で見たこうもりに近いのか，イメージの世界で彩られたこうもりであるのか，という違いを考えることが知覚と投影というロールシャッハ研究の長きにわたる研究者の関心テーマにつながることになる。このテーマそのものについては，子どもに特有のものではないが，子どもにおける現実の世界とイメージの世界のつなぎは成人と同様ではないし，現実の知覚の正確さという点においても成人と同質であると考えることは難しい。

さらに，子どものロールシャッハ反応を考える際に，もう1点重要な視点があることを忘れてはならない。すなわち「言葉」である。

ロールシャッハ反応が「反応」となるためには，見えたものが言語化されることが必要である。もちろん，検査態度を解釈の対象とする分析も存在するが，ロールシャッハ法の標準的な解釈の対象となるのはあくまでも「言語化された反応」である。すなわち，「反応」となるためには，一定以上の言語化の能力が必要になる。たとえば，先ほどの「こうもり」という反応は，日本人の小・中学生においても30％以上の出現率が示されているが（松本・森田，2009），子どもによって見えている「こうもり」は実はさまざまであろう。おどろおどろしいお化けのような「こうもり」をブロットの陰影から感じ取っていたにもかかわらず，そうした詳細な説明は困難であったために単に「こうもり」とだけ答えたのかもしれない。あるいは，イメージの世界で「こうもり」を拾い上げたものの，その名称を知らなかったために「トリ」になったり「わからない」になったりしたかもしれない，という可能性がついてまわるということである。

すなわち子どもにおけるロールシャッハ反応を考える際に重要な視点は，次の3つと考えられる。知覚の機能，投影の機能，そして言語である。次節ではこの3つの視点について考えてみたい。

なお　本章では，ロールシャッハ・テストではなく「ロールシャッハ法」という名称を使用する。筆者は測定法としてのロールシャッハ・テストだけでなく，面接技法としてのロールシャッハ法の側面をも重視しているからである。

2．子どものロールシャッハ反応における知覚と投影と言語

(1) ロールシャッハ反応における知覚
1) ヘルマン・ロールシャッハの形態判断実験

ロールシャッハ法における知覚と投影のテーマはヘルマン・ロールシャッハ以来，多くの研究者たちの関心テーマであり，それはまた「ロールシャッハ反応とは何か？」という問いに対する議論の歴史でもあった。

ロールシャッハ自身は，『精神診断学——知覚に基づく診断テスト』（1921）のなかでロー

ルシャッハ法を「形態判断実験」（Formdeutversuch）として位置づけ「このテストは無意識の世界を探求する手段として用いられるものではない……このテストは『意識下からの自由な流れ』を引き出すのではなく，外界刺激への適応，つまり『現実機能』の働きを要求するのだ……」と述べ，「知覚」の側面を重視していた。そして「たいていの判断すなわち反応は，インクのしみの形態によってのみ決められるものであり，対象者は形ことに輪郭の点で，図形全体あるいはその部分が最もぴったりと似ているようなものを視覚的記憶像のうちに探し求める」としている。ロールシャッハ自身はインクブロットの特に輪郭（形態）から，いかに現実の事物に適合したものをみつけ出すか，という「現実知覚」の測定法としての機能を明らかに重視していたといえる。ヘルマン・ロールシャッハが急逝することなく，ロールシャッハ法の分析方法をさらに発展させていたとしたら，現在とは異なる心理測定法としてのロールシャッハ法が存在していたかもしれない。加えて，ロールシャッハの存命中には，投影法（Projective Method）という用語が存在していなかったことも，ロールシャッハ自身の視点に影響していたのかもしれない。

2） 知覚から投影・統覚・イメージへ

1939年にフランク（Frank, 1939）が「構造化されない，一定の文化的反応パターンを引き起こさないような場や対象に対し，彼独自の方法で構造化し，解釈し，彼の人生や意味やパターンや感情を投影する」と述べ，投影法という用語を最初に用いて以来，心理検査の一手法として「投影法」の歴史が始まったとされる。それ以来ロールシャッハ法においても投影機能が着目されるようになった。

時代を同じくして精神分析の隆盛とともに1940年代からはラパポートほか（Rapaport, Gill & Schafer, 1946）を中心としたロールシャッハ法の精神分析的アプローチに関する研究が注目され，内的世界を扱う精神分析理論とロールシャッハ法との密接な関係はヨーロッパ圏を中心として現在まで継承されている。こうした歴史を振り返ると，ロールシャッハ法における知覚と投影の議論が当時の学問の潮流と無縁ではないことを改めて知ることができる。

ところで，そもそも知覚とは何かということになるのであるが，藤岡（1974）はF（外界集合）─G（知覚集合）─H（内界集合＝イメージ総体）という精神作用の図式を用いて，知覚とは，2つの独自の世界すなわち，内界と外界を関係づけ対応させる「何か1つのもの＝仲立ちするもの」を知覚と呼んでいる。そして，ロールシャッハ反応とは，イメージ総体から「コトバ」──これもまた記号化されたシンボルの形であるが──によるイメージのサンプリングであるとしている。

また中村（2010）はヴィゴツキー（Vygotsky, L. S.）の想像の発達理論に基づいて想像の前提となる表象と知覚を対比させ，表象は存在しない対象を心のなかで再現させることができるのに対して，知覚の機能は存在する対象の特徴を見たり，聴いたり，触ったり，嗅いだりすることにあり，それゆえに現実の世界から自由になることができない機能である，としている。

一方，ワイナー（Weiner, 1998）はロールシャッハ法における知覚について，反応の生じる過程は，まず最初に知覚，そして統覚という順であり，反応とはその際に生じる感覚複合

と記憶痕跡との連合的な統合であり，統合のための努力が大きいものが「インクブロットを解釈した反応（特殊な知覚）」であり，一方，統合の努力の小さいものが「普通の知覚」と分類し，いずれにしてもロールシャッハの反応は「知覚」であるとしている。知覚という機能に普通の知覚から個人特有の知覚，という範囲を設けることでロールシャッハ反応の前提に知覚を位置づけているものといえる。そうした知覚の定義の上で，ワイナーはロールシャッハの機能を，①認知構造化課題としてのロールシャッハと，②連想・属性の付与・象徴化の過程としてのロールシャッハに分類している。たとえば図版ⅠのA「こうもり」，B「黒いこうもり」，C「こちらに向かって飛んでくる悪魔のこうもり」という3種類の「こうもり」という反応においては，いずれも①の認知構造化課題の解決の過程における個人差が認められ，一方②については，Cの反応にその過程を認めることができる，と考えることができるであろう。

このようにみてくると知覚とは，学者によってさまざまな考えを包含する用語であることがわかるが，現実（外界）と何らかの形で関係している，という特徴は共通して有している。その意味では，ロールシャッハのインクブロットは，現実に存在する視覚刺激であり，はじめに視覚ありき，と言い得るものである。すなわち，ロールシャッハ反応から知覚を取り除くことは不可能であり，その知覚の機能をどのように考えるのかについては，①ロールシャッハ自身のように輪郭の適合性という正確さを重視するのか，②イメージ（内界）と現実との橋渡しの機能を重視するのか，③現実世界をとらえる機能を重視するのか，など立場によって異なるといえるであろう。

3） 子どもの知覚

ところで，ロールシャッハ反応における子どもの知覚についてはどうであろうか。子どもという存在は（何歳までを子どもというかの議論はここではさておき，本章では中学生以下の年齢層とする）成人に向かって，成長・発達する存在であることが前提にある。知覚あるいは認知の機能においても成人とは異なり，未発達であったり未分化であったり特異的であったりすることを前提として考えなければならない。ロールシャッハ自身が重視した形態の適合性という点においても，子どもの形態水準は成人のそれに比して低値である（松本，2003；袴田ほか，2012）。しかし，形態水準を成人と同じレベルで検討して，現実吟味に問題があるとする解釈は経験のある検査者であれば安易には行わない。それは暗黙のうちに私たちが，子どもの知覚は成人とは異なることを理解しているからにほかならない。

子どものロールシャッハ反応における知覚に関する特徴については，諸家の報告があり，これまでに固執的反応が多いことや反応単位の不明瞭さなどが報告されてきている（松本，2005）。また小沢（1970）は，幼児の反応についてウェルナー（Werner, H.）の相貌的知覚の概念で説明し「相貌的特質を直接知覚する」という特徴を示している。この相貌的性質は個人特有の形態反応であり，学童期になると次第に非個人的な形態反応となって相貌的な知覚から抜け出していく，と述べている。これに関連した報告として，筆者らが5歳児から中学2年生までの436名を対象として実施したロールシャッハ法の反応のうち，約40％の反応が，対象児特有の個人的反応であり，特に低年齢児に相貌的知覚による反応が多く認められ

た（松本・森田, 2009）。たとえば，図版Ⅷの全体反応として5歳の女児が「花おばけ，目があってこわい」という反応を産出している。まさに相貌的直観的知覚を示した例といえよう。

ところで前述した藤岡の精神の図式によると外界と内界の橋渡しとして知覚があるとされるがこの2つの世界の境界の曖昧さもまた子どもの特徴であり，成人ほど，現実と内界との区別が明確に意識されることは難しい。藤岡（1974）は，インクブロットに対して，成人型知覚は解釈的で知覚に適合した内容が重なり，うまくイメージが構成されるが，幼児型知覚では知覚を手がかりにしながらも，自由な内容がともなうためにイメージとしては他者にうまく伝達できるようになっていないとしている。付け加えるなら，藤岡（1974）は成人型は欧米や日本の成人に認められ，アフリカのサバンナやチベット文化圏の成人には幼児型が認められると報告している。このことは，欧米や日本では「発達」の視点でとらえられる知覚の特徴も，他の文化・社会においては，発達の視点でとらえることが不可能であることを示唆するものであり，厳密にいえば，子どもと成人という分類ではなく，人によって異なる知覚機能を有するということが正確な事実といえるであろう。

子どものロールシャッハ反応における知覚について以上より次の3点にまとめられる。
(1) 子どもにおいてもロールシャッハ反応には現実と関係する知覚の機能が働いている。
(2) そこで機能する子どもの知覚は成人のそれとは異なるものである。
(3) 知覚は現実とイメージ（内界）・表象の両方に関与するものであるが，両者の境界には曖昧さを有する。

(2) ロールシャッハ反応における投影
1) 投影の意味

さて，ロールシャッハ自身は知覚を重視する一方で「運動感覚の解釈は無意識についての深い洞察をもたらすことがわかる，それらは対象者の無意識の傾向，つまり基本的態度が能動的か受動的かを示す……色彩の解釈は夢の中の象徴に対応するような象徴である，……それは潜在する内容との重要な感情的関係を表している」（Rorschach, 1921）と，すでに投影の機能についてもふれている。しかし，先にも述べたように投影法の代表としてロールシャッハ法を明確に位置づける第一歩は1939年にフランクが「投影法」という用語を世に出して以降であろう。フランクは「……比較的構造化されていないパーソナリティテストというものは……本人なりの意味と感情をもつ個人的な世界を投影するように対象者を促す」（Frank, 1939）と述べているが，ここには投影法のきわめて重要な視点として「個別性」の視点があることをはっきりと読み取ることができる。

先にも述べたが，ワイナー（Weiner, 1998）はロールシャッハ反応の産出過程として認知構造化過程と並び，連想・属性の付与・象徴化の過程を提示している。これはすなわち，反応内容にみる個人の潜在的な関心や感情にアプローチする過程であり，現実世界における知覚を離れ，イメージの世界（内界）あるいは表象（想像）の世界で彩られた解釈的な知覚の結果としての反応の側面を示すものである。

ロールシャッハ反応における投影は，精神分析用語の投影とは本来異なる性質を示したものであるが，そのまま精神分析の投影と混同されることも多い。しかし，反応の自由度の高さが投影法の特徴であるという点にも示されているように，より広く個別的心理的特徴性を拾いあげるものがロールシャッハ法の示す投影と考えられる。

　このように考えると，現実に対比するものとして，投影と切り離せないものが内界（イメージ）・表象ということになり，知覚は，現実にも投影にも属するものとして位置づけられることになる。

2）子どものロールシャッハ法における投影

　小沢（1970）は，子どもにとってロールシャッハ課題は遊びに近く，直感と自由連想に彩られた世界である，と述べている。すなわち，知覚の適合性という視点よりも投影の機能を重視する立場を示している。

　中村（2010）は，想像の発達の大前提として表象という用語を用いて次のように説明している。「……表象によって人間は現実世界から離れ，現実とは独立した心理的世界を手に入れることができる」。ここでいう表象とはイメージの世界に近いものであり，今ここに存在しない対象を，今ここに存在せしめるということであり，すなわち，表象によって今ここに存在しない対象を心の中で再現させることができるのである。子どもにおいては，現実の体験は乏しくとも，あるときには，成人以上に現実から離れて想像の世界で自由に遊ぶことができる豊かさをもちえている。それゆえに時としてその表象が，現実の知覚や事象の視点からみれば，誇張されたものとか非現実的という特徴を有するとされるのである。

　いいかえるならば，子どもはロールシャッハのインクブロットと出会い，現実知覚に続く過程として，知覚に基づくイメージの貯蔵庫からあるイメージを取り出し，そしてそのイメージをきっかけとして，成人に比してより自由に現実世界から離れることができる存在であろう。そして彼らは，イメージを膨らませ，個性的に心の中で遊ぶことができるのである。

(3) ロールシャッハ反応における言語の本質

　このように知覚と投影のさじ加減はひとりびとり異なる過程を経て産出されたロールシャッハ反応であるが，その反応は「言葉」として表出されない限り，私たちは知る術をもたない。しかし，かといって言葉で表出しえなかった子どもに対して，言葉の表出がなかったというその事実だけで「心理的に乏しい子ども」であったり「空虚な子ども」であったりという解釈には，慎重になるべきである。

　松沢（2011）は人間とチンパンジーとの比較から人間とは何かという問いの答えの1つに言語の獲得をあげている。すなわち言語の本質は情報や経験をもち運び，他者と共有することができることである，と述べている。そしてもう1つの人間の特徴は，空間と時間の広がりをもった想像する力であるという。ここにロールシャッハ反応を考える大きなヒントをみることができる。

　知覚あるいはイメージの世界で描かれた対象は，藤岡（1974）が「イメージのあらゆる細部をすべて言語表現の形に変換することはできず」と述べるように，イメージのすべてを言

葉に乗せることは成人においても困難であり，まして子どもにおいては至難の業である。一方，たとえ言葉に乗って伝達されたとしても，検査者に了解されたものが言葉の発信者の了解にすべて一致することもおそらくはありえない。たとえば，図版Ⅰの「こうもり」はPopular反応と包括されるが，Aさんのこうもりは「小さなかわいいこうもり」であり，Bさんのそれは「にらみつけるような眼をしたこうもり」であるかもしれない。それらが「こうもり」とだけ表現された瞬間，そして質疑においても「形が似ているので」とだけ答えた場合には，すべて「こうもり」として図鑑上のこうもりの形態に変換されることになる。すなわちたとえ，言語表出されたとしても，それは「コトバに乗せうる部分」（藤岡，1974）であり，それによって，他者なりの了解に達した「反応」にほかならないという大きな限界が見出されることになるのである。

　実はここには，子どもに限らず大人においても共通するロールシャッハ法の限界が横たわっているとみることができる。すなわち「見えたもの」を言葉に変換する過程に盛り込まれた個人のイメージは，確かにその「言葉」で伝わっているのだろうか，というきわめて素朴で基本的な疑問である。そしてこの疑問はロールシャッハ法に限ったことではなく，自然科学における客観的事実においてさえ実はそうした言語につきまとう限界を超えることはできない，とクーン（Kuhn, 2000）は述べている。さらに「こうもり」を「W，F，A，P」とあたかも客観的に記号化するかにみえる作業にも実は世界共通の客観性を見出すことはきわめて困難な作業といえる。クーン（Kuhn, 2000）はそれについて「人間諸科学に劣らず，自然諸科学でも，個体群──対象のであれ，行為のであれ──が記述されうる，何らかの中立な，文化から独立した一群のカテゴリーは存在しない」と述べている。イメージを用い，その上に言葉を用いる行為──それはほとんどすべての人間の所作ということになるのかもしれないが──を専門的に用いる場合には，少なくともそうした認識を多少なりとももつべきではないだろうか。

　このように子どもの言語反応の限界を見出しつつ，一方，ロールシャッハ反応を言葉で表出し，質疑において言語的説明を加えることができるのは，何歳頃からであろうか。クロッパー（Klopfer, B.）は意味のあるロールシャッハ記録は精神年齢3歳に達した子どもからえることができる，と述べているが，片口（1966）は「ロールシャッハ資料を人格診断に利用するという意味の可能性は学齢期以降と考えるべきであろう」と述べている。小沢（1970）はこれらに加え，正確には「学齢期以降の子どもの反応は<u>形式分析が可能</u>」（下線は小沢）ということである，としている。

　たとえば，3歳の女児におけるロールシャッハ反応の過程をみてみよう。図版Ⅰをみて「お月さまにいるウサギさんみたい」と語り，その後は図版Ⅱでも「これもウサギさん」，続く図版Ⅲでは「あっ，さっきのウサギさんがお餅ついている」，図版Ⅳでは「わからない」，図版Ⅴ「またウサギさんだ」，図版Ⅵ「わからない」，図版Ⅶ「やっぱりウサギさんがまたいる」，図版Ⅷ「きれいな絵だね」，このあたりで集中力を欠き，図版Ⅸ，Ⅹでは「もう終わり，ウサギさんもいなくなっちゃった」と語った。質疑は低年齢児の場合図版ごと反応ごとに実施するが，領域や決定因の説明は漠然としてスコアリングは困難であった。この女児にとっ

て，ウサギ，という反応には図版における何らかの現実的知覚が多少なりとも関与していたとしても，それがどの程度の関与であるのか，またウサギに投影された個別性がどの程度なのか，知る術は乏しい。たまたま直前にウサギの絵本を見ていたのかもしれないし，日頃からウサギのキャラクターがお気に入りであったのかもしれない。クロッパーのいう「意味ある反応」とは，私たち検査者が「意味ある反応」として扱うかどうかにもかなりの程度依拠するものであると考えることもできるであろう。

　結論として，たとえば名大式技法のように，検査態度や反応に付随する言動を解釈の対象とする分析システムも存在するが，それでもなおロールシャッハ法によって得られるパーソナリティ解釈はあくまでも言語表出された情報に依存するものである，という但し書きを忘れてはならないということである。その点で，子どものロールシャッハ法を測定法として使用する場合には，この限界を十分理解し，それを補う心理検査をバッテリーとして組むことが大変に重要と思われる。

(4) 総括：知覚と投影と言語

　ここまで，ロールシャッハ法における，知覚と投影と言語について一般論から子どもにおける特徴まで概説してきた。その結果，みえてきたことは子どものロールシャッハ反応において，知覚と投影の機能をどこまでが知覚，どこからが投影というように分けて考えることはきわめて難しいのではないか，ということである。それに加えて，「見えたもの」をどこまで他者に了解できる言葉に乗せて伝達しているのか，というその程度を推し量ることにも限界がありそうだということである。言語については，言語を用いた心理検査あるいは質問紙すべてに共通する限界と重なり合うものであるが，いずれにせよ，こうした限界を常に認識していることが大切である。

　藤岡（1974）は想像的イメージを知覚，そして行動へと移行することが人間の精神作用であるとする立場からイメージと知覚の分離は困難であり，知覚を介することによって，イメージ総体の独自性は情報化の過程で，ある程度犠牲にされるかわりに，了解可能性の高い方向へと一般性を付与される，としている。すなわち，個人の心に抱かれるイメージ総体の独自性すべてを他者が知ることは不可能である，ということであろう。

　ロールシャッハ反応に過大な期待を抱かないこと，そして過小な評価も下さないことが何よりも大切なことなのかもしれない。

　さて，筆者は，ここまでの論をまとめる試みとして，子どものロールシャッハ反応における知覚と投影の機能の関与度による4象限を考えてみた（図Ⅰ-2-1）。

　柔軟型（第1象限）：ロールシャッハのいう形態の現実での適合性を重視しつつ，個別的イメージを付与したほどよいバランスの反応が中心の型であり，一般児童に多く認められる。

　硬直・厳格型（第2象限）：現実での適合性を重視した反応が中心であり，一般児童や強迫傾向の高い児童に認められる。

　拒否・失敗型（第3象限）：形態の現実での適合性を重視した反応も個別的イメージの付与された反応にも少なく，反応数の乏しさや拒否図版の多さが特徴である。一般児童と社会

的不適応傾向の臨床児童に認められる。

自由・逸脱型（第4象限）：現実での形態の適合性を重視した反応は少なく，個別的イメージの付与が強調され誇張された反応が多くを占める。一般児童では，しばしば担任から「気になる児童」とされる児に多く，臨床児童にも多い。

わが国の学校場面では言語による自己主張や積極的な言語化を必ずしも必要とされる文化背景になく，国際化の影響を受ける昨今では学習指導要領で言葉による表現が重要なテーマとしてとりあげられている。

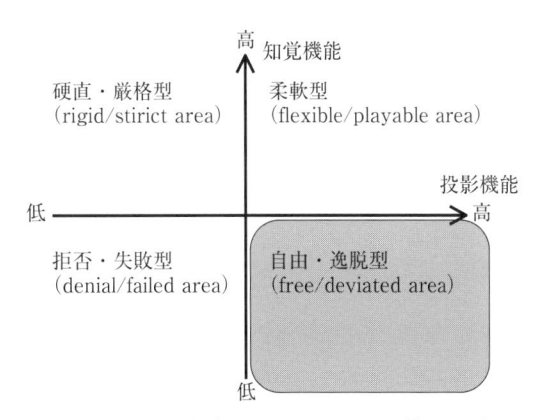

図Ⅰ-2-1　子どものロールシャッハ法における知覚と投影機能による4象限

かつての謙譲を美徳とする日本社会から自己の要求や権利を主張する社会へと変化してきたとはいえ，ことさらの自己主張よりも協調や調和を良しとする価値観を大切にする傾向はなお日本の文化・社会の根底に流れているものと思われる。そうした日本の子どもたちをロールシャッハ法を通してみると，第1象限から第3象限に広く分布しており，第4象限に入る子どもは，時に担任が「気になる子ども」とする場合もあるのではないか，というのが筆者の臨床的な印象である。

3．子どもと大人の相違——子どもの発達を考える

(1) 発達とは何か

ロールシャッハ研究においてすでに1950年代（Ledwith, 1952）から子どもと成人は違う，という報告が認められる。わが国でも辻・浜中（1958）が，子どものロールシャッハ反応に成人と同様の基準を適用することや外国のデータをただちに適用することは困難であることを指摘している。また小沢（1970）は年齢水準別にそれぞれの集団においてみられやすい反応としてのP反応を決定すべきである，と指摘している。

さて子どもと成人のロールシャッハ法における違いは何に由来するのであろうか。それは一言でいえば「子どもは発達する存在である」ということになるであろう。筆者らの年長児から中学2年生の5年齢層における研究（松本，2003；松本・森田，2009）においても指標によっては顕著な相違や発達的な変化が認められた。一方，成人の標準データの場合，多くは20歳以上という年齢の下限こそ示されているものの，広範囲の年齢層を含むのが一般的である。そうであっても分析に大きな支障をきたすことがないからであろう。子どもという存在は，身体的，心理的発達が著しく，ロールシャッハ反応も変化するということを理解することが大切であろう。

ところで「子どもは発達する存在である」というが，では発達とは一体何であろうか。発達からみたロールシャッハ法とはどのようなものであろうか。

発達という概念の歴史においては1970年代以降に社会的文脈のなかで発達をとらえようとする視点が加わってきた（田島，2000）。すなわち新たな発達の視点として都筑（2000）は次の3つのレベルを提示している。すなわち，①発達の一般性：子どもとしてもっている共通性からみた発達，②発達の特殊性：子どもがおかれている社会の特殊性からみた発達，③発達の個別性：子ども一人ひとりの個性，である。

ここではこの3つのレベルから子どものロールシャッハ法について考えてみたい。

(2) 発達における一般性

都筑のいう発達の共通性とは，社会・歴史的な文脈による多少の差異はありながらも時代を超えて共通する側面を指している。図I-2-2はロールシャッハ法のF％について現代と1950年代の日本の子どもの年齢ごとの結果を示したものである（松本，2003）。

エイムス（Ames et al., 1974）をはじめ多くの研究者が，F％は発達的に年齢とともに下降する傾向を指摘している。筆者らにおいても，年齢とともに下降傾向が認められ，このことは発達の一般性の例といえる。

(3) 発達における特殊性

発達の特殊性とは，子どもが生きている社会・経済・文化・教育などの特徴によって影響を受ける側面である（都筑，2000）。

図I-2-3はラムダ変数の国際比較（Matsumoto et al., 2007）である。ラムダは，形態反応の全反応における比率（包括システム）である。すなわちラムダが高いほどF％が高いことを示している。3か国間の相違は顕著であり，日本は他国に比較して「形がそう見えたから」と答える割合が高いことが明らかである。この傾向は辻・浜中の1950年代から認められ

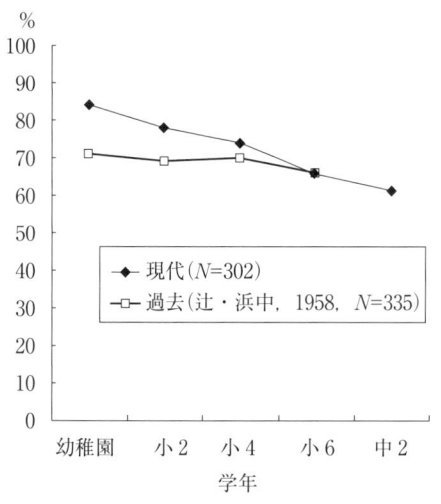

図I-2-2 学年別にみたF％の変化（松本，2003）

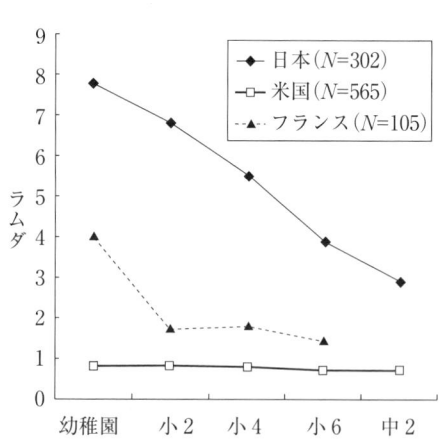

図I-2-3 学年別にみたラムダの変化（Matsumoto et al., 2007）

る日本人児童に共通する特徴である。日本人は成人においても概してF%（ラムダ）が高いことは多くの研究で報告されており，文化的・社会的要因が強く影響する特殊性といえるであろう。

(4) 発達における個性

発達における個性とは，子ども一人ひとりが固有の人格をもつ存在として個別性を重視する姿勢である。

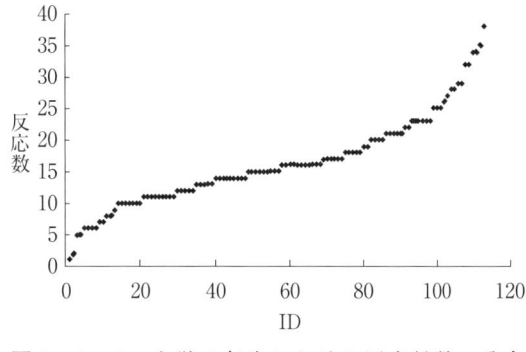

図I-2-4　中学2年生における反応総数の分布（松本，2010）

図I-2-4は筆者らの調査した中学校2年生における反応総数による分布である。反応総数が5個以下の子どもから40個近い反応を産出する子どもまで，広く分布していることが明らかである。

(2)，(3)で概観してきた発達の共通性や特殊性を共通に有する日本の子どもたちにおいて，一方でその個別性に目を転じたとき，この反応数に示されるような発達における個性がみえてくるのである。

(5) 発達が意味するもの

以上，発達の視点からロールシャッハ法を具体的にとらえてみた。子どもは発達する存在であるが，それ以前に人間とは時代や社会や文化の文脈なしには存在しえず，そしてさらに個別性に生きる存在であることを忘れてはならない。そういうことをロールシャッハ反応は示していると考えることができるのではないだろうか。

当然の結論であるが，子どもと大人のロールシャッハに対する反応のあり方は異なるものである。

4．心の援助手段としてのロールシャッハ法の可能性

(1) ロールシャッハはテストか技法か

ロールシャッハ法がテスト（test）であるのか，技法（technique, method）であるのかという議論の歴史は古く1930年代から始まっている。このことはまたロールシャッハの知覚か投影かという議論にそのまま重ね合わせることもでき，そしていまだ明確な結論に到達しているわけではない。この歴史こそ，ロールシャッハ法の今後の発展の可能性を物語るものである，と筆者は考えている。すなわちロールシャッハ法とは，テストとして用いるのか，技法として用いるのかという問いに対して臨床家の姿勢に応じて柔軟に答えうる道具であるということである。

特に子どものロールシャッハ法に関していえば，小沢（1970）は「伝統的な形式分析に頼り，成人向けの枠組みをそのまま子どもにあてはめようとするならば，ロールシャッハを児

童臨床の場で活用する可能性は限られる」と述べ，インクブロットは子どもにとって粘土細工のように自由な素材であるとして，臨床技法としての可能性を示唆している。

(2) ロールシャッハ反応にみる遊びの要素

ここで，前述した4象限にそって子どものロールシャッハ反応を考えてみたい。たとえば図版Ⅲにおいて，図Ⅰ-2-5に示すような反応を産出する子どもがいたとしよう。各象限の子どもたちは，プレイルームで粘土を前にした時，一体どのような反応を示すのであろうか。

たとえば拒否・失敗型の子どもは，粘土を目の前にして「作るものがない」と語りセラピストは場を共有できない感覚を覚えるかもしれない。硬直・厳格型の子どもは，たまたま目に入ったロボットのフィギュアを模倣し，そっくりな粘土ロボットを作ることに腐心し，セラピストはその作品の精巧さに感心しつつも遊びを共有した感覚にはやはり乏しいかもしれない。柔軟型の子どもは人形のフィギュアをヒントにして，2体の粘土人形を作り，その人形でセラピストとままごとを楽しむかもしれない。そして，自由・逸脱型の子どもは粘土のなかに人形を埋め込み丸めて壁に投げつけるという遊びを繰り返し，セラピストはその感情表出に圧倒される感覚に襲われるのかもしれない。このようにロールシャッハ反応から私たちは子どものプレイを想像することができ，またロールシャッハ反応を産出する過程そのものがプレイセラピーに通ずるものと考えることができるのである。

すなわち，インクブロットのしみを何かに見立てる方法は，空の雲を見立てる遊びにつながるように子どもにとっては，遊びの要素が含まれるものであり，遊ぶことのできない一部の子どもを除いては抵抗なくかつ自由に内面を表出することができるものにもなりうるものであろう。

ウイニコット（Winnicott, 1971）は遊びに関する論述のなかで「精神療法は2つの遊ぶことの領域，つまり患者の領域と治療者の領域が重なり会うことで成立する。……治療者のなすべき作業は患者を遊べない状態から遊べる状態へ導くようにすることである」と述べている。すなわち，遊ぶこととは内的世界（inner world）にあるのでも外的現実（external reality）にあるのでもなく，赤ん坊と母親の間にある潜在空間（potential space）に由来する内的世界と外的現実の中間領域におけるものであるとしている。

子どもにとってインクブロットは，外的現実に存在する対象に姿を変え（知覚）それは，同時に内的世界の夢や感情を賦与して（投影）反応として言語によって表出されるという過程において，外側にあるものでも内側にあるものでもない対象に姿を変えていくことであるといえる。マトリクスの第1象限は柔軟に遊ぶことのできる健康な領域であり，その

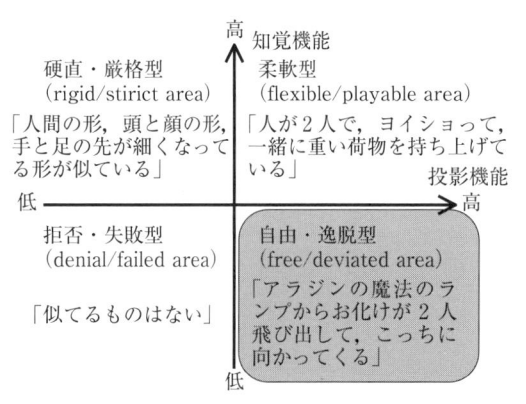

図Ⅰ-2-5　子どものロールシャッハ反応の例

（第2象限）硬直・厳格型（rigid/stirict area）「人間の形，頭と顔の形，手と足の先が細くなってる形が似ている」

（第1象限）柔軟型（flexible/playable area）「人が2人で，ヨイショって，一緒に重い荷物を持ち上げている」

（第3象限）拒否・失敗型（denial/failed area）「似てるものはない」

（第4象限）自由・逸脱型（free/deviated area）「アラジンの魔法のランプからお化けが2人飛び出して，こっちに向かってくる」

縦軸：知覚機能（高／低）　横軸：投影機能（高／低）

ことは，次のウイニコットの要約に示されているといえよう。すなわち「子どもは遊ぶことのなかで，その夢のために外的現象を使いこなし，選ばれた外的現象に夢の意味や感情を賦与する」。

ここにプレイセラピーの技法としてのロールシャッハ法の可能性が示唆されていると筆者は考えている。

たとえば，ロールシャッハのインクブロットで遊べない子ども，「似ているものはない，ただのインクのしみです」という反応において，子どもは外的現実の束縛から離れる術，すなわち遊ぶことを知らない，ということを私たちは知ることができる。一方，「お化けがこっちに向かってくる」と不安と恐怖の感情に圧倒された反応を示す子どもにおいては，外的現実をかけ離れた主観の世界に生き，やはり遊ぶことができない状態にあることを知ることができるのである。先に，「一部の子どもを除いては抵抗なくかつ自由に内面を表出することができる」と述べたのは，これらの子どもたちは，ロールシャッハの世界において抵抗や不安がともなうものであり，不安の程度が耐えがたいほどになれば，不安が遊ぶことを破壊してしまう（ウイニコット）場合もあるからである。しかし，こうした状況はロールシャッハ法に限ったことではないこともまた加えておきたい（ロールシャッハ法は危険である，というような言説に利用されないためにも）。

ウイニコットは主観的なもの（幻覚に近いもの）と客観的に知覚されるもの（実際のあるいは，共有する現実）との間の相互作用に伴う不確かさに由来した子どもの遊びの不確かさを理解した上で，子どもの遊びのなかに，無意識的なもの，また生来的な正直さへと至る道を見出すことができる，と述べている（Winnicott, 1964）。

子どものロールシャッハ法もまた，知覚と投影の境界の曖昧さを内包する道具であり，そこに内的世界に接近するきわめて有効なプレイセラピーの1つの技法として使用しうる可能性をみることができるのではないだろうか。

5．まとめにかえて
—— 子どものロールシャッハ法における法則定立的接近と個性記述的接近

(1) 哲学としての心理学と科学としての心理学の淵源

ギリシア時代に遡る哲学を起源とした心理学と袂を分かち，科学としての実証的心理学を目指して「科学的心理学」を創設したのは19世紀後半の心理学者ヴィルヘルム・ヴント（Wundt, W.）であったことは心理学史における周知の事実である。

一方，同じく19世紀の哲学者ヴィンデルバント（Windelband, W.）は，法則定立的接近は自然科学における接近方法であり，それに対比するものとして個性記述的接近による方法を提唱した。すなわち，歴史的に規定された事象の一回的内容をその「特殊性」と「全体的ゲシュタルト」から把握しようとする方法である。

こうした二大潮流の歴史はそのままロールシャッハ法の歴史にも織り込まれてきた。すなわち自然科学を目指す法則定立的接近は，エビデンス・ベイストの接近方法へと発展し，そ

の流れのなかで1971年のエクスナー（Exner, 1974）による包括システム（Comprehensive System）が誕生した。この分析方法は「包括」という名称にあるとおり，それまでの伝統的な5つのアプローチであるベック法，ヘルツ法，ピオトロフスキー法，ラパポート・シェーファー法，クロッパー法に対する実証的検証の結果，エビデンスの得られた指標を統合したものである。徹底した実証主義をロールシャッハの世界に持ち込むことを可能にしたのは，現代の情報技術の発展であった。またごく最近では，この包括システムに対する批判的検証から，メイヤーほか（Meyer et al., 2011）が The Rorschach Performance Assessment System（R-PAS）を発表している。目指すところは，世界共通のエビデンス・ベイストのロールシャッハの分析方法であるという。自然科学のみならず，社会全体を覆うエビデンス至上主義ともいえる社会現象がロールシャッハの世界においても1つの大きな潮流となっていることは事実であろう。

(2) エビデンスの意味すること

さてここで少し，本論から離れることを承知でエビデンスの意味についてふれておきたい。EBM（Evidence-based Medicine）はアメリカでサケットほか（Sackett et al., 2000）が，イギリスではグリーンハルとハーウィッツ（Greenhalgh & Hurwitz, 1998）が提唱した。エビデンスという用語は臨床判断に根拠を与える情報つまり，客観的な情報を示すものであるが，エビデンスはあくまでも臨床判断という主観的なプロセスを補助するために利用されるものであり，客観的情報を解釈するという作業はすでに主観的なものである。すなわち，エビデンスにどのような意味を賦与するかという過程は結果をどう解釈し，どう伝えるかという解釈学的な過程であり，主観的作業であるという（岸本，2007）。

1998年にグリーンハルとハーウィッツが提示したナラティブ・ベイスト・アプローチ（narrative-based approach）とは，クライエントが日々生きている「基盤としてのナラティブ」を書き換える作業，つまりナラティブの変容のプロセスに付き添い，援助することであるという。いいかえれば，面接関係のなかで「援助者とクライエントが『クライエントにとってより望ましい物語』の共同執筆者となること」が面接の本質であるとするものである（斎藤・岸本，2003）。そのために必要な客観的情報がエビデンスということになる。すなわち，同じ客観的情報であるエビデンスであっても，解釈によってクライエントにとっての意味づけは全く異なったものになる。個性記述的接近の視点から人間存在をみるならば，このことは自明のことのように思われる。すなわち，エビデンスとは，かけがえのない一回性の人生にどのような意味を賦与するのか，ということを対話のなかで見出していく作業のなかに初めて活かされるのである。

ここで，2.の(3)でもふれたが，ロールシャッハ法のエビデンスにおける言語に再び戻らねばならない。クーン（Kuhn, 2000）によれば自然科学においてさえも，基本的記述言語も含めて言語の進化は，法則や理論の進化と同様に科学の一部である。科学の客観性という伝統的な概念の根本的特徴も言語の改革なくしては危機に瀕していることを警告している。エビデンスを強調する以前に，人間の存在や世界の構築に形を与える言語に対して，私たち

はもう少し懐疑の念を抱くべきではないか，と筆者は思う。それはまたロールシャッハ法におけるエビデンス・ベイストとして実証主義を追求するアメリカを中心とした新しいシステム（Exner, 1974；Meyer et al., 2011）のみならず，従来の分析システムにおける言語反応を記号に置き換えるという作業においても同様の懐疑を投げかけるものである。

(3) 個性記述的接近

村上ほか（1977）はロールシャッハ法の個性記述的接近の立場において，ブーバー（Buber, M.）による「われ—なんじ」のかかわりの姿勢をロールシャッハ法に追求した。ここに少し長いが村上のその姿勢を引用したい。「臨床のなまなましい実践領域の中で私どもの前にたちはだかるひとりの生成する存在者としての，いわゆる"実存する人間"と立ちむかうとき，私たちがいかなる方法論的立場に拠るべきか改めて問い直す必要もないように思われる。ましてそれが一見実存することを放棄しているかに見える，魂を病み，こころ傷ついた精神病者との出会いであり，かかわりであるとするならば，その相手方を普遍化された人間一般からの，あるいは統計的基準に立つ集団の平均からの単なる逸脱とか，歪曲とか，阻害とかの視点でとらえることの無意味さは今さらいうまでもない」（村上ほか，1977, p.3）。

村上はこうした徹底した現象学的実践において，他の心理学諸検査と異なり，ロールシャッハ状況を通してはじめて可能になる自己認知との出会いや，クライエントみずからによるロールシャッハ刺激との出会いと反応の投げかけが治療効果を深化させるものであると述べている。それゆえにロールシャッハは「テスト」ではなく「ロールシャッハ法」であると確信している。まさに法則定立の対極にある個性記述としてのロールシャッハ法への意味づけといえよう。

すなわち，クライエントがロールシャッハの世界において何を見て，どのようにそれを体験したのかというその体験そのものへの共感的追体験を通して，私たちはクライエントの世界に迫りうることができるのである。

(4) 法則定立と個性記述の統合的接近——共感的追体験を通して

小学校6年生の太郎は，幼少児期よりおとなしく一人遊びが多かった。幼稚園に入園後は集団に入ることが苦手で先生も心配していた。小学校入学後も親しい友人ができず，引っ込み思案な子どもであった。6年生になると毎朝腹痛を訴えて，登校を渋るようになった。

そのような太郎が語ったロールシャッハの世界を追体験してみたい（図Ⅱ-2-6）。

図版Ⅰは「こうもり，形が似ている」である，ロールシャッハという新規の世界の入り口に立ち，太郎は平均よりも短時間で形態のみに着目した平凡反応で終えるというさしさわりのない方法で社会性を示している。図版Ⅱでは，やはり形態だけに着目し，感情を付加することなく注意深く，「クマ」「犬」と2個の部分反応で終えている。ここで1つではなく，同一領域にともに動物反応を2個産出しようとする姿勢に，意欲と要求水準の高さの可能性をわずかに垣間見ることができる。図版Ⅲでは，反応時間の遅延の結果，「見えない」と拒否

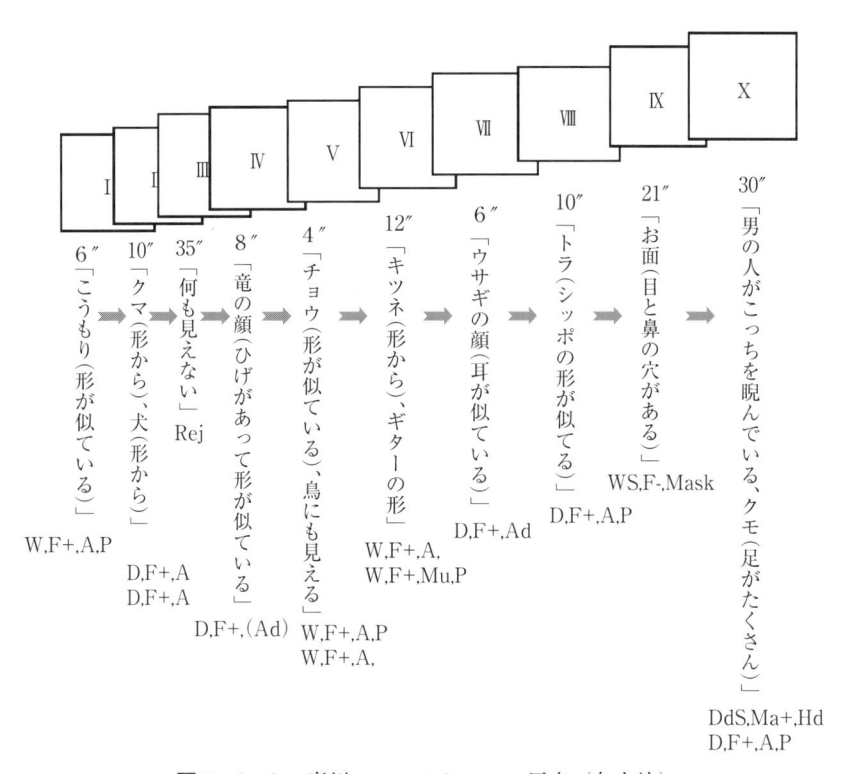

```
  Ⅰ  Ⅱ  Ⅲ  Ⅳ  Ⅴ  Ⅵ  Ⅶ  Ⅷ  Ⅸ  Ⅹ
  6″ 10″ 35″ 8″  4″ 12″ 6″ 10″ 21″ 30″
```

図版	反応時間	反応内容	スコア
Ⅰ	6″	「こうもり（形が似ている）」	W,F+,A,P
Ⅱ	10″	「クマ（形から）、犬（形から）」	D,F+,A / D,F+,A
Ⅲ	35″	「何も見えない」	Rej
Ⅳ	8″	「竜の顔（ひげがあって形が似ている」	D,F+,(Ad)
Ⅴ	4″	「チョウ（形が似ている）、鳥にも見える」	W,F+,A,P / W,F+,A,
Ⅵ	12″	「キツネ（形から）、ギターの形」	W,F+,A, / W,F+,Mu,P
Ⅶ	6″	「ウサギの顔（耳が似ている）」	D,F+,Ad
Ⅷ	10″	「トラ（シッポの形が似てる）」	D,F+,A,P
Ⅸ	21″	「お面（目と鼻の穴がある）」	WS,F-,Mask
Ⅹ	30″	「男の人がこっちを睨んでいる、クモ（足がたくさん）」	DdS,Ma+,Hd / D,F+,A,P

図Ⅱ-2-6 事例のロールシャッハ反応（名大法）

を示している。同年齢では40％の児童が人間反応を産出する図版におけるこの時間の遅延と拒否には彼の内的世界において,「人」をめぐる葛藤の存在の可能性を物語るかのようである。図版Ⅳでは,再び短時間で「竜の顔」と語った。全体反応の多い図版に,子どもにはしばしば見られる部分領域ではあるが,顔反応であることに図版Ⅲにおける何らかの葛藤からの立ち直り途上の過程ととらえることもできるであろう。図版Ⅴでは,短時間で平凡反応の「チョウ」そして「鳥」と語っている。相変わらず形態への着目による反応であり,Ⅱと同様に同種の反応を並列している。

　形態への着目ですませるという体験のあり方によって感情の表出を抑制しようとする,世界とのかかわり方,一方でははっきりとした安心のできる形態（世界）に対しては多少なりとも積極的にかかわろうとする彼の姿勢をみることができる。図版Ⅵでは,「キツネ,ギターの形」とこれもまた同様の彼独自の世界とのかかわりのあり様を示している。ただ,これまでの反応と異なる点は,動物と楽器であり,内容に若干の拡がりが示されることである。いずれにしても形態水準は一般的かつ公共的反応であり,彼のきわめて常識的な世界の見方を示している。図版Ⅶでは「ウサギの顔」,Ⅷでは「トラ」とやはり一般的,公共的反応を形態への着目というこれまで同様の世界とのかかわりのなかで示している。多色彩の図版になってもここまでは,なお感情を抑制しつつ慎重にロールシャッハの世界とかかわろうとする彼の姿勢がうかがわれる。しかし,図版Ⅸでは反応時間が遅延し「お面」とこれまでとは様

相を異にする漠然とした全体反応を語っている。ここに至り，複雑で多色彩な世界のなかで彼の不安は，彼自身の顔をお面で隠すことによって自分を守ろうとする彼のあり様を物語っているようにも思われる。そして最後の図版Xでは「男の人がこっちを睨んでいる」と語っている。お面をつけてもなお隠しきれない不安の背景に「他者の睨みつける視線」の存在があることを語っているかにみえる。最終反応は「クモ」という同年齢層では19％と出現率の高い一般的反応で終えている。図版IX, Xにおいて彼の抱える他者に対する不安の強さをわずかに露呈しながらもその後には，感情を抑え形態に着目することによって安定を得るという彼らしい方法によって再び立ち直ることのできる強さを示している。

　以上のように10枚の図版とのかかわりの過程は，彼の生きる現実の世界とのかかわりのあり様そのものであり，そうした視点で反応という語りに注意深く耳を傾けるとき，法則定立だけでは接近することのできない彼の内的世界に共感的に接近することを可能にするものといえよう。

　一方，この継列分析において，下線部分はロールシャッハ法の法則定立的接近によるものである。ロールシャッハ反応の同年齢層の一般的特徴に基づいた理解であり，反応時間は，同年齢層に比して遅延しているのだろうか，反応内容は彼独自のものであろうかそれとも一般的反応であろうか，といった一般的特徴を把握した上でロールシャッハ法の個性記述的接近は可能になる，と筆者は考えている。プレイセラピーにおいて，奇妙で特異な遊びを展開した子どもがいたとしよう。経験のあるセラピストはその子ども独自の個別的な特徴を読み取ることができる。すなわちその背景にある重要な視点はセラピストの経験知である。ロールシャッハ法はテストか方法かという歴史に物語られるように，時にテストとしてアセスメントの道具とされつつ，一方で技法として存在しうるがゆえに，経験知に代わる法則定立による知見が求められるのである。そしてその知見は個性記述というかけがえのない一個の存在としての「なんじ」の語りをより生き生きとしたものにしてくれるはずである。

　人間の心への法則定立的接近と個性記述的接近という2つの道筋を統合することで，対象の全体像により深く迫りうるものである，と筆者は考えている。ロールシャッハという図版を通して，子どもの世界に耳を傾け，世界を共有することができること，そしてその世界で遊ぶことができるようになること，子どものロールシャッハ法はそのような道具として発展する可能性を大いに秘めているといえよう。

〈文献〉
Ames, L. B., Metraux, R. W., Rodell, J. L. & Walker, R. N. (1974) *Child Rorschach Responses*. New York: Brunner/Mazel, Inc.［村田正次・黒田健次訳（1976）ロールシャッハ児童心理学．新曜社．］
長　新太（1980）キャベツくん．文研出版．
Exner, J. E. (1974) *The Rorschach: A Comprehensive System, Vol. 1* (1st ed.). New York: Wiley.
Frank, L. K. (1939) Projective methods for the study of personality. *Journal of Psychology*, 8, 389-413.
Greenhalgh, T. & Hurwitz, B. (eds.) (1998) *Narrative Based Medicine: Dialogue and Discourse in Clinical Practice*. London: BMJ Books.［斎藤清二・山本和利・岸本寛史監訳（2001）ナラティブ・ベイスト・メディスン——臨床における物語りと対話．金剛出版．］

藤岡喜愛（1974）イメージと人間——精神人類学の視野．日本放送出版協会．
袴田雅大・鈴木伸子・坪井裕子・畠垣智恵・白井博美・松本真理子・森田美弥子（2012）子どものロールシャッハ反応における形態水準と Popular 反応の再検討——成人基準と子ども基準．心理臨床学研究, 30, 406-410.
片口安史（1966）ロールシャッハ法——その断片的考察．異常心理学講座第2巻：心理テスト, pp.45-94. みすず書房．
岸本寛史（2007）投映法とナラティブ．日本ロールシャッハ学会第11回大会特別講演．
Kuhn, T. S. (2000) *The Road Since Structure Philosophical Essays, 1970-1993, with the Autobiographical Interview (2000)*. Chicago: The University of Chicago Press.［佐々木力訳（2007）構造以来の道——哲学論集1970-1993．みすず書房．］
Ledwith, N. H. (1952) Rorschach responses of the elementary school child: Progress report. *Journal of Projective Technique*, 16, 80-85.
松本真理子（2003）子どものロールシャッハ法に関する研究——新たな意義の構築に向けて．風間書房．
松本真理子（2005）健常児のロールシャッハ反応と解釈．小川俊樹・松本真理子編著，子どものロールシャッハ法, pp.57-82. 金子書房．
松本真理子（2010）子どもの投影法．日本児童研究所編，児童心理学の進歩2010年版, pp.177-196. 金子書房．
松本真理子・森田美弥子監修（2009）子どものロールシャッハ反応．金剛出版．
Matsumoto, M., Suzuki, N., Shirai, H. & Nakabayashi, M. (2007) Rorschach comprehensive system data for a sample 190 Japanese nonpatient children at five ages. *Journal of Personality Assessment*, 89 (Supplement), 103-112.
松沢哲郎（2011）想像するちから——チンパンジーが教えてくれた人間の心．岩波書店．
Meyer, G. J., Vigilione, D. J., Mihura, J. L., Erard, E. E. & Erdberg, P. (2011) Rorschach Performance Assessment System™: Administration, Coding, Interpretation, and Technical Manual Rorschach Performance Assessment System, LLC P. O. Box12699 Toledo, OH43606.
村上英治・渡辺雄三・池田博・細野純子（1977）ロールシャッハの現象学——分裂病者の世界．東京大学出版会．
中村和夫（2010）ヴィゴツキーに学ぶ子どもの想像と人格の発達．福村出版．
小沢牧子（1970）子どものロールシャッハ反応．日本文化科学社．
Rapaport, D., Gill, M. & Schafer, R. (1946) *Diagnostic Psychological Testing, Vol 2*. Chicago: Year Book Publishers.
Rorschach, H. (1921) *Psychodiagnostik*. Ernst Blrcher. (*Psychodiagnostics*. A diagnostic test based on perception: Including Rorschach's paper the application of the form interpretation test, published posthumously by Dr. Emil Oberholzer/Hermann Rorschach: Translation and Einglish edition by Paul Lemkau and Bernard Kronenberg 5th ed. Berne: H. Huber, 1951 C1942)
Sackett, D. L., Straus, S. E., Richardson, W. S., Rosenberg, W. & Haynes, R. B. (2000) *Evidence-Based Medicine: How to Practice and Teach EBM* (2nd ed.). Churchill Livingstone.［エルゼビア・サイエンス編（2002）Evidence-Based Medicine——EBMと実践と教育．エルゼビア・サイエンス．］
斎藤清二・岸本寛史（2003）ナラティブ・ベイスト・メディスンの実践．金剛出版．
田島信元（2000）発達研究とは何か．田島信元・西野泰広編著，発達研究の技法, pp.9-14. 福村出版．
辻悟・浜中薫香（1958）児童の反応．本明寛・外林大作編，心理診断法双書：ロールシャッハ・テストⅠ, pp.271-348. 中山書店．
都筑学（2000）歴史的アプローチ．田島信元・西野泰広編著，発達研究の技法, pp.140-143. 福村出版．
Weiner, I. B. (1998) *Principles of Rorschach Interpretation*. New Jersey: Lawrence Erlbaum Associates.［秋谷たつ子・秋本倫子訳（2005）ロールシャッハ解釈の諸原則．みすず書房．］
Winnicott, D. W. (1964) *The Child, The Family, and The Outside World*. Meddlesex, England: Penguin Books Ltd.［猪股丈二訳（1986）子どもはなぜあそぶの——続・ウィニコット博士の育児談義．星和書店．］
Winnicott, D. W. (1971) *Playing and Reality*. London: Tavistock Publication Ltd.［橋本雅夫訳（1979）遊ぶことと現実．岩崎学術出版社．］

3章　ロールシャッハ法でかかわるということ

森田美弥子

1．私たちにとって，ロールシャッハ法とは何か

「たった10枚のカードである。それが何故これほどまでにわたしたちをひきつけるのであろうか。ロールシャッハ図版との出会いはたとえ偶然であっても，以後それにやみつきになる多くの人がいる。考えてみれば私もまたそのひとり，はじめてロールシャッハ図版に接してもう四半世紀が過ぎた。その間，いかに多くの人びとから数多くの反応を投げかけられてきたことであろうか。

どこにでもみられる，きわめてありふれた反応に終始した人もいる。あるいはまた，きわめて個性的な，まさしく幻想的といってもよい，めくるめくばかりの反応をさし出してきた人もいる。あいまいな図版をさしむけられて，ともかくそれへの反応を余儀なくさせられ，とまどいつつも，ためらいつつも，あたりさわりのない対応で返してきたり，あるいは敢然とその未知の世界に探索的に調整していったりする，それらの人びとが投げかけた反応のひとつびとつが，いかばかりその人びとの生きざまと，重くかつ強く結びついているものであろうか。」（村上ほか，1977，まえがき p.1）

ロールシャッハ法は進化し続けている。ヘルマン・ロールシャッハ（Hermann Rorschach）という天才によって，この世に生まれたこのツールは，その後これまでに，クロッパー（Klopfer, B.）が体系化し，さまざまな派が作られ，指標が作られ，適用範囲も多様化し，という具合に，その活用に関して工夫がなされてきた。しかし，それでいて，やり尽くされた感はなく，これからもまだまだ展開はあるだろうと想像させる。一方で，10枚の図版それ自体は変わることなく，また基本的な実施方法も変わらない。同じものを用いながら，多くの展開可能性をもつところは，まさに投映法的といえるかもしれない。

過去，現在，そしておそらく将来においても，ロールシャッハ法は有用なアセスメント・ツールとして使われていくと思われる。つまり，人間理解のためのロールシャッハ法という存在意義がある。ただし，臨床現場で実際にロールシャッハ法が実施される頻度は減少傾向にあるとの懸念も聞かれる。日本臨床心理士会が2007年に実施した会員の実態調査では，10,157名（回収率69.3％）の回答から，81.1％が業務内容として臨床心理アセスメントを行っており，用いているアセスメントの種類としては，描画法が59.1％で最も多く，次いで知能検査，行動観察，質問紙法，査定面接がいずれも50％を超えていた。描画法以外の投映法は35.6％にとどまっていた。また，小川（2010）は，全国の心理臨床家を対象とした調査を行い，297名の回答結果から，ロールシャッハ法をよく利用している人の割合は約50％で，保健・医療領域で多く使われ，教育・学校領域などでは少ないこと，心理検査の種類別に将

来の利用状況に関する意見を尋ねたところ，投映法については全体の約70％が「今と変わらない」と考え，他方で知能検査や神経心理検査については60％弱が「今より盛んになるだろう」と考えていること，しかし，「習得すべき検査」としてあげられた筆頭はロールシャッハ法であり，臨床家の立場によらず70～85％がロールシャッハ法を習得すべき検査と考えていること等を報告している。放送大学（2010）が全国の臨床心理士養成指定大学院を対象に実施した調査によれば，84校からの回答に基づき，アセスメント教育においては，さまざまな心理検査法を幅広く実習されているが，そのうち2，3種類の検査については学習に時間をかけ，解釈，結果のまとめ方，フィードバックまでの習熟を目標としている傾向がうかがわれたことから，「一つの検査に詳しくなることが臨床の力をつけることになるという考え方」が一般的なのではないかと指摘している。特にロールシャッハ法およびウェクスラー式知能検査を重要と考える大学院が多かったことを報告している。森田・永田（2013）による東海地方での調査結果からも，同様の結果が示された。

　これらの調査結果が示唆しているのは，臨床領域や臨床家の拠って立つオリエンテーションの多様化によって，利用するアセスメント・ツールもまた多様化し，相対的にはロールシャッハ法の利用が減少しているが，臨床家の基礎的学びとしては欠かせないものであるとの共通認識である。

2．ロールシャッハ法でわかること

　ロールシャッハ法の学習が心理臨床の基礎になりうるのは，まず第一に，ロールシャッハ法の実施プロセスに，臨床的な人間理解に役立つ要素が確実に埋め込まれているからであろう。ロールシャッハ自身が，反応を産出することを「（対象者が図版を）解釈する」と表現しているように，また，マレー（Murray, H. A.）が「統覚」（apperception）の語を用いて述べているように，投映法における反応は「その人」ならではの見方や考え方，行動の仕方をまさに映し出している。

　　「人が何かを見る時，たとえ全く同じものを見たとしても，同じ受け取り方をするとは限らない。人によって特に注意して見るところも異なるし，強く惹きつけられるところも異なるし，その何か（対象や状況）全体への理解や意味づけの仕方も異なるし，そこから連想されるものも異なっている。そのような個人差を形成しているのは，その人が物事に接する時の習慣的な態度や興味関心の持ち方であり，更にその背後にあるのは，自己統制や自己表現の体勢及び，そうした体勢を介して表現される，欲動や感情や葛藤のあり方である。物事に対する反応の仕方に個人差があるということは，日常生活の中でもしばしば体験されるであろう。投影法はそれを一定の刺戟条件，一定の施行手続，一定の観察評定基準で規定し，きめ細かく検討することによって，検査法としての客観性や恒常性を整えたものである。」（馬場，1979, pp.326-327）

　　「ロールシャッハの図版を見て，人がいろいろと思いつきをしてくれるということは，

不思議なことである。また，思いつきを出してもらうことから，ヒトとなり(パーソナリティ)の概要を推測できるという作業もまた，不思議というべきであろう。人の心はいわばイメージ・タンクであって，つねにイメージを浮かべては，そのイメージを働かせて生活していると考えるとき，そうした習慣が，ロールシャッハ・テストをも可能にするといえよう。……（略）……フロイトやユングが指摘したように，イメージの世界は，私たちの内的現実である。すると周知のように，私たちを生かしている外的世界＝外界は，それ自身の内容とそれ自身の運動様式を持つ独自の世界である。私たちは知覚を介して，外界と不断の交渉を保っている。したがって，私たちの精神作用は，外界―知覚―イメージ界（内界）という図式によって表現される。」（藤岡，1974，p.9）「私たちの精神はイメージの働きのあらわれであり，イメージは知覚に支えられて，はじめて働けるのである。それゆえ，ヒトとなりの型を，その基礎をなす知覚の類型を手掛かりとして分けてみるという仕方が成り立ったのである。そうなったのは，調査法としてのロールシャッハ・テストが，知覚のあり方をするどく取り出してくるという特性を持っていたからである。」（藤岡，1974，p.62）

ロールシャッハ反応から「その人」を知ろうとするとき，私たちが注目しているのは，実は反応そのものというよりも，反応が現れてくる背景や反応に至る心的プロセスである。それが「投映」「統覚」と呼ばれるプロセスにあたるだろう。「ほとんどすべての被験者は，本実験を空想力の検査とみなす。……（略）……しかし，無作為的絵柄の解釈はむしろ知覚と統覚の概念に属する」（Rorschach, 1921, 鈴木訳, 1998）という言葉を振り返りつつ，同じものを見ても思い浮かべるものが異なる，だけでなく，同じものを思い浮かべているのに伝え方が異なる，という現象に注目したい。

3．ロールシャッハ状況で何が起きているか

実際のところ，ロールシャッハ図版を前にしたとき，人はそこで何を感じ，どのように考えるだろうか？　「ロールシャッハ行動」という表現があるが，図版（インクブロット）に対する反応のみならず，検査者を含めたその場面に対する反応，そしてロールシャッハ法を受けるという体験に対する反応など，ロールシャッハ状況における態度や言葉などすべてを含めた「その人」の自己表出が，理解の手がかりとなる。

「そこでとらえられる心理的過程は，感覚知覚―意味知覚―概念形成（反応内容）―言語表現―質疑（現象学的内省）―合理化―論理形成の心理諸領域に亘っている。この過程が心理テストとして存在理由をもつのは，本過程の全てに，夫々個人的な体験の集積，感情構造，実行手段，論理方法，価値体系，さらにより統合された機能としては，対人関係における問題解決態度，世界内存在のあり方が反映されると仮定されるからに外ならない。」（植元，1974，p.283）

「ロールシャッハ・テストは，インクのシミから作った漠然とした図形が何に見える
か，を問うテストである。この図形が外的状況であるとされる。それを被験者が見る。
そこで心が外的対象に出会う時と似た状況が生じる。……（中略）……ここで外的対象
を外（客体），心を内（主体）と言い換えると，経験する場合，外（客体）が内（主体）
に出会うのか，内（主体）が外（客体）に出会うのか，という微妙な問題が生じる。ロ
ールシャッハ・テストは視覚的テストだから，それは外（客体）が見え（てく）るのか，
内（主体）が見るのか，ということになる。実は内と外が出会うという一つの現象があ
るのであって，内（主体）と外（客体）を分けるのは視点を変えただけ，ということは
もちろんありうる。」（氏原，2012，p.159）

　「課題の規定性が高く，性質と意義が明確な尺度となっている尺度法では，中核の規
定力が強い分だけ検査状況の影響力が低くなる。それに対して中核にある課題の規定性
が相対化されている投影法では，その分相対的に検査状況の影響を受ける可能性が高ま
る。検査状況に影響を与える条件は，『いつ』『どこで』『何のために』『どのような事情
で』行われたかなどである。」「外界の検査状況の影響の下で，被検者の内界にはそれに
対応した内的状況が生じる。被検者内界の核心にはそれまでの積み重ねによって形成さ
れてきている，比較的恒常的な準備性が存在している。その準備性が外界ならびに被検
者の内的状況に対応する核心を成しており，『人を知る』に際して最も重要な位置を占
めるのは，この核心にある準備性の様態であることは論をまたない。」（辻，1997，
pp.169-171）

　ロールシャッハ行動を日常のその人らしさの縮図とする立場にたって考えたとき，対象者
にとってロールシャッハ状況との出会いがどのように体験されているかをとらえることは重
要である。その際，継列分析に代表される質的アプローチが大きな役割を果たすことになる。
また，10枚の図版それぞれの特徴をふまえて，たとえば新奇場面（図版Ⅰ）に対するその人
の適応のあり方，強い情緒的な刺激を受けたとき（図版Ⅱ）や依存性や退行的気分が触発さ
れる場面（図版Ⅶ）での対処の仕方など，反応および反応態度の流れをみることによって，
現実生活における行動予測も可能である。

　ただし，ロールシャッハ法の強みは，量的分析と質的分析が同等の重みで，かつ相補的に
用いられるところにある。量的分析において，あるスコアや指標がどれだけ産出されたか
（されなかったか）を示し，解釈に至るには，スコアや指標の「意味」という質的な背景を
知らなくてはいけない。また，質的分析において，どの図版でどのような反応や言動がみら
れたか（みられなかったか）を記述していく際には，その図版に対する反応の一般的傾向と
いう量的な背景を知らなくてはいけない。さらに，質的な内容をスコア化することで量的に
も扱えるようになる。本書の基盤となっている名古屋大学式ロールシャッハ法がもつ「感情
カテゴリー」「思考・言語カテゴリー」は，それが具体化されたものの1つである。量的に
も質的にもどちらに偏ることもなく，多面的にアプローチしていけるところが，ロールシャ
ッハ法の魅力である。

4．対話としてのロールシャッハ法

「ロールシャッハを学び始めたときは，解釈の方法として，いわゆるクックブック的な方法にたよらざるを得ないであろう。すなわち，記号化をおこない，その量的な計算をして，それに相応する解釈を手引書によって知るわけである。これによっても相当なことがわかるものであるが，ここに大切なことは，この方法に安易にたよらないことである。……（略）……統一体としての『生きた人間』を対象として，解釈をしていることを忘れてはならない。……一応クックブック的な方法で見当をつけた上で，個々の反応にたちかえって，その意味する点をくみとるように努力しなければならない。そして，その意味するものが，あくまで『一人の生きた人間』の反応として，まとまりをみせるものでなくてはならない。……"考える"ロールシャッハの態度を身につけないと，記号化のことにのみ注意をはらって，解釈のときに力を注がないという本末顛倒したことにもなりかねない。」（河合，1969，pp.45-47）

「こうしたやり方（テープレコーダーに録音して振り返る）を反復しているうちに，プロトコルの解釈よりも検査者の感受性や臨床およびテスト技法についての勉強の程度が自ずと指導者に開陳されることが解ってきて，本来は被検者のパーソナリティを含む病理性の確定を意図した診断テストではあるが，教育的な観点から捉えなおすと臨床家自身の臨床能力の判定および，臨床家自身が心理療法家としての自己のあり方を学ぶことができ，『教育分析』としての意義を蔵していることが，しだいに分かってきた。」（秋谷，1988，p.11）

ロールシャッハ法による人間理解とはどういうことだろうか。そこには3つのことが含まれている（図Ⅰ-3-1）。

(1) 相手（テスティー）を知る。これは心理検査としてのロールシャッハ法という文脈からは当然のことかもしれないが，このとき，検査者がテスティーを知ることが第一の目的ではない。テスティー自身が自分を振り返り，自己理解を進めることを援助するのが，アセスメントの本来の役目だと考えられる。

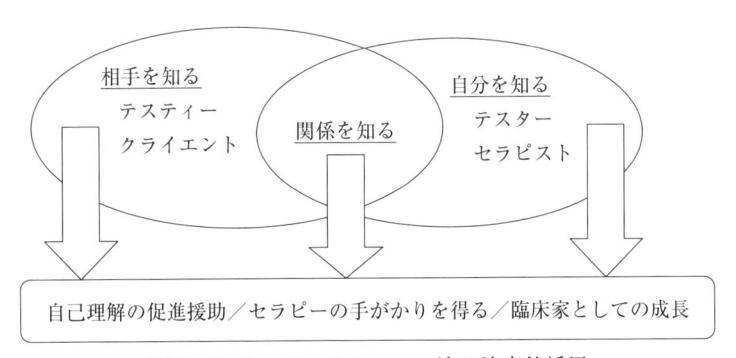

図Ⅰ-3-1　ロールシャッハ法の治療的活用

(2) 聴き手（検査者）としての自分を知る。ロールシャッハ法の検査場面は，一種の「構造化された面接場面」であるとも位置づけられる（秋谷，1988）。そこで，相手の「生きざま」（村上ほか，1977）にふれ，「統一体としての生きた人間」（河合，1969）をとらえるためには，こちら側がいかに聴き，かかわるかという姿勢が問われる。臨床心理面接場面にも通ずることであり，臨床家としての自分を育てることができるだろう。

(3) この相手と自分との「関係」を知る。ロールシャッハ状況とは，課題場面であると同時に，対人場面でもある。したがって，「関与しながらの観察」が意味をもつ。単なる心理検査とのみ位置づけられない所以である。聴き手（検査者）も1つの刺激として対象者に知覚され投映の対象となる。それがロールシャッハ行動に現れる様子をとらえることによって，セラピーの手がかりを得ることができ，今後の予測も可能になる。

本書では，かかわりの媒介としてのロールシャッハ法に光を当てている。理解することとかかわることは心理臨床の場では同時進行であり，切り離して考えることは本来できないと思うが，特にⅢ部では「かかわり」としてのロールシャッハ法というものを意識した実践を紹介している。それに先立つⅡ部では，児童・青年期を理解するためのロールシャッハ基礎データをまとめた。かかわりのなかで，相手を知るとともに，臨床の場における自分をも知ることができれば幸いである。

〈文献〉

秋谷たつ子（1988）ロールシャッハ法を学ぶ．金剛出版．
馬場禮子（1979）心の断面図．青土社．
藤岡喜愛（1974）イメージと人間——精神人類学の視野．日本放送出版協会．
放送大学（研究代表者 滝口俊子）（2010）放送大学大学院臨床心理学プログラム修了生の追跡調査と指定校カリキュラム調査報告書．
河合隼雄（1969）臨床場面におけるロールシャッハ法．岩崎学術出版社．
森田美弥子・永田雅子（2013）臨床心理士養成大学院におけるアセスメント教育——教員へのインタビュー調査による現状と課題の検討．日本心理臨床学会第32回秋季大会（パシフィコ横浜）．
村上英治・渡辺雄三・池田博和・細野純子（1977）ロールシャッハの現象学——分裂病者の世界．東京大学出版会．
小川俊樹（2010）心理臨床に必要な心理査定教育に関する調査研究——各種心理検査の使用頻度．日本臨床心理士養成大学院協議会第10回大会（アジュール竹芝）発表資料．
Rorschach, H. (1921) *Psychodiagnostik: Methodik und Ergebnisse eines wahrnehmungsdiagnostischen Experiments* [Deutenlassen von Zufallsformen] 第9版．(Hans Huber, 1972)［鈴木睦夫訳（1998）新・完訳 精神診断学——付 形態解釈実験の活用．金子書房．］
辻 悟（1997）ロールシャッハ検査法——形式・構造分析に基づく解釈の理論と実際．金子書房．
植元行男（1974）ロールシャッハ・テストを媒介として，思考，言語表現，反応態度をとらえる分析枠の考案とその精神病理学的研究上の意義．ロールシャッハ研究，15・16，281-343．
氏原 寛（2012）心とは何か——カウンセリングと他ならぬ自分．創元社．

Ⅱ部

アセスメントのために

　Ⅱ部においては，一般の日本人児童・青年期を対象としてロールシャッハ法を実施して得られたデータの分析に基づいたロールシャッハ反応の現代における一般的特徴について詳細に解説している。具体的な対象の概要や分析方法については1章でふれている。なおⅡ部における分析方法は原則として名大法を用いている。アセスメントのための基礎知識として理解を深めてほしい。

1章　児童・青年期データの概要

松本真理子・森田美弥子

1．対　　象

　Ⅱ部における対象者は計452名である（表Ⅱ-1-1）。検査はすべて個別実施している。なお本書では，原則として反応数10個以上のプロトコルを対象とした。

(1)　小・中学生について

　2006年から2007年にかけて静岡県および愛知県の公立小学校，中学校に在籍する児童・生徒を対象とした調査により得られたデータを用いた。各学校へ自治体教育委員会を通じて依頼し，学校長の了解のもとで，保護者および本人に対して調査依頼の文書を配布し，同意を得た上で実施している。外国籍児童（日本語が未習熟児童）および特別支援を要する児童のプロトコルは本書における集計からは除外した。

　実施は，放課後や空き授業時間中などに空き教室で個別実施した。所要時間は1名につき30～40分であった。検査者は臨床心理士資格を有する者が実施した。

　私たちが，公立学校を対象とし，かつ学級単位で全員個別実施したことの背景には，格差社会となりつつある日本ではあるが，地方都市の公立学校はそうした格差も含めその地域に在住する大部分の子どもが在籍している。そのなかでも学力や家庭環境において平均的である学校の選択を教育委員会に依頼した。調査地域には私立学校はきわめて少数であり，大部分の子どもが選択の余地なく学区公立学校に通学している。一方で，植元ほか（1962）はすでに40年前の日本においても，都市間や都市と村落の青年・成人におけるロールシャッハ反応の比較などを通して，日本の地域においても都市と村落の顕著な相違や都市間での相違について言及している。

　サンプル数と報酬についてであるが，諸外国での一般児を対象とした基礎研究の多くは一年齢層20名程度から150名程度である。また調査地域は限定されているものが多く，日本に限らず子どもの一般サンプルを収集することの難しさを物語っている。抽出方法については，アメリカでは個別に電話依頼し，報酬を提供するという方法も用いられている。こうしたサ

表Ⅱ-1-1　対象者の概要

学年	平均年齢（SD）	人数	男子	女子	総反応数
小学校2年生	7歳11か月（4か月）	85	45	40	1425
小学校4年生	10歳1か月（3か月）	82	45	37	1496
小学校6年生	11歳10か月（4か月）	85	40	45	1617
中学校2年生	13歳10か月（4か月）	100	48	52	1775
大学生	20歳5か月（13か月）	100	38	62	2915
	計	452	216	236	9228

ンプリング方法の違いが，集計データの結果に影響する可能性は否めない。したがって本書のⅡ部における子どものロールシャッハ反応の諸特徴は，上述したサンプル抽出方法による結果であることを断っておきたい。

(2) 大学生について

東海地区6校の大学と2校の専門学校に在学中の学生を対象とした。全100名中7名は大学院生（修士課程），4名が専門学校生（大卒を含む）であるが，年齢の偏りがないことから以後，大学生群と表記した。心理検査関連授業での体験実習として1992～2003年に実施し，基礎研究資料としてデータ提供の同意が得られた60名のプロトコルを用い，他はそれ以前に研究調査において実施したものを加えた。長期間にわたって収集蓄積してきたものであること，ロールシャッハ法あるいは心理検査全般への関心が高く，積極的で意欲が高い対象集団であることは，結果の検討に際して留意すべき点である。

2．結果の分析方法

名古屋大学式技法（以下，名大法）（名古屋ロールシャッハ研究会，2011）に準じてスコアリングを行った。スコアリングは名大法に精通する筆者ら4名で行った。2～10章は名大法による分析結果に基づいている。

名大法が標準化されたのは，1950年代の後半から1960年代の初めにかけてのことである。名古屋大学精神医学教室の村松常雄教授が代表者となって展開された，「日本人」研究プロジェクトで得られた724名のロールシャッハ・データに基づいている（村上ほか，1959）。プロジェクトでは，文化とパーソナリティという視点から日本人の集団人間像をとらえるために，精神医学，心理学，社会学，文化人類学など多領域から研究チームが組織された。フィールド調査においていくつかの心理検査が用いられ，ロールシャッハ法は村上英治が，TATは丸井文男が中心となって，成果がまとめられた（村松，1962）。

名大法の基本的立場は以下のように述べられている（村松・村上，1958）。

> 「われわれは，臨床家としての立場を，どこまでも強調する。ロールシャッハ法を用いて行う診断は，決して類型学的診断をめざすものではなく，個々の人間の全体にせまろうとする力動的診断の立場によるものであらねばならない。その意味で，検査の場を検討し，そこで示される言語表現，行動態度に至るまで克明な記録とその質的分析を行い，ロールシャッハ法によって得られた人格像の彫りを深めることに努力する。投映法の最も代表的な一方法である以上，ロールシャッハ法を通して得られた被検者の反応にもとづく分析・解釈は，いうまでもなく検査者の主観的解釈を避け，その被検者自身のパーソナリティの投影によるものを，できるだけ客観的にとらえようと労力するものであらねばならない。質疑の段階が重んじられるのは，まさにこのためであり，反応の産み出された過程を，より深く，被検者の心的過程に即してとらえていこうとするには，

慎重かつ周到な質疑がなされるべきである。われわれは，これらの基本的立場に立って，被検者から得られた反応を，より組織的，包括的に分類し，分析していくことによって，全体としてのパーソナリティをより理解し得るものと信ずる。そこで，従来の伝統的な分類カテゴリーを整理検討するとともに，新しく二，三のカテゴリーを設定し，反応以外の言語表現も含めて，ロールシャッハ法というスクリーンに映ずる被検者の全体を，できうるかぎり客観的にとらえていきたいと考えている。」（pp.198-199）

ここに記されているように，名大法は，クロッパー法やベック法を基盤としながらも，独自の観点からそれら従来のスコアリング方法に若干の修正を行った。主な修正点を次にあげる。

⑴　間隙反応（S）を独立させず，W，D，d，Dd のいずれかに付属してスコアする。

⑵　結合反応（org）を設定し，これも反応領域（Location）のスコアに付属させる。

⑶　運動反応（M，FM，m）には，能動（active），受動（passive），不定（indefinite）いずれかの活動水準を付加する。

⑷　陰影（shading）に関するスコアを分化させ，黒白（C'），通景・立体（V），明暗・拡散（Y），材質（T）の4種に分類する。

⑸　決定因（Determinants）のブレンドは，主要因―副要因という重みづけをせず，各決定因を等価に扱い集計する。

⑹　反応内容（Content）はフィリップとスミス（Phillips & Smith, 1953）を参考に多様化させた。

⑺　平凡反応（P）は，「日本人」研究から得られた基礎データにおける頻度に基づき，他派の公刊資料との共通性も考慮して10個が選ばれた。

⑻　形態水準は当初，正確度（accuracy），適合的な特殊化（specification），領域の相互関連と概念化のための結合（organization），すぐれた新規性（originality）のそれぞれを得点化し，不良形態と思考障害はマイナスとする方式がとられていたが，その後修正され，現在は「＋」と「－」の二段階のみの評定に簡略化されている。

⑼　感情カテゴリー（Affective Symbolism）として，反応内容に示された感情的要因をスコアし，数量化した。デボス（DeVos, 1952）の研究を発展させたものであり，敵意感情（Hostility），不安感情（Anxiety），身体的関心（Bodily Preoccupation），依存感情（Dependency），快的感情（Positive Feeling），その他（Miscellaneous），中性感情（Neutral）から構成される。

⑽　ラパポートほか（Rapaport, Gill & Schafer, 1945-1946）の Deviant Verbalization などを参考に言語表現の分析を行い，思考障害のカテゴリー（Thinking Disturbance）を作成した。これはその後，植元（1974）により思考・言語カテゴリー（Thinking Process and Communicating Styles）に発展した。

感情カテゴリーと思考・言語カテゴリーについては，個人の人格像を力動的に理解するために，質的分析を目指しながらも，できる限り客観的に把握したいとする，先の基本的立場

に基づいて，名大法独自に設定されたカテゴリーである．その出現の様相は8章と9章で述べることになるが，具体的なスコアの心理学的意味づけ等は名大法マニュアル（名古屋ロールシャッハ研究会, 2011）を参照されたい．

〈文献〉

DeVos, G. (1952) A quantitative approach to affective symbolism in Rorshcach responses. *Journal of Projective Technique*, 16, 133-150.

村上英治・江見佳俊・植元行男・秋谷たつ子・西尾　明・後藤　聡（1959）ロールシャッハ反応の標準化に関する研究――カード特性の分析．ロールシャッハ研究, 2, 39-85.

村松常雄編（1962）日本人――文化とパーソナリティの実証的研究．黎明書房．

村松常雄・村上英治（1958）名大スケール．本明　寛・外林大作編，心理診断法双書：ロールシャッハ・テストⅠ, pp.197-222. 中山書店．

名古屋ロールシャッハ研究会（2011）ロールシャッハ法解説――名古屋大学式技法第5版（2011年改訂版）．

Philips, L. & Smith, J. G. (1953) *Rorschach Interpretation: Advanced Technique*. The Psychological Corporation.

Rapaport, D., Gill, M. M. & Schafer, R. (1945-1946) *Diagnostic Psychological Testing*. 2vols (5th ed.). Chicago: Year Book Publishers.

植元行男（1974）ロールシャッハ・テストを媒介として，思考，言語表現，反応態度をとらえる分析枠の考察とその精神病理学的研究上の意義．ロールシャッハ研究, 15・16, 281-343.

植元行男・村上英治・秋谷たつ子・江見佳俊・西尾　明・DeVos, George・星野　命・谷口真弓・蛭川栄（1962）ロールシャッハ・テストの結果からみた集団人間像における諸特徴．村松常雄編，日本人――文化とパーソナリティの実証的研究, pp.206-235. 黎明書房．

2章　初発反応時間

畠垣智恵

　本章では，子どものロールシャッハ法における初発反応時間の特徴について述べることにする。初発反応時間とは，ロールシャッハ法の図版が提示されてから対象者が最初に反応を始めるまでにかかった時間を計測したものであり，テストの解釈を行う際に重要な指標となるものである。
　筆者らの結果を「現代の子ども」とし，1950年代の児童のデータ（辻・浜中，1958）と比較することで，約50年前の児童と比べた場合の現在に生きる日本人の子どもの特徴について紹介する。また，一般成人のデータ（高橋・高橋・西尾，2007）と比較することによって，心身ともに発達の途上にある子どもの特徴について発達的な視点から考察したい。

1．初発反応時間の概観

(1) 学年ごとの比較

　小学校2年生から中学校2年生までの，10枚の図版それぞれの初発反応時間の平均値と標準偏差（SD）を学年ごとに集計したものが表Ⅱ-2-1である。
　小学生の初発反応時間の平均は18秒から21秒であった。中学生においては24秒であった。小学生の学年間の差は小さく，小2，小4，小6では，初発反応時間の差はほとんどないといってよいであろう。さらにいうと，段階的な発達の変化がみえにくくなっているといえるかもしれない。小2と中2とでは，中学生のほうが5～10秒遅くなっているが，小4，小6と中2ではほとんど学年間の差がみられない。

表Ⅱ-2-1　図版別初発反応時間の平均値とSD（学年）　　　（単位は秒）

		Ⅰ	Ⅱ	Ⅲ	Ⅳ	Ⅴ	Ⅵ	Ⅶ	Ⅷ	Ⅸ	Ⅹ
小2	平均	17.16	21.70	19.11	21.23	9.81	17.49	19.42	19.54	18.46	18.16
	SD	20.72	20.56	25.98	28.89	13.78	17.80	22.22	18.49	22.62	18.11
小4	平均	15.22	33.23	16.81	20.77	8.41	19.09	20.78	18.39	18.70	15.02
	SD	17.83	40.84	16.54	18.47	13.36	20.72	20.83	18.00	18.76	14.39
小6	平均	19.83	31.36	20.93	23.70	9.57	23.06	19.65	22.99	23.17	23.47
	SD	24.58	29.31	31.62	20.91	14.51	24.32	19.76	25.48	23.77	29.21
中2	平均	22.44	31.36	19.77	29.03	14.85	27.44	24.74	24.07	27.77	23.41
	SD	25.46	30.71	20.53	26.00	18.61	30.86	26.30	25.73	22.14	21.75
全学年	平均	18.86	29.54	19.20	23.96	10.87	22.05	21.31	21.38	22.34	20.20
	SD	22.61	31.36	24.14	24.17	15.54	24.52	22.61	22.44	22.17	65.45
成人（高橋ほか，2007）	平均	7.5	12.2	9.4	12.8	7.4	13.4	11.5	14.9	18.5	14.7
	SD	9.5	16.1	11.2	17.8	9.7	14.8	12.9	18.3	20.2	15.7

図版Vに関しては，どの学年においても最も反応が早く，他の図版の約半分の時間で反応に至っている。

(2) 最も反応が遅れる図版

各図版の初発反応時間の平均値から，初発反応時間が遅かった図版に順位づけを行い，表Ⅱ-2-2に示した。これをみると，子どもたちが反応を作り出すのに時間を要した，ある意味で苦手とする図版は，図版Ⅱであることがわかる。図版Ⅱは他の図版と比べ5秒ほど多く時間を要している。図版Ⅱは，従来より「カラーショック」が生じやすい図版といわれており，図版Ⅰに続いて出てくる黒色の陰影と鮮やかな赤色への戸惑いや抵抗感の表れではないかと思われる。ただし，小2は図版による反応時間の差がほとんどみられないため，図版Ⅱも他の図版と比べて特に遅延しているとはいえないようである。

(3) 性差について

次に，初発反応時間の性差についてみていくことにする。10枚の図版それぞれの初発反応時間の平均値と標準偏差を男女別に算出したものを表Ⅱ-2-3に示す。

図版Ⅲ，Ⅴ，Ⅵ，Ⅶにおいて，女子のほうが4～7秒程度時間を多く要しているが，明確な男女差はみられなかった。最も初発反応が遅れた図版は男女ともに図版Ⅱであった。次いで男子は図版Ⅸ，Ⅳの順になっており，女子の場合は，図版Ⅳ，Ⅵの順であった。反対に，初発反応時間が最も早かったのは，図版Ⅴであり，特に男子における図版Ⅴへの反応の早さは目立っている。

表Ⅱ-2-2　初発反応時間が遅かった図版の順位

	1位	2位	3位	4位	5位
小2	Ⅱ 21.7	Ⅳ 21.23	Ⅷ 19.54	Ⅶ 19.42	Ⅲ 19.11
小4	Ⅱ 33.23	Ⅶ 20.78	Ⅳ 20.77	Ⅵ 19.09	Ⅸ 18.7
小6	Ⅱ 31.36	Ⅳ 23.7	Ⅹ 23.47	Ⅸ 23.17	Ⅵ 23.06
中2	Ⅱ 31.36	Ⅳ 29.03	Ⅸ 27.77	Ⅵ 27.44	Ⅶ 24.74
全学年	Ⅱ 29.54	Ⅳ 23.96	Ⅸ 22.34	Ⅵ 22.05	Ⅷ 21.38

注）平均を用いて決定した。

表Ⅱ-2-3　10枚の図版ごとの初発反応時間の平均値とSD（性別）（単位は秒）

		Ⅰ	Ⅱ	Ⅲ	Ⅳ	Ⅴ	Ⅵ	Ⅶ	Ⅷ	Ⅸ	Ⅹ
男子	平均	18.23	30.31	17.44	22.62	9.28	20.06	19.56	21.03	23.01	19.48
	SD	23.10	28.27	23.78	18.95	11.70	21.61	20.36	23.26	23.25	19.79
女子	平均	19.50	28.78	21.01	25.30	12.49	24.07	23.07	21.73	21.66	20.91
	SD	22.16	34.21	24.43	28.43	18.54	27.07	24.61	21.64	21.03	23.63

表Ⅱ-2-4　年齢別の初発反応時間の平均値の比較（1950年代，2003年，2007年）

(単位は秒)

	全体			男子			女子		
	1950年代	2003年	2007年	1950年代	2003年	2007年	1950年代	2003年	2007年
小2	36.4	19.1	18.1	33.9	18.6	17.1	39	19.7	19.3
小4	46.8	17.8	18.6	38.6	18.5	15.8	51	17.1	15.5
小6	44.3	18.3	21.7	36.1	18.3	16.1	48.5	18.4	23.0
中2		23.7	24.4		24.7	26.4		22.7	22.6

注）1950年代：辻・浜中（1958），2003年：松本（2003），2007年：今回の調査。

2．時代による比較

(1) 比較に用いたデータ

全10枚の図版を合わせた初発反応時間の平均値について，今回の結果と，松本ら（2003）における調査の結果，および，1950年代に辻らが行った調査の結果を並べて表Ⅱ-2-4に示す。ちなみに，松本らの調査では，小学校2年生61名（男子31名，女子30名），小学校4年生60名（男子30名，女子30名），小学校6年生61名（男子30名，女子31名），中学校2年生60名（男子30名，女子30名）の計242名の有効データが得られている。辻・浜中（1958）では，小学校2年生（男子57名，女子53名），小学校4年生（男子46名，女子48名），小学校6年生（男子34名，女子37名）の計275名のデータが得られている。

(2) 50年前といま

1950年代の小学生の初発反応時間は平均36秒から46秒であるのに対して，現代の小学生の平均は18秒から21秒であり，現代の子どもたちは1950年代の子どもたちと比べると初発反応時間が20秒程度短縮され，図版を見てから何らかの反応を作り出すまでの時間がおよそ半分になっている。

今回の調査（2007年）と松本（2003）では，初発反応時間に差がみられず（図Ⅱ-2-1），初発反応時間の短縮化はこの10年間の子どもたちの一貫した特徴と考えられる。

(3) 俊敏性か熟慮の不足か

学齢期以降の初発反応時間は成人と同様の意味で解釈される。つまり，初発反応時間とは，漠然とした刺激の図版を見て，そこから自己のもつイメージ（記憶）の貯蔵庫から適切なものを取捨選択し言語表出するまでの時間といえる。そ

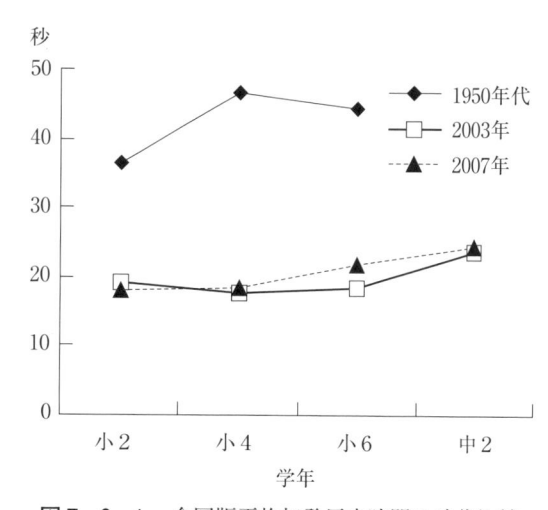

図Ⅱ-2-1　全図版平均初発反応時間の時代比較

れが短いということは、反応性の良さや俊敏さの表れ、その場への適応の早さともいえるし、一方では、自分のなかの考えを取捨選択したり吟味を加えたりしないで思いついたことをポンポンと口に出す傾向がある、また、「あ、そうだ！」と思ってから行動に移すまでが早いということができるかもしれない。

また、もう1つの特徴としては、現代の子どもたちにおいては、初発反応時間は中2でやや長くなるものの、ほとんど学年間の差がなく、1950年代には認められた学年にともなう反応時間の遅延化が認められなくなってきていることも興味深い結果と思われる。学年が上がるごとにだんだんと落ち着いて熟慮する姿勢が備わってくると考えられていた過去に対し、現代はそうともいえなくなってきているのかもしれない。

3. 成人との比較

学年ごとに各図版の初発反応時間の平均を算出し、その値を高橋ほか（2007）が行った一般成人のデータ388名と比較した。その結果を表Ⅱ-2-1に示す。一般成人と比べると、児童ではどの学年においても初発反応までの時間がより長く、最初の反応を作り出すまでに成人の1.5から3倍程度かかっているといえる。

最も初発反応時間が早かった図版は、児童にも成人にも共通して図版Ⅴであった。これは、年齢や性別を越えて、図版Ⅴという図版がもつ特性（「こうもり」「チョウ」などの平凡反応がみやすい、ブロットがまとまっており比較的統合してみやすい図版である、など）が大きく影響した結果であろう。初発反応の早さという点で、成人に近いのは中2であった。

逆に、反応が遅い図版は児童ではすべての学年を通じて図版Ⅱであったのに対して、成人では図版Ⅸであった。これは、図版Ⅸがいくつかのブロットと色とに分かれており、全体を統合して見ようとする傾向のある成人にとって、認知的に対応の難しい図版であったためではないだろうか。図版特性と個人の認知および情緒面の発達の両方が相互的に影響しているのではないかと考えられた。

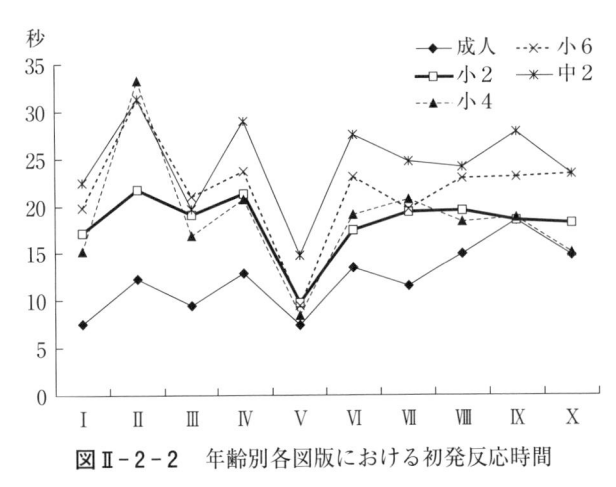

このように、初発反応時間において、児童は成人の1.5〜3倍の時間を要していることがわかった。児童に対してロールシャッハ法を行う際には、これまでに蓄積された一般成人の平均値データのみに基づいて解釈し所見をまとめるのではなく、児童特有の傾向をふまえて理解することが大切であろう。

図Ⅱ-2-2　年齢別各図版における初発反応時間

〈文献〉
松本真理子（2003）子どものロールシャッハ法に関する研究——新たな意義の構築に向けて．風間書房．
高橋雅春・高橋依子・西尾博行（2007）ロールシャッハ・テスト解釈法．金剛出版．
辻　悟・浜中薫香（1958）児童の反応．本明　寛・外林大作（編），心理診断法双書：ロールシャッハ・テストⅠ，pp.271-348．中山書店．

3章　反応数，反応拒否

大賀梨紗

　ロールシャッハ（Rorschach, 1921）は，ロールシャッハ・テストに関する探究は第一に形式的なものに向けられるとした。検討する設問として最初にあげられているのは，「反応の数はどれくらいか，反応時間はどのくらいの長さか，個々の絵柄での失敗はどれくらいの頻度で生じているか」である。対象者が産出する反応の量は，量的分析の基本となる項目といえるだろう。

　本章では，まず，児童・青年期における反応数，反応拒否について概観し，次に，図版ごとの反応数や反応拒否から，図版の特徴について概観する。

1．反　応　数

　表Ⅱ-3-1は反応数について，年齢別，性別に示したものである。

　全体では，小2から中2までさほど大差はなく，反応数の平均は約16～19である。ロールシャッハ（Rorschach, 1921）は，健常者の反応数は15～30までが最も多いとしていた。村上ほか（1959）による名大法標準化研究時の成人の資料では，反応数の平均は14.95であるが，社会調査において得られたものであることが影響していると考えられる。高橋・北村（1981）があげている資料では，31.7となっている。小2から中2は成人に比べてやや少ない傾向がみられるが，小川・松本（2005）の報告によると，学童期には17，18個前後で推移し，中学生では平均18個であり，今回の対象者の結果と大きく異なるものではないため，小学生・中学生の標準的な数値であることが示唆される。大学生になると大きく増加し，反応数は約29である。

　性別×年齢層の二要因分散分析を行ったところ，交互作用は有意ではなく（$F(4, 442) = 1.55, ns$），性別の主効果も有意ではなかった（$F(1, 442) = .19, ns$）が，年齢層の主効果が有意だった（$F(4, 442) = 24.34, p < .01$）。多重比較の結果，大学生と他の年齢層の間に1％水準で有意な差が認められた。小学生・中学生に比べて，大学生は内的に成熟し，生産性が高まること，知的な好奇心が高いことがうかがわれる。また，調査に協力しているのは心理検査に対する意欲や関心の高い学生であることが推察されるため，動機づけの高さが影響していることも，もう1つの解釈として考えられる。

表Ⅱ-3-1　年齢別の反応数と標準偏差

	小2	小4	小6	中2	大学生
全体	16.48(6.28)	18.24(6.78)	19.00(7.13)	17.71(6.55)	29.15(17.02)
男子	17.31(5.97)	19.36(7.09)	18.53(6.84)	15.65(6.00)	28.26(13.78)
女子	15.55(6.56)	16.89(6.21)	19.42(7.42)	19.62(6.51)	29.69(18.82)

表Ⅱ-3-2　年齢別，性別の反応数14未満の人数

	小2	小4	小6	中2	大学生
全体	35(41.2)	24(29.3)	20(23.5)	26(26.0)	7(7.0)
男子	17(37.8)	10(22.2)	9(22.5)	22(45.8)	3(7.9)
女子	18(45.0)	14(37.8)	11(24.4)	4(7.7)	4(6.5)

(　)内は％。

表Ⅱ-3-3　年齢別，図版別の反応拒否人数

	小2	小4	小6	中2	大学生
Ⅰ	3(3.7)	0(0.0)	0(0.0)	1(1.0)	0(0.0)
Ⅱ	5(6.1)	2(2.4)	2(2.4)	2(2.0)	1(1.0)
Ⅲ	4(4.9)	1(1.2)	0(0.0)	1(1.0)	0(0.0)
Ⅳ	5(6.1)	3(3.7)	3(3.5)	3(3.0)	0(0.0)
Ⅴ	0(0.0)	0(0.0)	1(1.2)	0(0.0)	0(0.0)
Ⅵ	5(6.1)	2(2.4)	1(1.2)	3(3.0)	2(2.0)
Ⅶ	5(6.1)	2(2.4)	0(0.0)	4(4.0)	0(0.0)
Ⅷ	1(1.2)	0(0.0)	3(3.5)	1(1.0)	1(1.0)
Ⅸ	6(7.3)	2(2.4)	3(3.5)	2(2.0)	5(5.0)
Ⅹ	3(3.7)	0(0.0)	1(1.2)	0(0.0)	0(0.0)

注)　小2は82名分のデータ。(　)内は％。

　包括システムでは，一般的に反応数14以上が解釈にとって妥当な記録とされている。表Ⅱ-3-2では反応数14未満の対象の人数を，年齢別，性別に示した。

　小2の約41％が反応数14未満である。小学生では学年が上がるにつれて反応数14未満の対象は減少するが，中学生になると男子で増加し，中学生全体では26％，大学生では大きく減少し7％である。低年齢の対象や中学生男子の対象は反応数が少ない傾向がみられる。小中学生の約4分の1が14未満である。

　日本人一般児の集団にアメリカのデータに基づいた反応数の妥当性基準をそのままあてはめることには慎重である必要性が示唆される結果といえよう。

2．反応拒否

　表Ⅱ-3-3に年齢別に各図版の反応拒否人数を示した。一般に健常者においては，反応拒否はないのが普通とされている。児童・青年期では小2に比較的反応拒否がみられ，5枚の図版で5％を超えた。低年齢では，言語能力の乏しさから検査自体が難しく，反応拒否となりやすいことが考えられる。小4以降の年齢層になると全体的に少なくなり，0〜5％である。小4以降で反応拒否が少ないのは，図版Ⅰ，図版Ⅲ，図版Ⅴ，図版Ⅹであり，これらは小学校中学年から中学生・大学生において反応しやすい図版と思われる。

3．図版特徴

　表Ⅱ-3-4は，図版別，年齢別の反応数の平均値と，図版間の順位を示したものである。

表Ⅱ-3-4　年齢別，図版別の反応数および図版間の順位

	小2		小4		小6		中2		大学生		村上ほか(1959)		高橋・西尾(1994)
	平均値	順位	平均値	順位	平均値	順位	平均値	順位	平均値	順位	平均値	順位	平均値
Ⅰ	1.73 (0.89)	2	1.95 (0.83)	2	2.08 (0.79)	2	1.84 (0.76)	3	2.97 (1.79)	4	1.68	4	2.9
Ⅱ	1.54 (0.77)	8	1.45 (0.69)	10	1.70 (1.00)	10	1.60 (0.89)	10	2.41 (1.30)	10	1.53	5	2.3
Ⅲ	1.67 (0.85)	4	1.84 (0.88)	4	1.93 (0.92)	3	1.89 (1.08)	2	2.87 (1.67)	5	1.76	2	2.3
Ⅳ	1.46 (0.82)	10	1.65 (0.78)	9	1.80 (0.96)	8	1.68 (0.89)	7	2.64 (1.59)	7	1.39	6	2.1
Ⅴ	1.65 (0.71)	5	1.85 (0.82)	3	1.86 (0.91)	5	1.65 (0.78)	9	2.57 (1.83)	9	1.28	8	2.1
Ⅵ	1.55 (0.82)	6	1.73 (0.95)	8	1.85 (0.92)	6	1.67 (0.90)	8	2.79 (2.11)	6	1.19	10	2.1
Ⅶ	1.55 (0.89)	6	1.79 (0.97)	5	1.82 (0.93)	7	1.70 (0.94)	6	2.63 (1.72)	8	1.24	9	2.0
Ⅷ	1.71 (0.97)	3	1.76 (1.00)	7	1.93 (1.00)	4	1.77 (0.94)	4	3.12 (2.53)	3	1.73	3	2.3
Ⅸ	1.52 (1.01)	9	1.78 (1.02)	6	1.77 (0.98)	9	1.75 (0.96)	5	3.20 (3.14)	2	1.31	7	2.1
Ⅹ	2.22 (1.47)	1	2.52 (1.73)	1	2.52 (1.40)	1	2.23 (1.38)	1	3.95 (3.59)	1	1.83	1	2.9

注）小2は82名分のデータ。（　）内は%。

参考として，表には成人の数値を加えている。1つは村上ほか（1959）によるものであり，もう1つは高橋・西尾（1994）によるものである。なお，高橋・西尾（1994）は，包括システムに従い，反応数が14以上の資料だけを用いている。また，図版間の順位づけは行われていない。

図版Ⅰ

図版間の順位は2～4番目で，反応数は比較的多い。村上ほか（1959）の成人データでも，図版Ⅰは4番目に反応数が多かった。反応拒否も少なく，いずれの年齢層においても，反応に困難を感じる人は少ない図版といえる。

図版Ⅱ

すべての年齢層において，図版Ⅰに比べて反応数が減少する。図版Ⅱは赤色領域が出現し，一般に処理が難しい図版とされている。小4以降の年齢層では，最も反応数が少ない図版となっている。

図版Ⅲ

黒色領域がまとまっており，「人間」を連想させるため，比較的反応しやすい図版とされている。児童・青年期においても，図版Ⅱで減少した反応数を，図版Ⅲで持ち直し，図版間の順位は2～5番目となっている。

図版Ⅳ

図版別順位が7～10位となっており，反応が難しい図版であると思われる。小2では最も反応数が少ない図版となっている。小4，小6では図版別順位がそれぞれ9番目，8番目であり，低い年齢層で少ない傾向がみられる。

図版Ⅴ

全年齢層を通じて反応拒否が少ない図版であるが，図版別反応数が中2と大学生で少なくなっている。村上ほか（1959）や高橋・西尾（1994）の成人データでも比較的少ない。図版Ⅴはまとまりのある形でP反応の「こうもり」や「チョウ」等の羽根のある生き物に見られやすく，村上ほか（1959）によるとcontent varietyが最も乏しい図版とされている。反応拒否は少なく反応しやすい反面，多様な反応が出しにくい図版であることが影響していると思われる。

図版Ⅵ

村上ほか（1959）の成人データでは最も反応数が少なく，高橋・西尾（1994）でもどちらかというと少ない図版である。児童・青年期では，図版別反応数が6～8番目になっている。すべての年齢層において，比較的反応が産出しにくい図版と思われる。

図版Ⅶ

小2，小4，中2で中程度の反応数，小6では図版別反応数は7番目になっている。大学生になると，10枚の図版の中で3番目に反応数が少ない。成人では，村上ほか（1959）の資料によると2番目に，高橋・西尾（1994）では最も反応数が少ない図版になっている。

図版Ⅷ

村上ほか（1959），高橋・西尾（1994）のデータとも，成人で比較的反応数の多い図版となっている。児童・青年期では小4を除き，3～4番目に多くなっている。

図版Ⅸ

多彩色で濃淡がある上，領域が明確に分かれていないため，一般的に反応としてまとめるのに困難を感じやすい図版とされる。村上ほか（1959）の成人データでは，反応拒否の多い図版とされ，反応数もどちらかというと少ない。児童・青年期では，小2，小6において2番目に少なくなっている。小4も図版間の順位は6番目に位置している。児童期も比較的難しい図版であることが推察される。中2では中程度の反応数となっている。一方，大学生では成人と同様に反応拒否がやや多いものの，反応数は2番目に多い図版になっている。大学生が知的好奇心の強い対象者であったことが影響し，一般的に難しいとされる図版Ⅸでも多くなっていると思われる。

図版Ⅹ

村上ほか（1959）によると，明瞭に分離された部分領域が多いため，反応数が最も多い図版とされており，高橋・西尾（1994）の成人データでも反応数は図版Ⅰとともに多い。児童・青年期においても，すべての年齢層において，最も反応数が多い図版であり，成人と同様の特徴が認められた。小4以降の年齢層では，反応拒否が少ない図版となっている。

反応数，反応拒否および図版別の反応数について概観した。小学校低学年で反応数の少ない対象が多く，反応拒否も他の年齢層に比べてやや多くみられた。学童期から中学生期にかけて反応数はさほど変わらず，大学生で増加するが，中学生男子で反応数の少ない対象が増える傾向がみられた。発達段階の特徴を示している可能性があることに注意しながら，検査時の態度や反応の質的な面を検討して解釈を行うことが重要であると考えられる。

　図版別反応数やその継起から，成人データから従来いわれてきた図版特徴と同様の傾向とともに，児童・青年期における各年齢層の特徴も認められる。児童・青年期の特徴をふまえて個々の解釈にあたる必要があると思われる。

〈文献〉

村上英治・江見佳俊・植元行男・秋谷たつ子・西尾　明・後藤　聡（1959）ロールシャッハ反応の標準化に関する研究——カード特性の分析．ロールシャッハ研究，2，39-85．

小川俊樹・松本真理子編著（2005）子どものロールシャッハ法．金子書房．

Rorschach, H. (1921) *Psychodiagnostik: Methodik und Ergebnisse eines wahrnehmungsdiagnostischen Experiments* [Deutenlassen von Zufallsformen] 第9版．(Hans Huber, 1972) [鈴木睦夫訳（1998）新・完訳　精神診断学——付　形態解釈実験の活用．金子書房．]

高橋雅春・北村依子（1981）ロールシャッハ診断法Ⅰ．サイエンス社．

高橋雅春・西尾博行（1994）包括システムによるロールシャッハ・テスト入門——基礎編．サイエンス社．

4章 領　域

松本真理子

1. 領域とは

　ヘルマン・ロールシャッハ（Rorschach, 1921）はロールシャッハ法について「この研究は，まず形式（Formale）から始まる」，として①反応数，反応時間はどれくらいか，反応拒否はどのくらいか，②答えが図形の形態のみによって決定されたのか，あるいはその他の図形の運動や色彩によって決められたのか，③その図形は全体として，あるいは部分として把握され判断されたのか，それはどの部分か，④何を見たか，の4つを柱としている。すなわち，これがその後発展した主な分析方法の柱となっているわけであるが，ロールシャッハが3つ目にあげたのが「ブロットのどこを見ているのか」という領域に関する情報である。ロールシャッハ反応から得られる情報としてロールシャッハ自身も「領域」（Location）を重視していたことがわかる。

　シャハテル（Schachtel, 1966）はロールシャッハ・ブロットとの出会いは現実の世界との出会いに比べ多様であり，インクブロットは必ずしも1つの事物や事物の集まりとみられる（W反応）必要はなく，対象はブロットのうちどの領域を限定して反応しようと（D，Dd，S），領域のどの点に魅かれ注目しようと自由である，と述べている。すなわち，提示された刺激をどのように切り取るか，という領域選択には個性が反映される余地が大いにあるということである。これまでに多くの国内外の領域研究において，図版別の領域選択の一般的特徴や日本人の特徴などが示されてきている。そうした，図版の一般的特徴を理解した上で，個性の側面を適切に把握することが重要なことといえよう。

　本章では，最初に図版ごとの領域分布の特徴について概観した後に，年齢ごとに各図版の特徴を概観したい。なお領域の区分については，各分析法によって若干の相違があるが，村上ほか（1959）は名大法とベック（Beck, 1944），クロッパーとケリー（Klopfer & Kelly, 1942）や阪大法（辻・浜中，1958）などとの各領域出現率を比較して，全体として極端な相違は認められない，と述べている。エクスナー（Exner, J. E.）による包括システムについては，名大法におけるd領域に相当するものがD領域もしくはDd領域とされており，若干の相違がある。参考までに本章末に付表2として主な分析法の領域対照表を掲載しているので参考にしていただきたい。

2. 図版特徴

図版Ⅰ（図Ⅱ-4-1）
　表Ⅱ-4-1は図版別，年齢別の各領域の出現率を示したものである。

表Ⅱ-4-1　図版別，年齢別の領域出現率

		W	(%)	D	(%)	d	(%)	Dd	(%)	合計
Ⅰ	小2	111	(78.2)	16	(11.3)	3	(2.1)	12	(8.5)	142
	小4	129	(81.1)	20	(12.6)	2	(1.3)	8	(5.0)	159
	小6	148	(83.6)	18	(10.2)	3	(1.7)	8	(4.5)	177
	中2	144	(78.3)	17	(9.2)	0	(0.0)	23	(12.5)	184
	大学生	241	(81.1)	39	(13.1)	3	(1.0)	14	(4.7)	297
Ⅱ	小2	62	(48.4)	62	(48.4)	0	(0.0)	4	(3.1)	128
	小4	60	(50.4)	53	(44.5)	0	(0.0)	6	(5.0)	119
	小6	55	(39.3)	77	(55.0)	0	(0.0)	8	(5.7)	140
	中2	49	(30.6)	98	(61.3)	0	(0.0)	13	(8.1)	160
	大学生	100	(41.5)	132	(54.8)	3	(1.2)	6	(2.5)	241
Ⅲ	小2	16	(11.9)	103	(76.3)	1	(0.7)	15	(11.1)	135
	小4	13	(8.5)	126	(82.4)	0	(0.0)	14	(9.2)	153
	小6	9	(5.5)	135	(82.3)	2	(1.2)	18	(11.0)	164
	中2	12	(6.5)	142	(76.3)	0	(0.0)	32	(17.2)	186
	大学生	45	(15.7)	220	(76.7)	0	(0.0)	22	(7.7)	287
Ⅳ	小2	91	(75.8)	13	(10.8)	7	(5.8)	9	(7.5)	120
	小4	99	(75.0)	18	(13.6)	3	(2.3)	12	(9.1)	132
	小6	112	(75.7)	20	(13.5)	5	(3.4)	11	(7.4)	148
	中2	96	(58.2)	34	(20.6)	6	(3.6)	29	(17.6)	165
	大学生	189	(71.6)	40	(15.2)	13	(4.9)	22	(8.3)	264
Ⅴ	小2	123	(91.1)	1	(0.7)	8	(5.9)	3	(2.2)	135
	小4	131	(85.1)	10	(6.5)	10	(6.5)	3	(1.9)	154
	小6	142	(89.9)	2	(1.3)	10	(6.3)	4	(2.5)	158
	中2	138	(83.6)	11	(6.7)	4	(2.4)	12	(7.3)	165
	大学生	212	(82.5)	12	(4.7)	24	(9.3)	9	(3.5)	257
Ⅵ	小2	88	(69.8)	29	(23.0)	1	(0.8)	8	(6.3)	126
	小4	93	(67.4)	33	(23.9)	3	(2.2)	9	(6.5)	138
	小6	104	(67.5)	33	(21.4)	1	(0.6)	16	(10.4)	154
	中2	98	(58.7)	41	(24.6)	0	(0.0)	28	(16.8)	167
	大学生	174	(62.4)	70	(25.1)	6	(2.2)	29	(10.4)	279
Ⅶ	小2	77	(59.2)	40	(30.8)	3	(2.3)	10	(7.7)	130
	小4	64	(44.1)	70	(48.3)	2	(1.4)	9	(6.2)	145
	小6	71	(46.1)	72	(46.8)	1	(0.6)	10	(6.5)	154
	中2	71	(42.5)	80	(47.9)	0	(0.0)	16	(9.6)	167
	大学生	117	(44.5)	120	(45.6)	10	(3.8)	16	(6.1)	263
Ⅷ	小2	57	(41.6)	70	(51.1)	1	(0.7)	9	(6.6)	137
	小4	58	(40.3)	69	(47.9)	2	(1.4)	15	(10.4)	144
	小6	68	(43.0)	77	(48.7)	2	(1.3)	11	(7.0)	158
	中2	57	(32.4)	97	(55.1)	0	(0.0)	22	(12.5)	176
	大学生	124	(39.7)	149	(47.8)	0	(0.0)	39	(12.5)	312
Ⅸ	小2	50	(40.0)	64	(51.2)	2	(1.6)	9	(7.2)	125
	小4	55	(37.9)	71	(49.0)	2	(1.4)	17	(11.7)	145
	小6	59	(40.7)	66	(45.5)	1	(0.7)	19	(13.1)	145
	中2	56	(32.0)	69	(39.4)	1	(0.6)	49	(28.0)	175
	大学生	103	(32.2)	173	(54.1)	2	(0.6)	42	(13.1)	320
Ⅹ	小2	32	(17.6)	124	(68.1)	5	(2.7)	21	(11.5)	182
	小4	30	(14.5)	146	(70.5)	8	(3.9)	23	(11.1)	207
	小6	35	(16.6)	159	(75.4)	0	(0.0)	17	(8.1)	211
	中2	49	(22.1)	112	(50.5)	5	(2.3)	56	(25.2)	222
	大学生	93	(23.5)	262	(66.3)	3	(0.8)	37	(9.4)	395

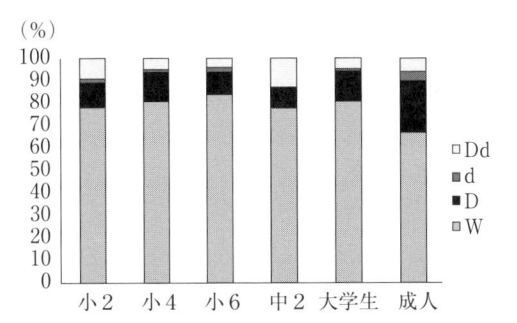

注）参考として村上ほか（1959）による日本人成人の分布を加えている。村上らの数値は，名大法の標準化研究によるものである。以下，図Ⅱ-4-10まで同様。

図Ⅱ-4-1　図版Ⅰにおける出現率

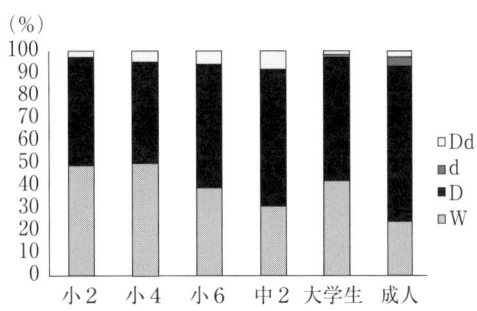

図Ⅱ-4-2　図版Ⅱにおける出現率

図Ⅱ-4-3　図版Ⅲにおける出現率

図Ⅱ-4-4　図版Ⅳにおける出現率

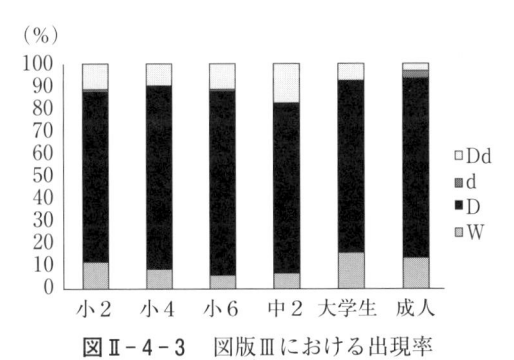

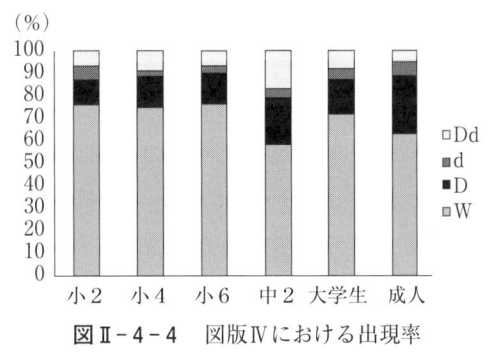

　図Ⅱ-4-1に示されているように，小2から大学生までいずれの年齢層でも80％前後をW反応が占めており，従来W図版と呼ばれる図版Ⅰのブロットの特性を全年齢層とも反映している。中2では，次いでDd反応が多くなっているものの，全年齢層にD反応が10％前後認められ，W反応とD反応で大部分の反応を占める図版といえる。成人においても同様の傾向が認められるものの，W反応は67％と児童・青年期に比して少なく，D反応が23％と多くなっている。一方，西尾・高橋（1998，以下，現代成人とする）[1]は，現代成人の各図版の領域アプローチに関する報告を行っている。出現頻度4以上の主な領域アプローチの結果から算出される図版ⅠのW％は90％と高率になっており，1950年代と比較して現代成人においても児童・青年期同様に顕著にW優位の図版であることを示唆している。

図版Ⅱ（図Ⅱ-4-2）

　図版Ⅱは，従来W反応の出現率の低い図版とされており，1950年代成人データではW反応は24％，D反応が69％とD優位の図版特徴を示している。児童・青年期においても小6

---

[1] 西尾・高橋（1998）は包括システムによる分析結果である。引用文献には各図版の主な領域アプローチ一覧が掲載されている。本稿では，筆者がその結果から全反応数を算出した上で，W反応，D反応，Dd反応の出現率を算出した数値を参考としている。したがって，西尾，高橋の研究対象の全データから算出したものではないことを断っておく。詳細は引用文献を参照されたい。

以降はD優位であるものの，明らかなD優位の特徴は中2のみであり，他年齢では大学生においてもW反応が42％に対してD反応が55％であり，小2と小4においては，W反応が50％近く出現している。現代成人（西尾・高橋，1998）の結果もW反応が42％，D反応が58％と大学生に近い。エイムスほか（Ames et al., 1974）は児童期を通じて全体反応は成人に比してかなり多いことを指摘している。低年齢では形態性も不明確な漠然とした全体反応が多く認められることは従来指摘されてきたことであり，小4年齢である10歳頃までは，図版ⅡにおいてもW反応優位がむしろ一般的傾向と考えてもよいであろう。

　図版Ⅲ（図Ⅱ-4-3）

　図版Ⅲは最もD反応が多い図版とされているが（村上ほか，1959），児童・青年期においても同様の特徴が認められる。すなわち，小2から大学生まで全年齢層において80％前後のD反応が産出されている。現代成人（西尾・高橋，1998）においてもD反応が84％である。次いで出現率が高い領域がW反応である年齢層は，大学生と小2である。一方，小6と中2においては，Dd反応のほうが高い出現率を示している。この2年齢層が，図版Ⅲにおいて，より些細な領域への注目が多いことを示唆しているといえる。

　図版Ⅳ（図Ⅱ-4-4）

　図版Ⅳは，従来W図版とされ，村上ほか（1959）によると図版Ⅰ，Ⅴに次いで高いW反応の出現率とされている。児童・青年期においては中2以外の年齢層で1950年代成人と同様の傾向を示し，全図版中3番目に高いW反応の出現率になっている。中2においては，W反応は10図版中4番目に高い出現率であり，Dd反応が他年齢層に比して多いのが特徴である。

　図版Ⅴ（図Ⅱ-4-5）

　1950年代成人において，最もW反応の出現率の高い図版であるが，この特徴は児童・青年期においても同様であり，全年齢層において80％以上という最も高いW反応の出現率を示している。現代成人（西尾・高橋，1998）においても90％と高率である。ブロットの形状からみても，「こうもり」「チョウ」あるいは「鳥」といった羽や翼のある動物を知覚しやすいことが，領域分布に大きく反映されている図版といえるであろう。

　図版Ⅵ（図Ⅱ-4-6）

　1950年代成人においてはW出現率が44％，D出現率が43％と拮抗している図版である。児童・青年期においては，中2以降でW反応がやや減少するものの，明らかにW反応が優位な図版となっており，1950年代成人とは様相を異にしている。すなわち，10枚の図版の中で，図版Ⅰ，Ⅳ，Ⅴ，ⅥがW反応の多い図版特徴を有するといってもよいであろう。一方，現代成人（西尾・高橋，1998）においては，W反応が76％と児童・青年期と同様の傾向であり，この図版のW優位は現代の特徴を示唆するとも考えられる。

　図版Ⅶ（図Ⅱ-4-7）

　図版Ⅶは1950年代成人において，W反応とD反応が45％ずつと拮抗する図版である。児童・青年期においても，この特徴は小2を除いて同様の傾向を示している。すなわち，W反応とD反応の出現率がいずれも40～50％程度である。一方，小2においては，W反応が

図Ⅱ-4-5 図版Ⅴにおける出現率

図Ⅱ-4-6 図版Ⅵにおける出現率

図Ⅱ-4-7 図版Ⅶにおける出現率

図Ⅱ-4-8 図版Ⅷにおける出現率

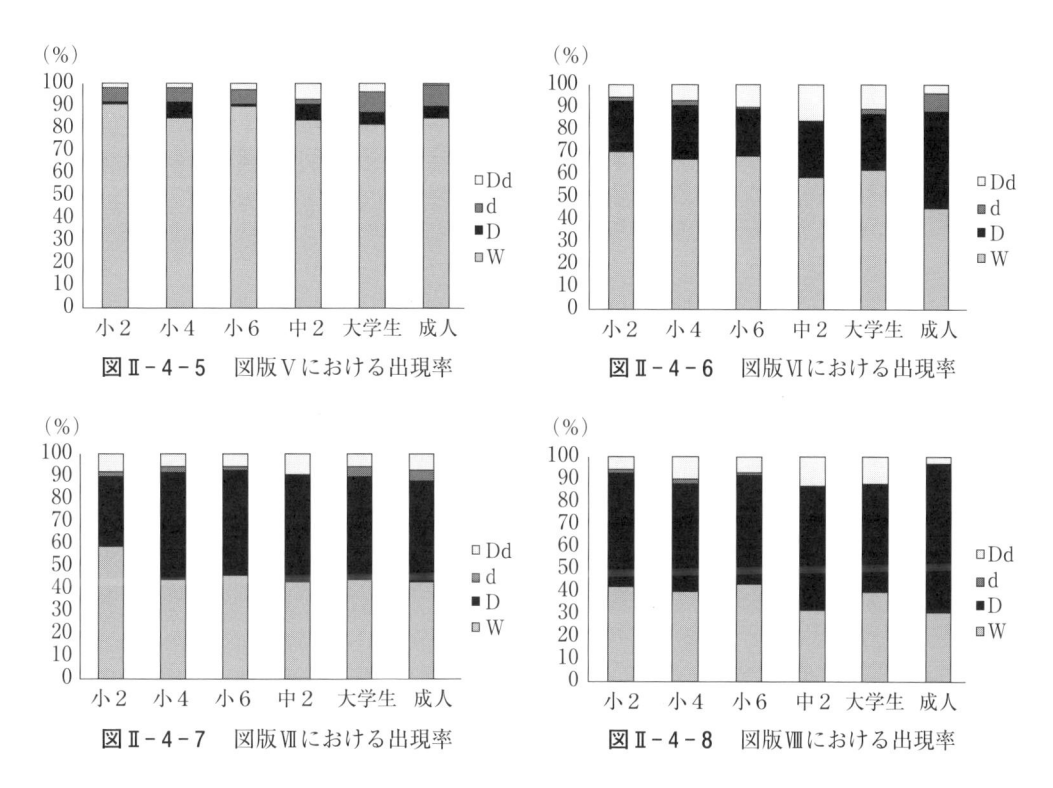

過半数を占めており，これは現代成人（西尾・高橋，1998）のW反応が60％，D反応が40％という結果に近いものである。

図版Ⅷ（図Ⅱ-4-8）

1950年代成人では，10枚の図版中3番目にD反応の出現率が高い図版となっており，D反応が66％に対してW反応は31％である。一方，児童・青年期においては，D反応のほうがW反応の出現率よりも高いものの，中2を除いては，いずれの年齢層もW反応，D反応ともに40〜50％程度と拮抗しており，この結果は現代成人のW反応46％，D反応53％と同様の傾向である。中2においては，W，D，Dd反応がそれぞれ32％，55％，13％であり，Dd領域という独特な領域の切り取りを示している。図版Ⅷは，ほとんど島状の部分図形であることや色彩がそれらの部分の独立性を促進しているということから，D反応が容易に産出されるとされているが，むしろ現代の児童・青年期のみならず，成人においても，こうした従来の図版特徴が必ずしもあてはまらないことを示している。

図版Ⅸ（図Ⅱ-4-9）

1950年代成人では，D反応が過半数を占める図版であり，またd反応とDd反応の出現率を合わせると10枚の図版中最も高い出現率を示す図版である。すなわち，D反応やDまたはDdという小さな領域を切り取って反応にしやすい図版といえよう。児童・青年期において，D反応が過半数であったのは，小2と大学生のみであったが，他年齢においてもD反応の出現率が他領域よりも高いことと，またDd反応の出現率が高いことが示されている。特に中2においてはDd反応が28％と顕著に高く，小4，小6と大学生においても10％を超

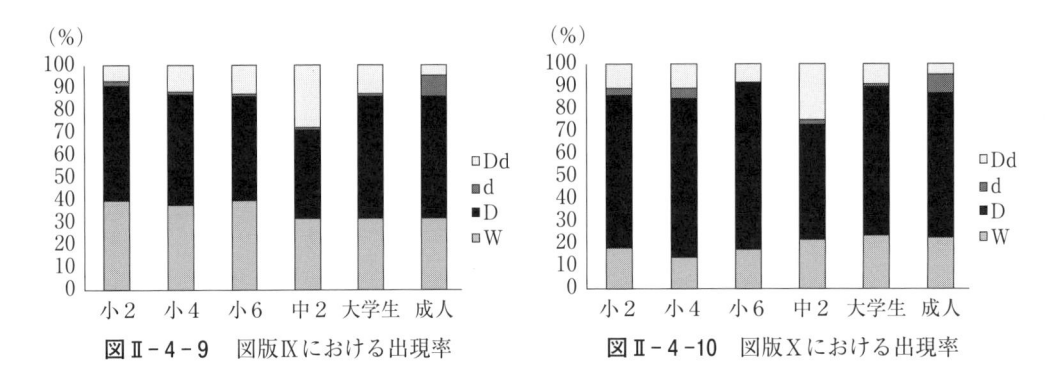

図Ⅱ-4-9 図版Ⅸにおける出現率

図Ⅱ-4-10 図版Ⅹにおける出現率

える出現率であった。領域において個性的な切り取り方が比較的多く認められる図版といえるであろう。

図版Ⅹ（図Ⅱ-4-10）

図版Ⅹは独立した小ブロットを複数含んでおり，W反応の出現は低く，D反応の多い図版とされている。この図版の特徴は児童・青年期においても示され，中2以外の年齢層でD反応が66%から75%の出現率を占めている。中2においては，D反応が51%と他年齢に比して少ないものの，Dd反応が25%と顕著に多くなっている。他図版でも示されているように中2において，領域の切り取り方が独特な反応が多く示される図版といえよう。またW反応は少ないとされているものの，中2，大学生，1950年代成人において20%を超え，現代成人では33%である。W反応として「海の中」「お花畑」「遊園地」などの小ブロットをまとめた統合的な反応が出現しやすいことも影響していると思われる。

3．年齢による特徴

(1) 小学校2年生（図Ⅱ-4-11）

W反応の出現率の高い図版はⅤ，Ⅰ，Ⅳ，Ⅵ，Ⅶの順であり，10枚中5枚の図版がW反応が過半数を占めている。またD反応の出現率が過半数を占める図版はⅢ，Ⅹ，Ⅸ，Ⅷの順である。おおむね従来の図版の領域特徴に重なるが，たとえば図版ⅦでW反応が多いことや，従来D反応が多いとされる図版ⅡでもW反応も多いことなどは，年齢による特徴を示しているものと思われる。すなわち，低年齢ほど客観的で現実的な明細化の能力が未発達であり，漠然とした全体反応が多いことは従来指摘されている発達的特徴である。辻・浜中（1958）は精神発達的には自己と自己以外の世界は十分に分化したものとしてはとらえられていない時期を経て，具体的な対象をとらえる能力が現れるとともに部分反応（D反応）が出現するようになってくる，と述べている。ハルパーン（Halpern, 1953）も学童期における学校生活の開始とともに現実を客観的に把握する力が増し，部分反応も増加することをあげている。さらに全体反応との関係から変化の過程をみると，小沢（1970）は最初に未分化な全体反応が現れ，次いで部分への関心の高まりの時期を経て，構成的な高次の全体反応を出しうる力を獲得していくという順序を認め得るとしている。2年生において総じてW

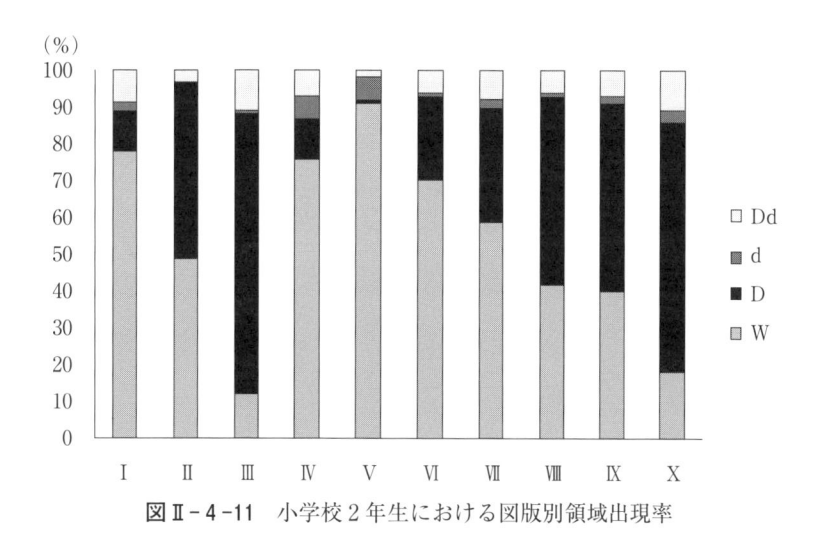

図Ⅱ-4-11　小学校2年生における図版別領域出現率

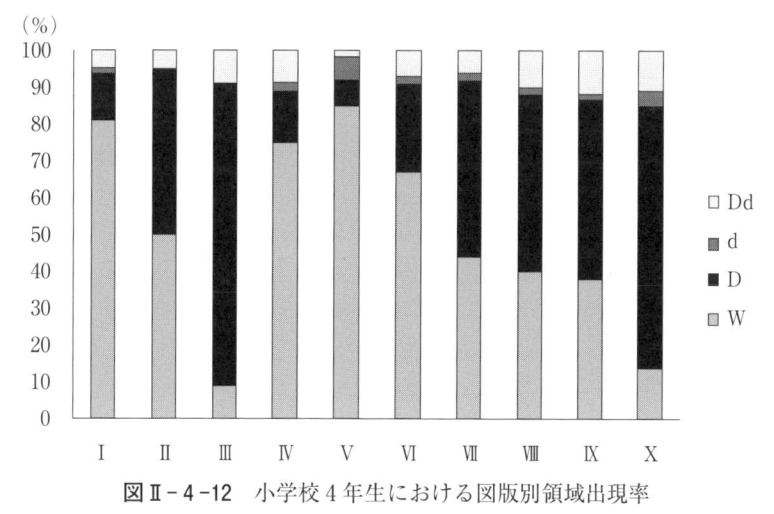

図Ⅱ-4-12　小学校4年生における図版別領域出現率

反応が多いことはこうした諸家の報告に一致するものであろう。

(2) **小学校4年生**（図Ⅱ-4-12)

W反応の出現率の高い図版はⅤ，Ⅰ，Ⅳ，Ⅵ，Ⅱの順であり，10枚中5枚の図版でW反応が過半数を占めている。またD反応の出現率が過半数を占める図版はⅢ，Ⅹの順である。2年生と比較すると，図版ⅦでW反応が少なくなっているものの，図版Ⅱでは若干であるが増加し過半数を占めている。また図版Ⅷ，Ⅸで2年生に比してD反応が減少し，一方Dd反応は増加している。全体的な傾向としては2年生に共通する特徴がなお認められるといえる。

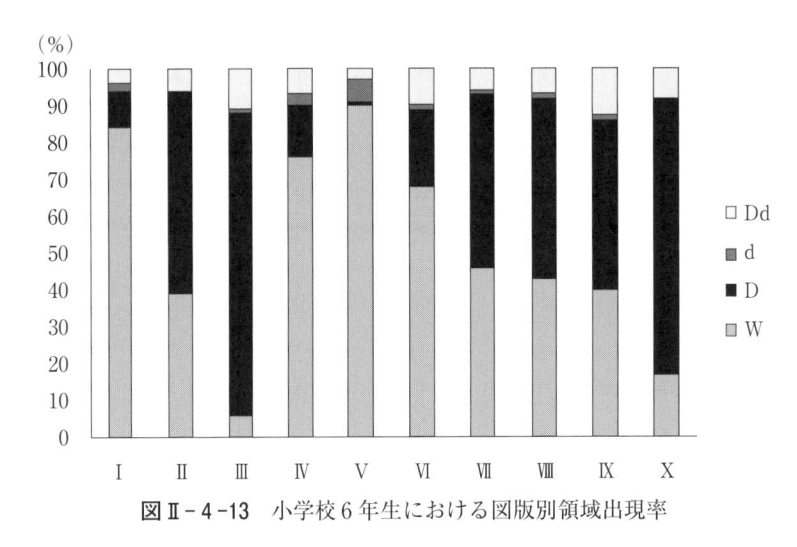

図Ⅱ-4-13　小学校6年生における図版別領域出現率

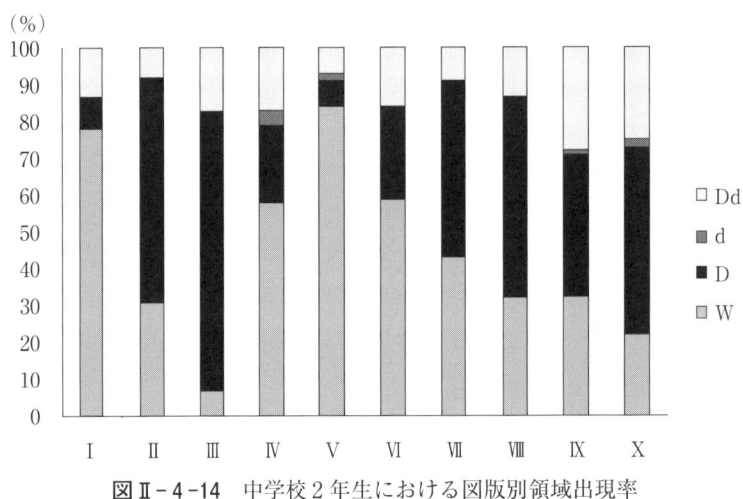

図Ⅱ-4-14　中学校2年生における図版別領域出現率

(3) 小学校6年生（図Ⅱ-4-13）

　W反応の出現率の高い図版はⅤ，Ⅰ，Ⅳ，Ⅵの順であり，4枚の図版においてW反応が過半数を占めている。またD反応の出現率が過半数を占める図版はⅢ，Ⅹ，Ⅱの順である。図版Ⅶ，Ⅷ，ⅨはいずれもD反応のほうがW反応の出現率よりも高いが過半数には満たない。

　成人では図版Ⅷ，ⅨはD反応が過半数を占めており，傾向としては，2，4年生から発達し，D反応が優位な傾向を示し，成人により近い傾向を示しつつある段階といえるであろう。

(4) 中学校2年生（図Ⅱ-4-14）

　W反応の出現率の高い図版はⅤ，Ⅰ，Ⅵ，Ⅳの順であり，4枚の図版においてW反応が

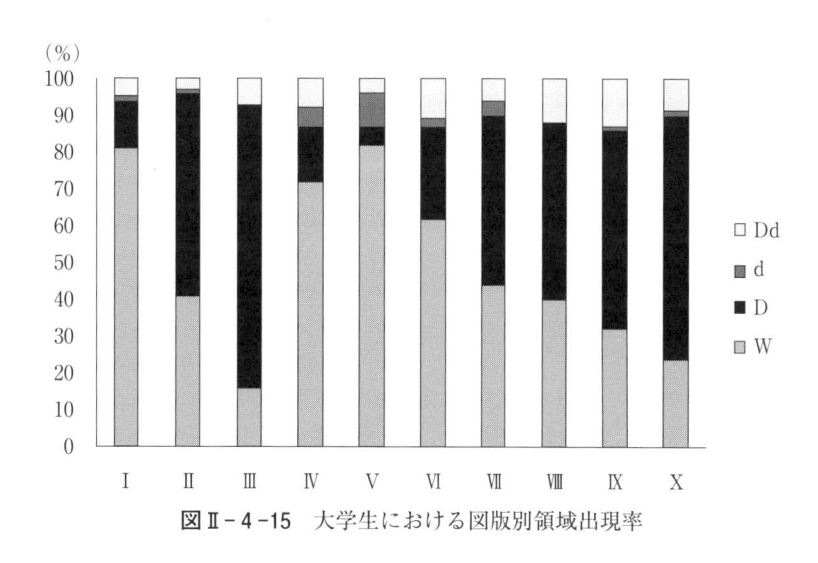

図Ⅱ-4-15 大学生における図版別領域出現率

過半数を占めている。またD反応の出現率が過半数を占める図版はⅢ，Ⅱ，Ⅷ，Ⅹの順であり，小学校6年生からさらに，成人の特徴に近接してきたといえる。一方，他年齢層に比して，Dd反応の出現率が高いことも中学生の特徴である。図版Ⅱ，Ⅳ以外はすべて10％以上の出現率であり，図版Ⅸ，Ⅹでは25％を超えるDd反応が出現している。中学生においては領域のみでなく，他の要因においても，他学年とは異なる特徴を示しており，思春期における年齢層は，ロールシャッハ反応でもその特有な心理的特徴を示唆しているものと思われる。また小沢（1970）は，13～14歳では加齢とともにW％が上昇し80％を占めると報告しているが，その結果と比較すると，DもしくはDd反応がかなり多く認められている。

(5) **大学生**（図Ⅱ-4-15）

W反応の出現率の高い図版はⅤ，Ⅰ，Ⅳ，Ⅵの順であり，4枚の図版においてW反応が過半数を占めている。またD反応の出現率が過半数を占める図版はⅢ，Ⅹ，Ⅱ，Ⅸの順である。中学生の特徴であるDd反応は減少している。些細な領域へのこだわりや独特な見方を抑え，いっそう成人の傾向に近くなっていると考えられる。

以上，領域分布について，図版別および年齢別に概観してみると，従来いわれてきた図版特徴としての領域出現率の分布はおおむね児童・青年期においても同様であるといえる図版と様相の異なる図版があることが示された。特に1950年代成人と現代成人（西尾・高橋，1998）との比較を通して，むしろ児童・青年期の特徴と思われる傾向と現代成人の特徴とが類似しているという結果も示された。たとえば図版Ⅱや図版Ⅹは従来W反応の出現率が低いとされてきた図版であるが，現代の児童・青年・成人いずれにおいてもW反応が増加している。また図版Ⅵでは現代は明らかにW優位の図版となっており，さらに図版ⅧではD反応優位とされてきたものの，現代では児童から成人までW反応とD反応が拮抗している。すなわち，こうした傾向は時代の要因が反映されていることが示唆されるものである。なか

でも，現代においてはW反応が全体に増加していることが大きな特徴と考えられる。

また，年齢別に概観すると，従来指摘されてきた発達的傾向はなお認められる一方で，中学生年齢ではDd領域の出現率において他年齢とは異なる様相が示された。名大法におけるDd反応は，通常ではない些細なことへのこだわりの反応，あるいは良い意味での完全性と解釈される反応であるが，こうした固有の領域の切り取り方とその内容には，より個別性に迫る情報が含まれていることも多く，個別的なアプローチにおいては貴重な反応といえるであろう。

最後に，領域の解釈については，いうまでもないことであるが，W％，D％などの数値だけでは十分な情報とはいえず，たとえばW反応の場合，形態は漠然としているのか明確な輪郭をもっているのか，どのような反応内容であるのか，組織化され統合された反応であるのか，といった反応全体の質を含めた解釈が重要であることを付しておきたい。

〈文献〉

Ames, L. B., Metraux, R. W., Rodell, J. L. & Walker, R. N. (1974) *Child Rorschach Responses*. New York: Brunner/Mazel, Inc.［村田正次・黒田健次訳（1976）ロールシャッハ児童心理学．新曜社．］

Beck, S. J. (1944) *Rorschach's Test I*. Grune & Stratton.

Halpern, F. (1953) *Clinical Approach to Children's Rorschachs*. Grune & Stratton.

Klopfer, B. & Kelly, D. M. (1942) *The Rorschach Technique*. World Book.

村上英治・江見佳俊・植元行男・秋谷たつ子・西尾　明・後藤　聡（1959）ロールシャッハ反応の標準化に関する研究——カード特性の分析．ロールシャッハ研究，2, 39-85.

西尾博行・高橋依子（1998）包括システムにおける健常成人の領域アプローチ．包括システムによる日本ロールシャッハ学会誌，2(1), 69-73.

小沢牧子（1970）子どものロールシャッハ反応．日本文化科学社．

Rorschach, H. (1921) *Psychodiagnostik*. Ernst Blrcher［片口安史訳（1976）精神診断学（改訳版）．金子書房．］

Schachtel, E. G. (1966) *Experiential Foundations of Rorschach's Test*. New York: Basic Books, Inc.［空井健三・上芝功博訳（1975）ロールシャッハ・テストの体験的基礎．みすず書房．］

辻　悟・浜中薫香（1958）児童の反応．本明　寛・外林大作編，心理診断法双書：ロールシャッハ・テストⅠ，pp.271-348．中山書店．

付表1　名大法における反応領域と定義

分類カテゴリー	記号	定義
全体反応（whole）	W	ブロットの全体を使用した反応。全体を1つにみた反応と，部分を有機的に結合した反応がある。
部分反応（usual large detail）	D	ブロットの他の部分から，間隙，濃淡，色彩によって容易に区別される比較的大きな部分を用いた反応。
小部分反応（usual small detail）	d	ブロットの他の部分から間隙，濃淡，色彩によって容易に区別される比較的小さな部分を用いた反応。半島的ニュアンスをもつものが多い。
異常部分反応（unusual detail）	Dd	dr（希少）：部分の大小にかかわらず分割の仕方が独特で，まれにしかみられない反応。ロケーション・チャートに数字が記入されていない部分と考えてよい。 dd（微小）：極端に小さな部分への反応。 di（内部）：内部の陰影のある部分が外縁を全然含まず用いられた反応。 de（外縁）：ブロットの外縁だけを使用した反応。
間隙反応（space）	S	So（反転したS）：純粋に間隙のみを使用した反応。 Se（付加的S）：ブロットに付随して付加的に間隙が用いられた反応。 Si（空白のS）：ブロットとともに用いられるが，間隙が空白なものとして用いられる反応。

付表2　名大法Locaitonと他技法との対照表

カードⅠ

名大法	出現率(%)	片口法	阪大法	包括法
D1	8.5	D1	DⅠ	D4
D2	4.3			
D3	3.5	D2	DⅢ	D2
D4	2.0	D3	DⅡ	D7
D5	1.5		DⅤ	Dd21
D6	1.0	D4	DⅣ	Dd24
D7	0.6	D5		D3
d1	1.2	d3	d3	D1
d2	0.9	d1	d4	Dd28
d3	0.9			
d4	0.7	d5	d5	Dd22
d5	0.3	d4	d2	Dd34

カードⅡ

名大法	出現率(%)	片口法	阪大法	包括法
D1	30.0	D1	DⅡ	D1
D2	11.3		DⅠ	
D3	8.6	D3	DⅢ	D2
D4	8.5	D2	DⅣ	D3
DS5	5.2		S=D	DS5
DS6	3.1			
D7	1.3			Dd21
D8	0.9	D	※D	
d1	3.4	d1	d1	D4
d2	0.2		d3	Dd31

注）Ddの番号は説明のため付したものであり，実際のスコアリングではDdの番号は用いない。

カードⅢ

名大法	出現率(%)	片口法	阪大法	包括法
D1	40.8	D2	DⅡ	D9
D2	8.8	D1	DⅠ	D1
D3	8.3		W	D1
D4	6.6	D3	DⅢ	D3
D5	5.2	D4	DⅣ	D5
D6	4.4	D5	DⅤ	D7
D7	2.7	D6	DⅥ	Dd34
D8	1.2	D7	DⅧ	Dd31
D9	0.6		DⅥ	Dd22
D10	0.5		DⅦ	D8
d1	2.3	d1	d1	Dd32
d2	0.9	d2	d2	Dd33
d3	0.2			Dd21

カードⅣ

名大法	出現率(%)	片口法	阪大法	包括法
D1	18.1	D1	DⅠ	D1
D2	3.5	D4	DⅤ	D5
D3	1.0			
D4	1.8	D2	DⅡ	D2
D5	1.0		DⅣ	Dd31
d1	4.3	d1	d1	D3
d2	1.6	d2	d2	D4
d3	0.5	d3	d3	Dd32

カードⅤ

名大法	出現率(%)	片口法	阪大法	包括法
D1	3.6	D1	DⅠ	D4
D2	1.0	D2	DⅡ	D7
d1	3.7	d2	d2	D1(D10)
d2	2.4		d1	D6
d3	1.7	d3	d3	D9
d4	0.8	d5	d5	Dd35
d5	0.4	d1		Dd34
d6	0.2			Dd33
d7	0.2		d4	Dd22

カードⅥ

名大法	出現率(%)	片口法	阪大法	包括法
D1	14.5	D1	DⅠ	D3
D2	10.3		DⅡ	D1
D3	4.9			D5
D4	3.8	D2	DⅣ	D2
D5	3.5	D3	DⅤ	D4
D6	2.4			
D7	2.1			
D8	1.8	D5	DⅢ	Dd22
d1	3.8	d2	d3	Dd23
d2	1.3	d1	d1	Dd24
d3	1.2	d3	d5	Dd27
d4	0.7		d7	Dd21
d5	0.6		d6	Dd26
d6	0.3			Dd32
d7	0.3	d4	d2	Dd25

カードⅦ

名大法	出現率(%)	片口法	阪大法	包括法
D1	18.1	D2	DⅠ	D2
D2	8.3	D1	DⅢ	D1
D3	6.5	D3	DⅡ	D4
D4	4.9	D4	DⅣ	D3
D5	4.1	D6	DⅤ	Dd22
DS6	3.7			DS7
D7	0.8	D5	DⅥ	Dd23
d1	1.2	d1		
d2	1.1			D6
d3	0.9	d2	d2	D5
d4	0.9			D8
d5	0.7		d1	Dd28

カードⅧ

名大法	出現率(%)	片口法	阪大法	包括法
D1	34.3	D1	DⅠ	D1
D2	15.5	D2	DⅡ	D2
D3	3.8	D3	DⅣ	D4
DS4	2.8	D4	DⅢ	D3orDS3
D5	2.3	D6	DⅥ	D8
D6	1.3	D7	DⅦ	D5
D7	0.9			
D8	0.8	D5	DⅤ	D7
D9	0.3			
d1	0.2	d1	d1	Dd26
d2	0.2	d2	d2	Dd30

カードⅨ

名大法	出現率(%)	片口法	阪大法	包括法
D1	15.3	D3	DⅢ	D3
D2	10.0	D2	DⅠ	D6
D3	6.3	D1	DⅡ	D1
DS4	6.3			D8orDS8
D5	3.0	D6	DⅥ	D9
D6	2.3			D11
DS7	2.2			
D8	2.1	D7	DⅦ	D4
D9	1.6			D2
D10	1.5			
DS11	1.4	D4	DⅤ	DdS22orDd22
D12	1.3	D5	DⅣ	D5
D13	0.5			
d1	5.8		d2	
d2	1.9			
d3	1.3	d1	d1	

カードⅩ

名大法	出現率(%)	片口法	阪大法	包括法
D1	13.5	D1	DⅠ	D1
D2	7.1	D4	DⅢ	D11
D3	5.7	D13	DⅩⅣ	D8
D4	5.5	D9	DⅧ	D7
D5	5.0	D6	DⅥ	D9
D6	1.2	D14	DⅩⅢ	Dd21
D7	3.2	D2	DⅤ	D2
D8	3.2	D3	DⅣ	D10
D9	2.9	D10	DⅡ	D13
D10	2.3	D7	DⅦ	D6
D11	1.8	D11	DⅩⅡ	D12
D12	1.7	D5	DⅨ	D3
D13	1.0	D8	DⅩ	D15
D14	0.8			
DS15	0.6			DdS22
d1	4.7	d1	d1	D4
d2	3.2	D12	DⅩⅠ	D5
d3	0.5	d2	d2	D14

5章 決 定 因

鈴木伸子

1. 決定因とは

ロールシャッハ (Rorschach, 1921) は，ロールシャッハ法は対象者に偶然にできあがった特定の形をもたない図形の判断を求めるものである，とした。またシャハテル (Schachtel, 1966) は，インクブロットの最も重要な特徴は，その見慣れない構造にある，と述べている。シャハテルによれば，そのような見慣れない構造がゆえに，対象はブロットの形態，色，陰影などの一部を強調したり，他を無視したりというように，いろいろな仕方でそれを見る（構成する）ことが可能になるとされる。

さて，見慣れない図形を前に課題解決を求められた対象者が，その知覚過程において，インクブロットの形態によってのみ答えを判断したのか，見ている対象を運動しているものと知覚したのか，インクブロットの形態のみでなく，その色彩も取り入れたのか。決定因 (Determinants) は，対象者が環境からの刺激を，情緒的にどのように受け取り，またどのような情緒的接近を行うかという，対象者の基本的な態度を表すものであり（高橋・北村, 1981），ロールシャッハ反応の解釈においてきわめて重要な変数として位置づけられてきた。

本章では，児童・青年の決定因について，図版別および年齢別の特徴を概観することを目的とする。

II部1章で述べたように，決定因の分類は名大法に準じている。章末に付表として，名大法における決定因の種類と定義を示した。名大法では，決定因のスコアリングは自由反応段階でなされたものと，質疑段階で自発的になされた言語表現とによってスコアされる。main-additional方式はとらず，すべての決定因を等価に扱い1と数える。さらに，本章ではいくつかの決定因を1つにまとめてデータを整理し検討を行った。具体的には，M，M'を人間運動反応，Fm，mF，mを無生物運動反応，FC'，C'F，C'を無彩色反応，FC，CF，C，F/C，C/F，Csymを色彩反応，そして通景反応（FV，VF，V），明暗反応（FY，YF，Y），材質反応（FT，TF，T）を陰影反応としてまとめた。

なお，決定因のスコアリングについては，各分析方法によって異なっており，厳密には比較が困難である。しかしながら，諸家の報告は，現代の児童・青年の特徴を知る上においてきわめて貴重な資料であると考え，適宜引用し，慎重な解釈を行うようにした。

2. 図版特徴

表II-5-1に図版別，年齢別の決定因総数に対する各決定因の出現率を示した。また，図II-5-1から図II-5-10はそれらを図示したものである。

表 II-5-1 図版別，年齢別の決定因出現率

		F	(%)	M	(%)	FM	(%)	m	(%)	V/Y/T	(%)	C'	(%)	C	(%)	合計
I	小2	120	(84.5)	4	(2.8)	9	(6.3)	2	(1.4)	0	(0.0)	9	(6.3)	0	(0.0)	142
	小4	126	(79.2)	9	(5.7)	11	(6.9)	1	(0.6)	2	(1.3)	12	(7.5)	0	(0.0)	159
	小6	125	(70.6)	15	(8.5)	20	(11.3)	1	(0.6)	1	(0.6)	23	(13.0)	1	(0.6)	177
	中2	139	(75.5)	9	(4.9)	18	(9.8)	2	(1.1)	0	(0.0)	20	(10.9)	0	(0.0)	184
	大学生	175	(58.9)	44	(14.8)	50	(16.8)	1	(0.3)	11	(3.7)	38	(12.8)	0	(0.0)	297
II	小2	92	(71.9)	3	(2.3)	7	(5.5)	9	(7.0)	1	(0.8)	3	(2.3)	19	(14.8)	128
	小4	77	(64.7)	11	(9.2)	11	(9.2)	7	(5.9)	3	(2.5)	3	(2.5)	23	(19.3)	119
	小6	80	(57.1)	18	(12.9)	17	(12.1)	7	(5.0)	5	(3.6)	11	(7.9)	21	(15.0)	140
	中2	89	(55.6)	21	(13.1)	20	(12.5)	14	(8.8)	6	(3.8)	7	(4.4)	19	(11.9)	160
	大学生	64	(26.6)	70	(29.0)	38	(15.8)	23	(9.5)	34	(14.1)	27	(11.2)	58	(24.1)	241
III	小2	104	(77.0)	7	(5.2)	8	(5.9)	2	(1.5)	0	(0.0)	6	(4.4)	10	(7.4)	135
	小4	114	(74.5)	18	(11.8)	10	(6.5)	4	(2.6)	2	(1.3)	5	(3.3)	5	(3.3)	153
	小6	106	(64.6)	34	(20.7)	6	(3.7)	5	(3.0)	2	(1.2)	8	(4.9)	17	(10.4)	164
	中2	125	(66.5)	43	(22.9)	5	(2.7)	7	(3.7)	1	(0.5)	6	(3.2)	7	(3.7)	186
	大学生	121	(42.2)	98	(34.1)	32	(11.1)	22	(7.7)	14	(4.9)	18	(6.3)	39	(13.6)	287
IV	小2	95	(79.2)	4	(3.3)	12	(10.0)	4	(3.3)	3	(2.5)	3	(2.5)	0	(0.0)	120
	小4	94	(71.2)	12	(9.1)	11	(8.3)	4	(3.0)	12	(9.1)	4	(3.0)	0	(0.0)	132
	小6	103	(69.6)	8	(5.4)	16	(10.8)	3	(2.0)	19	(12.8)	5	(3.4)	0	(0.0)	148
	中2	115	(69.7)	7	(4.2)	15	(9.1)	3	(1.8)	21	(12.7)	9	(5.5)	1	(0.6)	165
	大学生	124	(47.0)	36	(13.6)	30	(11.4)	6	(2.3)	83	(31.4)	20	(7.6)	0	(0.0)	264
V	小2	114	(84.4)	2	(1.5)	14	(10.4)	1	(0.7)	1	(0.7)	5	(3.7)	0	(0.0)	135
	小4	125	(81.2)	3	(1.9)	21	(13.6)	0	(0.0)	0	(0.0)	5	(3.2)	0	(0.0)	154
	小6	116	(73.4)	6	(3.8)	25	(15.8)	0	(0.0)	3	(1.9)	10	(6.3)	0	(0.0)	158
	中2	133	(80.6)	3	(1.8)	21	(12.7)	3	(1.8)	0	(0.0)	6	(3.6)	0	(0.0)	165
	大学生	126	(49.0)	24	(9.3)	83	(32.3)	0	(0.0)	13	(5.1)	26	(10.1)	0	(0.0)	257
VI	小2	119	(93.7)	0	(0.0)	1	(0.8)	6	(4.7)	1	(0.8)	0	(0.0)	0	(0.0)	127
	小4	116	(84.1)	2	(1.4)	14	(10.1)	3	(2.2)	2	(1.4)	2	(1.4)	0	(0.0)	138
	小6	128	(83.1)	4	(2.6)	14	(9.1)	3	(1.9)	7	(4.5)	1	(0.6)	0	(0.0)	154
	中2	136	(81.4)	6	(3.6)	11	(6.6)	10	(6.0)	7	(4.2)	2	(1.2)	1	(0.6)	167
	大学生	173	(62.0)	18	(6.5)	27	(9.7)	14	(5.0)	52	(18.6)	15	(5.4)	0	(0.0)	279
VII	小2	94	(72.3)	18	(13.8)	14	(10.8)	2	(1.5)	6	(4.6)	1	(0.8)	0	(0.0)	130
	小4	103	(71.5)	19	(13.2)	22	(15.3)	0	(0.0)	1	(0.7)	0	(0.0)	0	(0.0)	144
	小6	104	(67.5)	25	(16.2)	20	(13.0)	2	(1.3)	3	(1.9)	3	(1.9)	0	(0.0)	154
	中2	102	(61.1)	38	(22.8)	14	(8.4)	4	(2.4)	9	(5.4)	6	(3.6)	0	(0.0)	167
	大学生	110	(41.8)	98	(37.3)	25	(9.5)	13	(4.9)	28	(10.6)	12	(4.6)	0	(0.0)	263
VIII	小2	88	(64.2)	5	(3.6)	22	(16.1)	5	(3.6)	1	(0.7)	0	(0.0)	25	(18.2)	137
	小4	72	(50.0)	5	(3.5)	40	(27.8)	4	(2.8)	5	(3.5)	1	(0.7)	24	(16.7)	144
	小6	81	(51.3)	10	(6.3)	33	(20.9)	3	(1.9)	6	(3.8)	0	(0.0)	45	(28.5)	158
	中2	91	(51.7)	10	(5.7)	29	(16.5)	11	(6.3)	7	(4.0)	1	(0.6)	44	(25.0)	176
	大学生	108	(34.6)	26	(8.3)	85	(27.2)	16	(5.1)	33	(10.6)	2	(0.6)	109	(34.9)	312
IX	小2	81	(64.8)	10	(8.0)	10	(8.0)	12	(9.6)	2	(1.6)	0	(0.0)	26	(20.8)	125
	小4	82	(56.6)	15	(10.3)	12	(8.3)	13	(9.0)	5	(3.4)	1	(0.7)	31	(21.4)	145
	小6	72	(49.7)	14	(9.7)	10	(6.9)	15	(10.3)	11	(7.6)	1	(0.7)	49	(33.8)	145
	中2	112	(64.0)	9	(5.1)	10	(5.7)	21	(12.0)	7	(4.0)	2	(1.1)	35	(20.0)	175
	大学生	115	(35.9)	49	(15.3)	33	(10.3)	36	(11.3)	43	(13.4)	4	(1.3)	111	(34.7)	320
X	小2	116	(63.7)	9	(4.9)	28	(15.4)	7	(3.8)	0	(0.0)	2	(1.1)	28	(15.4)	182
	小4	134	(65.0)	12	(5.8)	30	(14.6)	7	(3.4)	2	(1.0)	1	(0.5)	34	(16.5)	206
	小6	108	(51.2)	18	(8.5)	38	(18.0)	7	(3.3)	7	(3.3)	4	(1.9)	52	(24.6)	211
	中2	144	(64.9)	18	(8.1)	24	(10.8)	12	(5.4)	1	(0.5)	2	(0.9)	34	(15.3)	222
	大学生	151	(38.2)	79	(20.0)	64	(16.2)	10	(2.5)	16	(4.1)	6	(1.5)	124	(31.4)	395

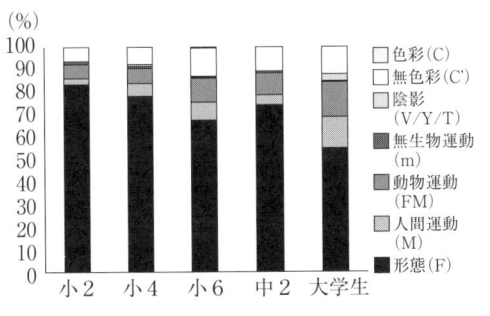

図Ⅱ-5-1　図版Ⅰにおける出現率

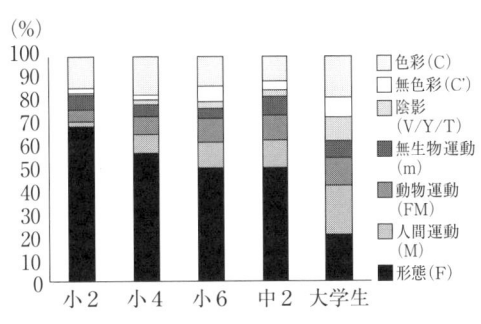

図Ⅱ-5-2　図版Ⅱにおける出現率

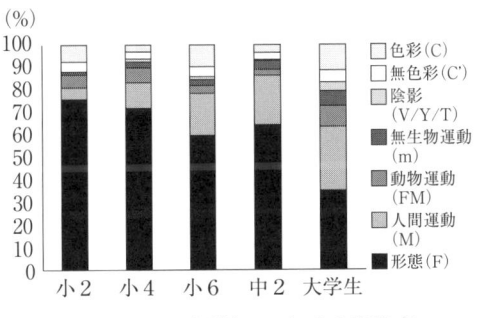

図Ⅱ-5-3　図版Ⅲにおける出現率

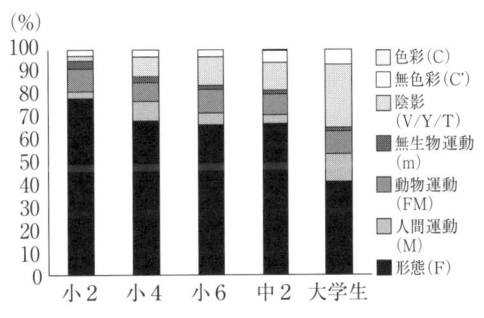

図Ⅱ-5-4　図版Ⅳにおける出現率

図版Ⅰ（図Ⅱ-5-1）

F反応の出現率は，小2（85％）で最も高く，その後は加齢とともに低下するが，小4，小6，中2では70％以上，大学生でも60％近くを占める。また，C'反応の出現率は，小2ではおよそ6％，小6以降では10％以上を占める。黒色図版は他にも存在するが，いずれの年齢層においても本図版で最も高値を示している。

図版Ⅱ（図Ⅱ-5-2）

図版Ⅰが黒色図版であるのに対して，図版Ⅱでは赤色の色彩が含まれ，C反応が中2（12％）から大学生（24％）までの範囲で，いずれの年齢層においても認められる。C反応を含め，M反応やm反応など，全体的に個々の決定因は多様さを増し，各決定因の比率は高くなる。それにともない，F反応は図版Ⅰと比して全体的に低くなり，小2では依然70％以上を占めているものの，小4以降では加齢にそって低下し，大学生では30％以下にとどまる。

図版Ⅲ（図Ⅱ-5-3）

いずれの年齢層においてもM反応の出現率が高まる。高橋・高橋・西尾（2007）は人間関係への態度を表す図版としての重要性を指摘している。小沢（1970）によると，本図版では低年齢であってもFMよりも人間のM反応や動物の擬人的な人間類似のM反応（名大式M'）が出現しやすいとされる。本データにおいても，小2ではM反応とFM反応が拮抗するが，他の年齢層においては，M反応がFM反応よりかなり多く（小6では5倍以上，中2では8倍以上，大学生では3倍以上）出現している。また，大学生の結果は西尾

図Ⅱ-5-5　図版Ⅴにおける出現率

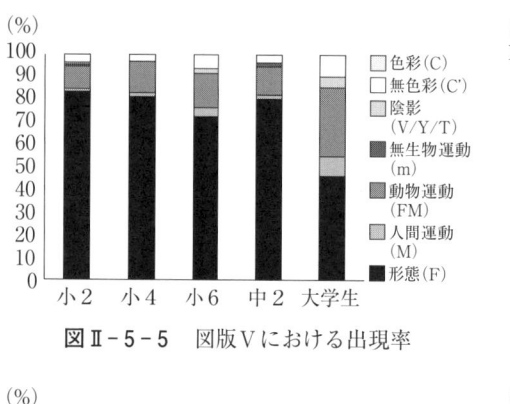

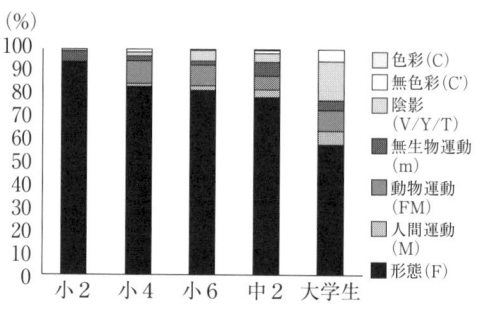

図Ⅱ-5-6　図版Ⅵにおける出現率

図Ⅱ-5-7　図版Ⅶにおける出現率

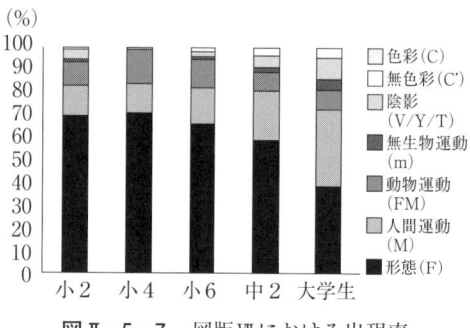

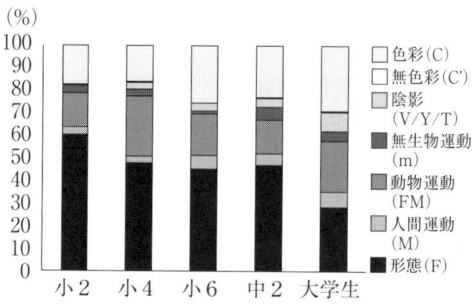

図Ⅱ-5-8　図版Ⅷにおける出現率

(2006) による成人400名の報告と比して，M反応の出現率はやや少なく，一方FM反応の出現は成人の1.5倍程度と高くなっている。

　図版Ⅳ（図Ⅱ-5-4）

　強い濃淡を特徴とし，陰影反応（V/Y/T）の出現率は，小2を除くいずれの年齢層においても本図版で最も高くなる。また，陰影はV（通景），T（材質），Y（明暗）の順に出現しやすく，この特徴は全年齢層に共通している。ブロットの濃淡に基づいた反応の分類法は研究者間で一致せず，比較は困難であるが，小沢（1970）によれば，立体・通景反応（FK）は8～9歳以降に初めて出現し，またFKは図版Ⅳにおいて最も多いと報告されている。今回もこれと一致する傾向が示されたといえよう。

　図版Ⅴ（図Ⅱ-5-5）

　判断が最も容易な図版とされる（Rorschach, 1921）。F反応は，小2，小4，中2において80％を超え，図版Ⅰと並んで出現しやすい。また本図版では全体領域で「こうもり」や「チョウ」を見やすく，そこに運動を付加しやすいためか，FM反応の出現率は，いずれの年齢層においても，これまでの5枚の図版の中で最も高くなっている。

　図版Ⅵ（図Ⅱ-5-6）

　対象者にとって判断が最も難しいと感じられる図版である（Rorschach, 1921）。そのためか，いずれの年齢層においても，F反応の出現率は全図版のなかで最も高値を示し，児童期では，全体的に個々の決定因の幅は狭まる。また，本図版は図版Ⅳと同様に強い濃淡を特徴とするが，図版Ⅳと比較して陰影反応（V/Y/T）の出現率は明らかに低い。現代の児童期

の子どもが，本図版で陰影に言及することはまれであることが示唆される。

　図版Ⅶ（図Ⅱ-5-7）

　いずれの年齢層においても，図版Ⅲと並んでM反応の出現率が高くなる。本図版において，成人では，「2人の人間（W）」がP反応となっているが（高橋・高橋・西尾，2009），子どもではP反応の基準（3名に1名〔33.3%〕以上）を満たしていない（松本・森田，2009）。さらに松本らによると，D1やD5の領域を「うさぎ」と見る割合は，成人よりも子どもにおいて高く，児童期では6名に1名（16.7%）以上を占める。しかし，その割合は，中2では10%を下回り，同領域を「うさぎ」よりも「人間」を見る割合が高くなっている。図Ⅱ-5-7に示されているように，児童期ではFM反応の出現率も高く，M反応は学年とともに増加の傾向を示し，中2で顕著に増加し，大学生では37%を占める。またこの大学生の値は，西尾（2006）の成人の報告によるそれと近似している。

　図版Ⅷ（図Ⅱ-5-8）

　最初の多彩色図版であり，C反応が一気に増加する。C反応のうちFCの占める比率は，3枚の多彩色図版（Ⅷ～Ⅹ）の中で最高値を示す。また，FM反応はいずれの学年層においても，全図版のなかで最も高い。関連して，D1領域の「四足獣」は成人ではP反応（高橋ほか，2009），子どもでは準P反応であり（松本・森田，2009），ここに運動をみる対象者が多いようである。

　図版Ⅸ（図Ⅱ-5-9）

　2番目の多彩色図版である。本図版は，色彩と形態の不安定さから意味づけが困難な図版であり，CFが出現しやすく（高橋・北村，1981），運動感覚が容易に生じやすい（Rorschach, 1921），とされているが，本データにおいても同様の特徴が認められている。すなわち，C反応について，大学生では3枚の多彩色図版のいずれにも30%以上の出現率を示し，拮抗しているものの，小2から中2では本図版における出現率が全図版のなかで最も高く，特にCFの出現率は，大学生を含めいずれの年齢層でも共通して全図版のなかで最も高値を示している。また，運動反応については，mがいずれの年齢層においても9%以上を示し，全図版のなかで最も多く出現している。このように不安定な情緒反応や内的衝動性を誘発しやすいためか，諸家は一致して最も拒否されやすい図版であると報告している。

　図版Ⅹ（図Ⅱ-5-10）

　図版Ⅸよりも明確に区別された領域からなるインクブロットであり，それぞれの領域を別個に意味づけるのは容易であるが，全体として1つの対象として意味づけにくい図版とされる（高橋ほか，2007）。反応内容では，動物や虫，花や葉などのほか，Spaceを利用した顔反応などが出現しやすく，その際，運動反応や色彩反応が決定因として用いられやすい。運動反応では，小2から中2ではFM反応がM反応より出現しやすく，大学生では，M反応がFM反応を上回る。C反応の出現率は，多彩色図版のなかでは最も少ない。さらにC反応のなかでFCはいずれの年齢層においても60%以上を占め，CFは28%（大学生と小2）から小4（6%）までの出現率の範囲にとどまる。図版Ⅸと比して形態の規定度が高くなるといえよう。

図Ⅱ-5-9　図版Ⅸにおける出現率

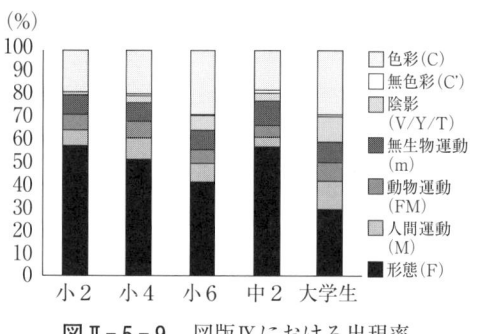

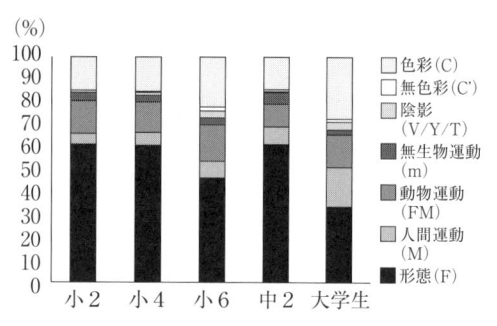

図Ⅱ-5-10　図版Ⅹにおける出現率

以上，図版ごとの特徴を概観してみると，従来報告されてきた図版特徴と共通する点が多く認められた。そして，ここに年齢という縦の変化軸を重ね合わせることで，児童・青年から成人への変化の過程を検討したい。

3．年齢による特徴

各年齢層における図版別決定因の出現率を図Ⅱ-5-11～図Ⅱ-5-15に示した。各年齢層における決定因の全体的な傾向をみてみると，小2から大学生までいずれの年齢層においてもF反応の出現率が最も高く，この特徴は諸家の報告と一致している。特に児童期について，辻・浜中（1958）は，F％は全学年を通じて60～70％を示し，成人よりも10％ほど高い値を示すと述べている。また，小沢（1970）は，児童期の子どもが，形態さがしに熱中するあまりに，色彩や濃淡，運動反応の出現が抑制され，プロトコルが平板になってしまうことがあると指摘している。次にF以外の決定因については，小2から小6では，FM反応，C反応，M反応の順に高く，中2ではFM反応とM反応は拮抗し，次いでC反応が高い。さらに，大学生になるとM反応に次いでFM反応とC反応がほぼ同比率で出現するようになる。なお，m反応と無彩色反応の出現率は，いずれの年齢層においても全般的に低く，また，陰影反応の出現率は，大学生を除く小2から中2の年齢層において低値を示している。以上の全体的な傾向をふまえつつ，各年齢層について図版別の特徴をみていく。

(1)　小学校2年生（図Ⅱ-5-11）

F反応の出現率が70％を超える図版はⅠ～Ⅶの7枚の図版であり，なかでも図版Ⅵ（93％），図版Ⅰ，Ⅴ（84％）において顕著に高くなっている。FM反応は，図版Ⅷ（16％）で最も高く，また図版Ⅳ，Ⅴ，Ⅶでいずれも10％以上を占める。C反応は，図版Ⅸで20％以上を占め最も高く，次いで図版Ⅷ，Ⅹ，Ⅱの順で高く，いずれも10％以上を占める。M反応は，図版Ⅶで最も高く10％以上，次いで図版Ⅲ，Ⅹが5％前後である。

小2のF反応の出現率は，いずれの図版においても後述する他の学年より高値を示している。図版を形態優位にとらえる傾向は，低学年においてより顕著であり，そのため他の決定因の出現率が低くなっている。先の小沢の指摘と一致するものであろう。そしてこの特徴

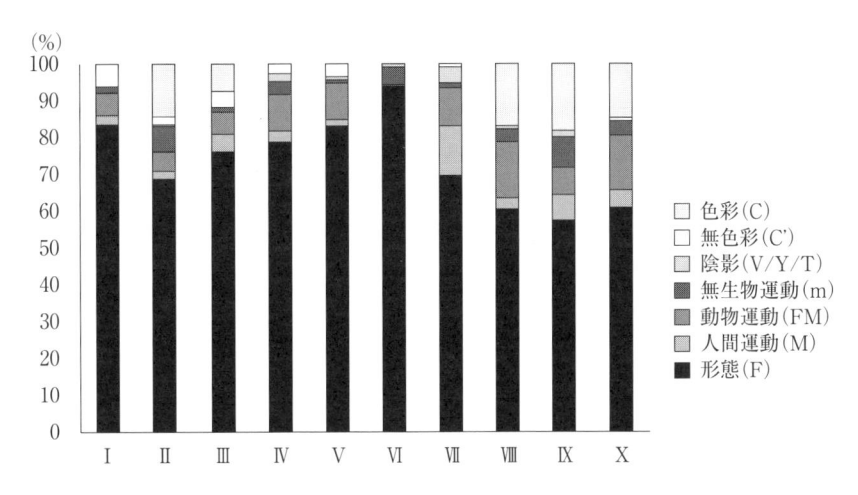

図Ⅱ-5-11　小学校2年生における図版別決定因の出現率

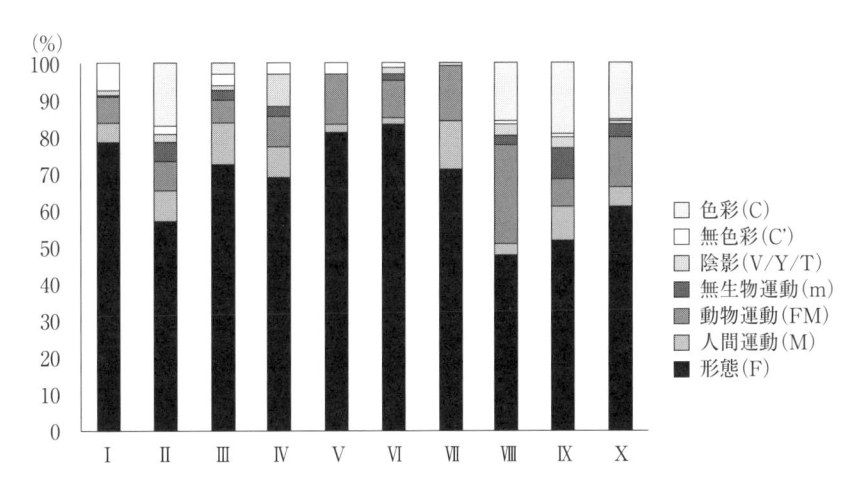

図Ⅱ-5-12　小学校4年生における図版別決定因の出現率

こそが小2の図版を超えた決定因の特徴と考えられる。

(2) 小学校4年生（図Ⅱ-5-12）

　F反応の出現率が70％を超える図版は，Ⅰ，Ⅲ，Ⅳ，Ⅴ，Ⅵ，Ⅶの6枚の図版であり，なかでも図版Ⅰ，Ⅴ，Ⅵで顕著に高くなっている。FM反応は図版Ⅷ（28％）で最も高く，また図版Ⅴ，Ⅶ，Ⅹでいずれも10％以上を占める。C反応は，図版Ⅸで20％以上を占め，最も高く，次いで図版Ⅷ，Ⅹ，Ⅱの順で高く，いずれも10％以上を占める。M反応は，図版Ⅶ（13％）で最も高く，次いで図版Ⅲ，Ⅸ，Ⅱ，Ⅳの順で高く，10％前後を占める。このようにいずれの決定因においても，出現率の高い図版は2年生と重なる。また，2年生と比して，全体的にF反応が減じることにより，いずれの決定因の比率も高くなっている。特に図版ⅧにおけるFM反応，図版Ⅱ，ⅢにおけるM反応の増加は顕著である。

5章　決定因　73

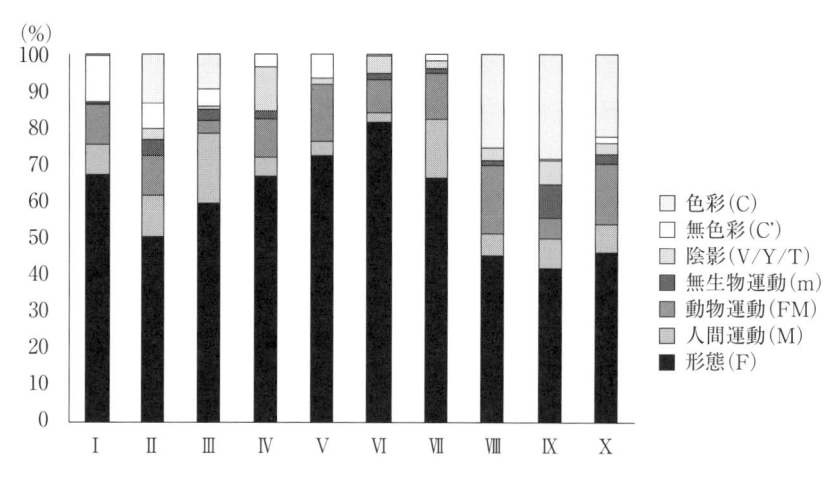

図Ⅱ-5-13　小学校6年生における図版別決定因の出現率

(3)　**小学校6年生**（図Ⅱ-5-13）

　F反応の出現率は，2年生，4年生と同様に図版Ⅵで最も高く83％を占めるが，70％以上を占める図版は，図版Ⅰ，Ⅴを合わせた3枚のみとなる。すなわち，F反応の出現率は6年生でかなり減少するといえよう。またそれにともなって決定因は豊かさを増し，FM反応の出現率は，全図版を通してみると4年生と変わらないものの，Ⅰ，Ⅱ，Ⅳ，Ⅴ，Ⅹの5図版で増加し，残る5図版において減少している。M反応については，4年生と比して，8図版で増加，2図版で減少している。なかでも図版Ⅱ，ⅢにおけるM反応は，先に述べた2年生から4年生への増加に加え，さらに4年生から6年生へと顕著な増加をみせている。FM反応からM反応への移行の兆しといえよう。C反応については，多彩色図版において，それぞれ10％前後の増加がみられ，また陰影反応も全体的に大学生に次ぐ高さを示すなど，外界刺激に対する情緒的反応の高まる様子がうかがえる。

(4)　**中学校2年生**（図Ⅱ-5-14）

　F反応の出現率が70％を超える図版は，6年生と同様に図版Ⅵ，Ⅴ，Ⅰの3枚である。しかしながら，6年生と比して，Ⅰ，Ⅲ，Ⅴ，Ⅸ，Ⅹの5枚の図版のF反応の出現率は増加し，他方，C反応は色彩が含まれる5枚の図版すべてで減少し，また陰影反応も全般的に減少する。すなわち，中学2年生においては，外界刺激に対する情緒的反応性が全般に低下し，F反応の出現率が増加に転じることが示唆されよう。また運動反応については，M反応とFM反応の出現率が拮抗するようになる。すなわち，FM反応は6年生と比してほぼ全図版において減少し，M反応は，全図版を通した出現率は6年生と同程度であるものの，図版Ⅲ，Ⅶにおける出現が増加し，他の図版では減少していることから成人により近いM反応を産出するようになると考えられる。ところでMとFMの比率について，辻・浜中(1958)は5～6年生で比肩しうる程度になる，と報告している。その結果と比較すると，現代の子どものM反応の発達はより緩やかであることが示唆されよう。

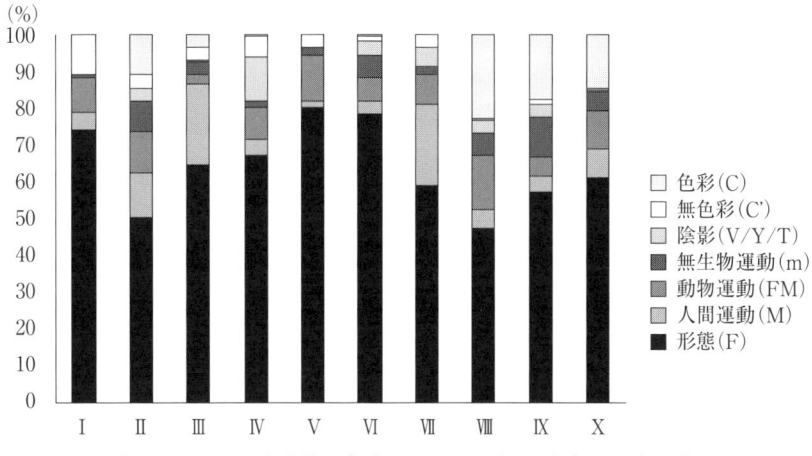

図Ⅱ-5-14　中学校2年生における図版別決定因の出現率

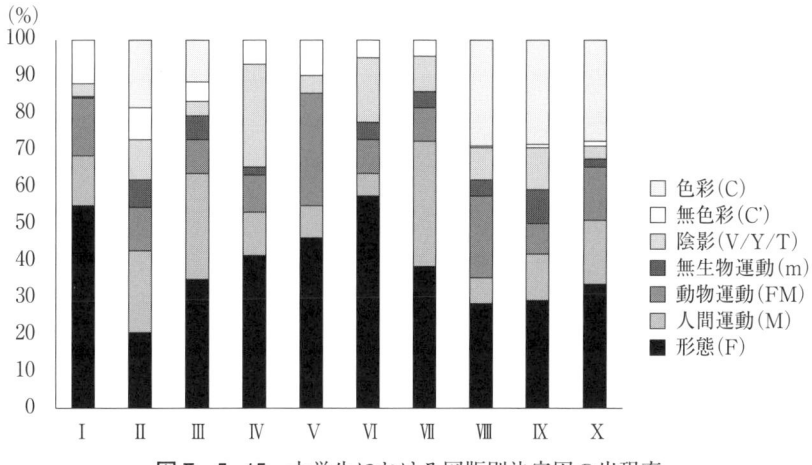

図Ⅱ-5-15　大学生における図版別決定因の出現率

(5) 大学生（図Ⅱ-5-15）

　F反応の出現率は顕著に減少し70％を超える図版は消失する。図版Ⅵ（62％）で最も高く，次いで図版Ⅰ，図版Ⅴの順に高い。一方最も低い図版は図版Ⅱであり30％以下にとどまる。F反応の出現率は，従来一般成人で40〜60％の範囲と報告されており，大学生は成人の傾向と一致しているといえよう。運動反応では，M反応は図版Ⅶ，Ⅲ，Ⅱの順に高くいずれも30％以上を占める。FM反応は図版Ⅴ，Ⅷの順で他の図版より突出して高い比率を占める。また大学生では，全体的にM反応の出現率がFM反応を上回っている。さらにC反応や陰影反応の出現率も，他の年齢層に比して顕著に増加する。この2つの決定因の全図版を通した出現率を西尾（2003）の成人の報告と比較してみると，C反応は同程度に，陰影については大学生がより多く出現していることが示唆された。すなわち，大学生の外界刺激に対する情緒的反応性はより成人の傾向に近くなっていると考えられる。また陰影に対する反応の高さは大学生の時期に特に高まることが考えられる。

以上，年齢別の特徴について概観してみると，各年齢層にみられる特徴は，加齢にともない，次第に成人の特徴への重なりを増し，従来報告されてきた成人の図版特徴に近づいていくことが示唆された。一方，青年期前期にあたる中学生においては，外界への情緒的反応性の低下が認められるなど，その過程は一様ではないとことが示された。

　なお決定因の解釈には，形態水準，内容など他のサインとあわせて考慮することが重要である。その意味において本章は，出現率のみの視点から，さらに比率の高い決定因の検討にとどまるが，児童・青年期のロールシャッハ反応の傾向を理解する一助としていただきたい。

〈文献〉

松本真理子・森田美弥子監修，鈴木伸子・坪井裕子・白井博美・畠垣智恵・松本真理子・森田美弥子（2009）子どものロールシャッハ反応──形態水準と反応内容．金剛出版．

西尾博行（2003）包括システムによるロールシャッハ・テストにおける健常成人の決定因子．文京学院大学臨床心理相談室紀要，1，22-27．

西尾博行（2006）包括システムによるロールシャッハ・テストにおける健常成人の決定因子(2)．文京学院大学臨床心理相談室紀要，5，89-98．

小沢牧子（1970）子どものロールシャッハ反応．日本文化科学社．

Rorschach, H. (1921) *Psychodiagnostik*. Ernest Blrcher.［片口安史訳（1976）精神診断学（改訳版）．金子書房．］

Schachtel, E. G. (1966) *Experiential Foundations of Rorschach's Test*. New York: Basic Books, Inc.［空井健三・上芝功博訳（1975）ロールシャッハ・テストの体験的基礎．みすず書房．］

高橋雅春・北村依子（1981）ロールシャッハ診断法Ⅰ．サイエンス社．

高橋雅春・高橋依子・西尾博行（2007）ロールシャッハ・テスト解釈法．金剛出版．

高橋雅春・高橋依子・西尾博行（2009）ロールシャッハ・テスト形態水準表．金剛出版．

辻　悟・浜中薫香（1958）児童の反応．本明　寛・外林大作編，心理診断法双書：ロールシャッハ・テストⅠ，pp.271-348．中山書店．

付表 名大法における決定因の種類と定義

	記号	定義
形態反応（form）	F	ブロットの形体特性のみによって決定された反応。
人間運動反応 (human movement)	M	人間の運動・状態（姿勢や表情）が述べられた反応。
	M'	動物の擬人的な，人間類似運動反応。
動物運動反応 (animal movement)	FM	動物の運動・状態が述べられた反応。
無生物運動反応 (inanimate movement)	Fm・mF・m	自然現象的活動とか，物理的運動，さらに抽象的な力とか緊張，植物の動きなどが述べられた反応。
通景反応（vista）	FV・VF・V	立体的・通景的な知覚がみられる反応。
明暗反応（gray）	FY・YF・Y	ブロットの明暗特性が利用された拡散効果のみられる反応。
材質反応（texture）	FT・TF・T	ブロットの表面の肌ざわりの感じとか，材質特性が利用された反応。
黒白反応 (achromatic-color)	FC'・C'F・C'	ブロットの黒色－灰色－白色を用いた反応。
色彩反応 (chromatic-color)	FC・CF・C	ブロットの色彩の要素を用いた反応。
	F/C・C/F	色彩が単に領域を区切るために利用されていたり，本来そのものがもつ色彩とは異なった色彩が知覚されたもの。強制色彩反応と呼ばれる。
	Csym	色彩が象徴的に用いられた反応。

注）mは「リトルm」，C'は「プライムC」，F/Cは「FスラッシュC」と読む。

6章　形態水準とP反応

袴田雅大

1．形態水準とP反応とは

　形態水準とは，ロールシャッハ（Rorschach, 1921）が，形態反応を評価するために導入した指標である。ロールシャッハはその評価方法として，主観的な選択の余地を残しながらも，100人の健常な対象者による反応の頻度を用いて，2段階（F＋，F−）に分けた評価を行っている。またPopular反応（以下P反応）とは，同じくロールシャッハほか（Rorschach & Oberhorzer, 1923）が導入した，特定の領域に対して頻繁に与えられる反応であり，ロールシャッハは3人中1人以上によってみられることをその基準として定めている。

　ロールシャッハによれば，形態水準は注意の持続力や集中力を含めた連想過程の明確さを，P反応は慣習的な知覚の程度をとらえる指標とされる。また片口（1987）によれば，形態水準は，現実吟味の良否，知的水準，自己統制力など，人格の重要な機能をとらえるのに有効な手がかりであり，P反応は，診断上重要な意味をもち，公共性や社会的協調性を推測する意味があるとしている。

　なお，形態水準とP反応の評価方法は，諸家によりさまざまな基準が報告されている。たとえば形態水準の評価では，名大法（名古屋ロールシャッハ研究会, 2011）では①適合性・正確性，②P反応に代表される頻度性を中心におきつつ，③修飾や明細化の適切さ，④結合性の適切さ，⑤社会的常識性などを考慮した上で，＋か−の二分法で評価を行う。一方片口法（片口, 1987）では，統計的な頻度を考慮しながら，クロッパー（Klopfer, B.）の「正確さ」「明細化」「結合性」を参考にして「優秀水準（＋）・標準または良好水準（±）・許容水準（∓）・不良または病的水準（−）」の4段階で評価を行う。また包括システム（Exner, 2003）では，客観性・実証性を明確にするために統計的な頻度を重視し，普通─詳細反応（＋），普通反応（o），稀少反応（u），マイナス反応（−）の4段階で評価を行う。一方P反応の評価では，名大法と片口法では6人中1人以上によって，包括システムでは3人中1人以上によってみられる反応をP反応の基準として定めている。

　またこの両指標は，その時代，文化や年齢などの違いに応じて，さまざまな特徴が報告されている。子どものロールシャッハ法においても，その年齢に応じた基準を用いる重要性が従来指摘されており，現代においても，発達的な標準データの集積が必要とされている（松本, 2003）。つまり，形態水準とP反応を評価する際には，その時代や文化に加え，対象者が該当する年齢集団の特徴や基準をふまえる必要がある。

　よって本章では，形態水準においては児童・青年期における年齢別の特徴を，P反応においては，成人と比較した児童・青年期の各図版別の基準や特徴をそれぞれ概観する。

　なお，形態水準は通常図版別に数値を算出せず，10枚通じて算出する個人の指標として用

いられることが多い。また，領域，反応内容など，名大法の形態水準を評価する上での要素は各章に記載されている。よって臨床実践上の有用性を考慮し，本章の形態水準では図版別の特徴や数値ではなく，年齢別の形態水準の平均値や特徴を記載した。

また先に記したように，形態水準やP反応は各解釈技法によりその算出方法が異なることが多い。よって形態水準やP反応の値を参考にする際には，単純に数値のみを比較するのではなく，時代や文化，年齢を考慮し，さらに各指標の算出方法（評価基準）の違いを考慮する必要がある。

2．形態水準

(1) 各年齢別の形態水準の値

今回の対象データにおける名大法での形態水準の指標であるF＋％（F＋反応の数／F反応の数×100），とR＋％（すべての＋反応／総反応数（R）×100）の，男女・年齢別の平均値（標準偏差）を示す（表Ⅱ-6-1，表Ⅱ-6-2）。なお，F＋％，R＋％を従属変数として用いて，学年（5水準）×性別（2水準）の2要因分散分析を行ったところ，それぞれ交互作用に有意差が認められた（表Ⅱ-6-1，表Ⅱ-6-2）。すなわちF＋％では，男子において小2から中2にかけて有意な上昇がうかがえた。また中2において男子が女子を有意に上回っていた。一方R＋％では，男子で小2と小4から中2にかけて有意な上昇が，中2から大学生にかけて有意な減少がうかがえた。さらにF＋％と同じく，中2で男子が女子を有意に上回っていた。

表Ⅱ-6-1　F＋％の年齢別平均値（標準偏差）と分散分析結果

	全体	小2	小4	小6	中2	大学生	主効果 学年(F)	性別 (F)	交互作用 (F)	多重比較
男子	63.4 (20.9)	57.4 (20.0)	62.8 (19.1)	66.8 (16.1)	70.4 (23.0)	58.7 (23.2)	0.82ns	0.40ns	4.18**	男：小2＜中2*, 中2：男＞女**
女子	61.7 (21.4)	64.4 (19.8)	63.5 (20.4)	64.6 (19.3)	54.7 (19.3)	62.6 (25.1)				
全体	62.5 (21.2)	60.5 (20.1)	63.1 (19.6)	65.6 (17.8)	62.3 (22.4)	61.1 (24.4)				

*$p<.05$, **$p<.01$

表Ⅱ-6-2　R＋％の年齢別平均値（標準偏差）と分散分析結果

	全体	小2	小4	小6	中2	大学生	主効果 学年(F)	性別 (F)	交互作用 (F)	多重比較
男子	62.4 (17.9)	58.7 (16.8)	58.9 (16.5)	64.7 (14.4)	70.5 (19.6)	58.5 (19.2)	0.43ns	0.03ns	5.60**	男：小2・小4 ＜中2*, 中2＞大*, 中2：男＞女**
女子	61.8 (16.9)	64.7 (16.0)	64.2 (17.9)	60.1 (16.5)	57.4 (16.9)	63.5 (16.7)				
全体	62.1 (17.4)	61.4 (16.6)	61.3 (17.2)	62.3 (15.6)	63.7 (19.3)	61.6 (17.8)				

*$p<.05$, **$p<.01$

表Ⅱ-6-3 XA%の年齢別平均値（標準偏差）と分散分析結果

	全体	小2	小4	小6	中2	主効果学年(F)	性別(F)	交互作用(F)	多重比較
男子	0.72 (0.14)	0.66 (0.16)	0.74 (0.11)	0.72 (0.17)	0.74 (0.13)	4.11**	0.68ns	1.59ns	小2＜小4・小6*
女子	0.73 (0.12)	0.69 (0.11)	0.74 (0.14)	0.77 (0.11)	0.71 (0.13)				
全体	0.72 (0.14)	0.68 (0.14)	0.74 (0.12)	0.74 (0.14)	0.73 (0.13)				

*$p<.05$, **$p<.01$

さらに参考として，大学生を除く今回のデータを，包括システムの形態水準の指標であるXA%（全体適切形態反応：形態水準が+，o，uとコードされた反応の合計数／反応総数(R)）で評価した年齢別の平均値（標準偏差）も示す（表Ⅱ-6-3）。これらの値は，まずアメリカ・カナダなどの英語圏を母集団として作成された包括システムによる成人基準（Exner, 1995）に沿ってデータを評価し，そのうち－の反応のみを，子ども集団を母集団として，同データをもとに作成された基準である子どものロールシャッハ反応（松本・森田, 2009）に沿って再評価を行ったものである。XA%を従属変数として用いて，学年（5）×性別（2）の2要因分散分析を行った。その結果，交互作用は有意でなかったが，学年の主効果が有意となった。すなわち男子・女子ともに，小2から，小4と小6にかけて有意な上昇がうかがえた。

(2) 各年齢別の数値の特徴

まず全体的な特徴として，平均値は名大法のF+%・R+%がおおむね60%台前半であるのに対し，包括システムのXA%は60%台後半～70%台前半となっている。これらの数値は，通常日本成人基準とされている数値と比較するとやや低い値となっている。たとえば，名大法（名古屋ロールシャッハ研究会, 2011）ではF+%の平均は「健全な人では大体80～90%」とされており，包括システムではXA%の平均（標準偏差）は0.92（0.06）である（高橋・高橋・西尾, 2007）。これらの点からも，形態水準の値を評価する際にはその年代の基準と比較して評価する必要があることが示唆される。

また，同じく全体的な特徴として，F+%・R+%より，XA%のほうがおおむね10%ほど高い数値となっている。さらに標準偏差では，F+%・R+%が10%台後半～20%台前半であるのに対し，XA%では，おおむね10%台前半となっており，F+%とR+%のほうが値の分散が大きくなっている。これらの違いが生ずる一因として，それぞれの値の評価方法の違いが考えられる。すなわち，包括システムの形態水準は4段階（+，o，u，－）の評価であるのに対し，名大法では2段階（+，－）の評価となっている。名大法の2段階はより明確な評価になる一方で，算出される値に対する影響が大きいため，結果として形態水準の値が分散しやすくなると思われる。また両技法ともブロットの特徴と反応の適合度を重視するために統計的頻度を考慮するが，包括システムが主にリストによる評定を用いるのに対し

(高橋・高橋・西尾，2009など），名大法は包括システムのようなリストが刊行されていない。そのため現在の名大法では，統計的な頻度を評定者の経験に頼る必要性が増す。さらに反応の修飾・明細化・結合の程度なども評価対象として加わることになる。よって名大法のF＋％・R＋％では包括システムのXA％に比してやや平均値が低く，値の分散が大きくなるのではないだろうか。いずれにしてもこのような値の差異からは，その解釈技法の評価基準をふまえた上で形態水準の値を解釈する必要性が改めて示されよう。

　さらに各指標とも，全体的には年齢による変動はそれほどうかがえないが，男女別に注目すると興味深い傾向がうかがえる。まず名大法においては，F＋％・R＋％とも小4まで女子が男子を上回っている。しかしその後，女子ではF＋％が小6から，R＋％が小4からそれぞれ中2にかけて値が減少し始めるのに対し，男子は中2に向けて値が上昇する。そのため中2では，両指標とも有意に男子の値が女子を上回る。ところが大学生にかけて男子が減少，女子が上昇を示すため，大学生では再び両指標とも女子が男子を上回っている。

　一方包括システムのXA％では，小2ではわずかに女子が男子を上回っているが，男女とも小4にかけて有意な上昇を示す。小6では，わずかに男子が値を下げるのに対し女子の上昇が続いているため，やや女子が男子を上回る。しかし中2にかけて男子がやや上昇し，女子が減少するため，中2では再び男子が女子をやや上回っていた。

　女子の早熟傾向は従来より報告がある。たとえばエイムスほか（Ames et al., 1974）は2歳から10歳までのロールシャッハ・データの結果において，形態水準は4歳6か月までは主に女子有意であるが，5歳以降は主に男子有意な傾向があることを報告している。さらに野沢・清水（1969）の小学1年生〜中学3年生にわたる日本の子どもデータの報告では，小2〜小3までは女子が男子の形態水準を上回っているが，小4〜小5の段階では，男子が女子と同水準に近くなっている。今回のデータからも，子どもの形態水準は小学校低〜中学年程度まで女子有意な傾向があり，学童期の形態水準の値の上昇はむしろ男子に目立つ傾向にあった。この点からはまた，男女別にデータを検討・比較することが重要である点が示される。

　さらにすべての指標において単純に形態水準の値が増加するわけではなく，男女とも一時的に値が減少する時期がみられた。すなわち，男子のF＋％・R＋％では中2から大学生にかけて大きな減少を示し，XA％では小6においてわずかな減少を示した。一方女子ではF＋％・XA％が小6から，R＋％が小4から，それぞれ中2にかけて減少する傾向を示していた。

　エイムス（Ames, 1960a, 1960b）は2〜16歳までのロールシャッハ・データにおいて，全体的には主要な変数がおおむね直線的な増加ないし減少を示すものの，同一個人内では増減を繰り返しながらの発達がうかがえることを"Rolling change"として報告している。先の野沢・清水（1969）の縦断データにおいても個人内では同様の増減がうかがえたことを受け，「児童の精神発達は，各年齢ごとに直線的に進展するのではなく，進展と抑制が交互に繰り返されるような様相を示す場合が多い」としている。また皿田・堤（1985）も思春期のデータにおいて同様の傾向を報告し，ブロス（Blos, 1967）が思春期の第二の個体化の過程で論じている，自立の過程における青年の自我の退行と進展の繰り返しの特徴を示すものである

としている。

　今回の結果も，報告されてきたこれらの特徴を裏づけると思われる。すなわち，児童・青年期のロールシャッハでは少なくとも個人においては進展と抑制を繰り返す"らせん状の変化"を示す可能性があるといえよう。また小沢（1970）は思春期のロールシャッハ・データの特徴を概観し，「これまで示した諸研究の結果から知りうるように，思春期における反応は成人の神経症のそれと似ている。……したがって，思春期のロールシャッハ反応から，彼らの適応や正常からのかたよりについて知ることはかなり困難な作業である。解釈に際しては，揺れ動きの中に働く自我の強さの程度に注目することが重要な側面となろう。それは，ショックのあり方や，そこからの回復の仕方，統合に成功している反応と失敗している反応のバランスなどである」（p.169）と述べている。児童・青年期のロールシャッハ・データをみる際には，成人に向けての成長の"揺らぎ"が出ている可能性を考慮し，年齢段階の特徴をふまえた解釈が必要となるだろう。

　さらに辻・浜中（1958）が「社会に受け入れられるような方法で反映しうる能力がF＋に反映されたとしてみよう。この社会に受け入れられるような反応方法というのは，例えば『盗みをしない』ということであってもよいし，また『人の手助けをする』ということであっても何でもよい。幼い子どもはこのような反応を，とらなければ，両親に叱られるからそう反応するだろうし，更に年長者は，罰を恐れるだけではなしに両親に喜ばれるために，そうしているのかもしれない。社会的に受け入れられるような方法の必要なことの本当の意義を知って，そう行動しうるのは成人だけである。このように外形として現れた反応方法は，同じであっても，そのよって来る精神的なダイナミックスは，年齢的に当然異なったものとなる」（pp.272-273）と述べているように，数値は成人と近い値であっても，年齢段階に即した解釈を行うことも重要と考えられる。

　またそもそも，形態水準での－は単純な不適応のサインではなく，一方で個性の表れでもある。特に子どものデータの場合には，標準からの逸脱という視点だけでなく，発達している個性としてとらえる姿勢がより重要となるだろう。

3．P 反 応

(1) P反応リスト

　まず，P反応の比較のために，成人基準として名大法（名古屋ロールシャッハ研究会, 2011），包括システム（Exner, 2003），高橋ほか（2009），子ども基準として松本・森田（2009）のP反応リストを以下に示す（表Ⅱ-6-4）。

　表Ⅱ-6-4を参照すると，"こうもり（Ⅰ）"，"動物1匹（Ⅱ）"，"人間像（Ⅲ・Ⅶ）"，"人間または人間類似のもの（Ⅳ）"，"こうもり・チョウ（Ⅴ）"，"弦楽器（Ⅵ）"，"四足獣（Ⅷ）"，"クモ（Ⅹ）"など，すでに子ども時代よりP反応としてうかがえる反応が存在する一方で，"リボン・蝶ネクタイ（Ⅲ）"，"うさぎ1羽（Ⅶ）"，"人の顔（Ⅹ）"など，日本の子ども基準にのみ存在するP反応もうかがえる。児童・青年期から成人期までを通してうか

表Ⅱ-6-4　P反応比較表

	成人基準			子ども基準
	名大法	包括システム (Exner, 2003)	高橋ほか，2009	松本・森田，2009
Ⅰ	こうもり・チョウ (W)	こうもり・チョウ (W)（∧時の上部が頭）	P：こうもり(W) C：動物の顔・チョウ・ガ(W)	全P：こうもり(W) 全準P：動物の顔(W) 学準P：チョウ(W)（中2）
Ⅱ	クマ・犬 (D1, ∧) 人間(W(D8), ∧)	動物(D1)	P：人間2人(W)，動物1匹(D1)動物2匹(D6)	学準P：動物1匹(D1)（小4・6・中2） 動物2匹(D6またはW)（中2）
Ⅲ	人間・骸骨 (D1(W), ∧)	人間像(D9)	P：人間2人(WかD1)，人間1人(D9)	全準P：リボン・蝶ネクタイ(D3) 人間(D9) 人間2人(D1)
Ⅳ	毛皮(W, ∧)	人間・人間類似のもの(WまたはD7)	P：人間・人間類似のもの(WまたはD7) C：怪獣・毛皮(WまたはD7)	全準P：人間または人間類似のもの(WかD7) 学準P：怪獣(W)（幼稚園）
Ⅴ	こうもり・チョウ (W)	こうもり・チョウ (W)（∧時の上部が頭）	P：チョウ・こうもり(W)	全P：チョウ(W) 全準P：こうもり(W) 学準P：トリ(W)（小6）
Ⅵ	毛皮(W(D2))	動物の敷物・毛皮・皮(WまたはD1)	P：毛皮(WまたはD1)，楽器(W)	全準P：弦楽器(WまたはDd50)
Ⅶ	—	人間の頭・顔(D1またはD9)	P：人間2人(W)	全準P：人間1人(D2またはDd22) 学準P：人間2人(WまたはD2+D2)（小6・中2） うさぎ1羽(D2またはDd22)（小2・4・6）
Ⅷ	花(D2) 四足獣(D1(W))	動物の全身像(D1)	P：4本足の動物(D1)	全準P：四足獣(D1)
Ⅸ	—	人間・人間類似のもの(D3)	—	—
Ⅹ	クモ・カニ(D1)	クモ・カニ(D1)	—	全準P：クモ(D1) 人の顔(DdS22, V位置含む) 学P：生き物の集まり(W)（小6）

注）　各領域番号は，それぞれの技法に準ずる。
　　名大法：6人に1人の反応。
　　包括システム：3人に1人の反応。
　　高橋ほか(2009)：Pは3人に1人，Cは6人に1人。
　　松本・森田(2009)：対象学年は幼稚園・小2・小4・小6・中2であり，子ども全体ないし各学年におけるP反応（3人に1人）と準P反応（6人に1人）を"子ども全体P（全P）＞子ども全体準P（全準P）＞各学年P（学P）＞各学年準P（学準P）"の優先順位で表記した。

がえるP反応と，その発達段階に特有なP反応があることが示される。

(2) 各年齢別のP反応の値

まず今回のデータにおける名大法基準のP反応数の平均値（標準偏差）を示す（表Ⅱ-6

-5)。さらに参考として，大学生を除いた今回のデータに対する包括システム（アメリカ成人，日本子ども）のP反応数の平均値（標準偏差）を示す（表Ⅱ-6-6，表Ⅱ-6-7）。なお各基準のP反応は，表Ⅱ-6-4に示したものである。表Ⅱ-6-4の子ども基準においては，子ども全体ないし各学年におけるP反応（3人に1人）と準P反応（6人に1人）を子ども基準とした。同じ反応で子ども基準が重複した場合には，「子ども全体P＞各学年P＞子ども全体準P＞各学年準P」という優先順位を用いて集計した。

次に，各基準でのP反応数に対し，学年（4）×性別（2）の2要因分散分析を行った（表Ⅱ-6-5，表Ⅱ-6-6，表Ⅱ-6-7）。その結果，名大法基準では学年の主効果のみに有意差がうかがえ，小2よりも小6と中2は有意にP反応数が多かった。また大学生は他のどの年代よりもP反応数が有意に多かった。次に包括システム（アメリカ成人）では，性別と学年の主効果のみ有意差がうかがえた。すなわち小2に比して，いずれの学年でもP反応の数が有意に多かった。またすべての学年で女子のP反応数は男子のP反応数を有意に上回っていた。さらに包括システム（日本子ども）でも性別と学年の主効果のみ有意差がうかがえ，小2と小4よりも小6が，また小2よりも中2が有意にP反応の数が多かった。またすべての学年で，女子のP反応数は男子のP反応数を有意に上回っていた。

(3) 各年齢別の数値の特徴

まず，成人のP反応数の平均（標準偏差）は名大法（名古屋ロールシャッハ研究会，2011）では「一般には5あるいはそれ以上」となっている。また包括システムアメリカ成人（Exner, 2003）では"6.58"であり，日本成人では"5.48"（高橋ほか，2009）である。今回の小2から中2までの子どものデータでは，学年による変動はうかがえるものの，名大法のP反応に該当した反応数の全体平均は2.43，包括システム（アメリカ成人基準）では2.79，包括システム（日本の子どもの母集団基準）では3.68である。まずこれらの点より，形態水準と同じようにP反応数を評価する際も，単に成人基準を適用せずに，時代や文化を考慮した同年齢の基準を適用する必要性が改めて示されるだろう。

また主に包括システムの両基準において，すべての学年において女子が男子を有意に上回っていた。野沢・清水（1969）や松本（2003）でも女子が男子のP反応を上回る傾向があったことが報告されているが，今回のデータにおいても，P反応には，比較的明確に女子の優位性がうかがえたこととなる。この点からは，児童・青年期においては，P反応が示すとされる慣習的な知覚や社会協調性を，女子が男子よりも多く示す可能性がある。

さらに比較的共通した特徴として，小学校低学年から高学年にかけてのP反応数の大きな上昇がうかがえた。小沢（1970）は，学童期に入ると自らの知覚体験の分析力や内省力，言語能力などが成長するため，ロールシャッハ・テストにおいて形式的分析が可能になってくると述べている。また一般的に学童期には，規則を守り大人や友だちと関係を築きつつ，学校場面に適応することが大きな課題となる。よって，子どもたち自身の能力も発達すると同時に，周囲とのかかわりのなかで慣習的な知覚や社会協調性が必要とされるために，主に学童期にP反応の上昇が生じるのではないだろうか。

表Ⅱ-6-5　名大法P反応出現数の年齢別平均値（標準偏差）と分散分析結果

	全体	小2	小4	小6	中2	大学生	主効果 学年(F)	性別 (F)	交互作用 (F)	多重比較
男子	2.28 (1.26)	1.67 (1.00)	2.16 (0.85)	2.48 (1.09)	1.92 (1.20)	3.42 (1.46)	27.13**	1.20ns	2.06ns	小2＜小6・ 中2・大学生**， 小2・小4・ 小6・中2 ＜大学生**
女子	2.58 (1.41)	1.70 (1.05)	2.03 (1.04)	2.38 (1.09)	2.65 (1.25)	3.50 (1.59)				
全体	2.43 (1.35)	1.68 (1.02)	2.10 (0.94)	2.42 (1.08)	2.30 (1.28)	3.47 (1.53)				

*$p<.05$, **$p<.01$

表Ⅱ-6-6　アメリカ成人（包括システムによる）P反応の年齢別平均値（標準偏差）と分散分析結果

	全体	小2	小4	小6	中2	主効果 学年(F)	性別 (F)	交互作用 (F)	多重比較
男子	2.54 (1.43)	1.93 (1.23)	2.60 (1.17)	2.98 (1.41)	2.69 (1.72)	11.02**	7.80**	0.75ns	学年：小2＜小4 ・小6・中2* 性別：男＜女**
女子	3.04 (1.53)	2.19 (1.24)	2.81 (1.41)	3.44 (1.41)	3.46 (1.64)				
全体	2.79 (1.50)	2.05 (1.24)	2.70 (1.25)	3.22 (1.42)	3.09 (1.71)				

*$p<.05$, **$p<.01$

表Ⅱ-6-7　松本・森田(2009)による日本の子どもP反応の年齢別平均値（標準偏差）と分散分析結果

	全体	小2	小4	小6	中2	主効果 学年(F)	性別 (F)	交互作用 (F)	多重比較
男子	3.22 (1.57)	2.82 (1.45)	3.16 (1.33)	3.53 (1.62)	3.40 (1.80)	8.05**	23.27**	1.67ns	学年：小2・ 小4＜小6**， 性別：男＜女**
女子	4.16 (1.92)	3.32 (1.42)	3.76 (1.91)	5.09 (2.02)	4.25 (1.84)				
全体	3.68 (1.81)	3.05 (1.45)	3.43 (1.63)	4.35 (1.99)	3.84 (1.86)				

*$p<.05$, **$p<.01$

そして今回の子ども基準によるP反応の平均値では，男女ともやや中2において減少することがあるものの，おおむね学年が上がるにつれて増加がうかがえた。この点からは，やや学年による揺らぎが大きい形態水準に比して，P反応は比較的揺らぎが生じないで増加する指標といえるかもしれない。

〈文献〉

Ames, L. B. (1960a) Longitudinal survey of child Rorschach responses: Younger subjects 2 to 10 years. *Genetic Psychology Monographs*, **61**, 229-289.

Ames, L. B. (1960b) Longitudinal survey of child Rorschach responses: Old subjects aged 10 to 16 years. *Genetic Psychology Monographs*, **62**, 185-229.

Ames, L. B., Metraux, R. W., Rodell, J. L. & Walker, R.N. (1974) *Child Rorschach Responses*. New York: Brunner / Mazel, Inc.［村田正次・黒田健次訳（1976）ロールシャッハ児童心理学．新曜社.］

Blos, P. (1967) The second individuation process of adolescence. *The Psychoanalytic Study of the Child*, **22**, 162-186.

Exner, J. E. (1995) *Rorschach Form Quality Pocket Guide*. Rorschach Workshops.［中村紀子・津川律子・店綱永美子・丸山 香訳（2002）ロールシャッハ形態水準ポケットガイド（改訂版第3刷）．エクスナー・ジャパン・アソシエイツ．］

Exner, J. E. (2003) *The Rorschach: A Comprehensive System, Basic Foundations and Principles of Interpretation, Vol. 1* (4th ed.).［中村紀子・野田昌道監訳（2009）ロールシャッハ・テスト――包括システムの基礎と解釈の原理．金剛出版．］

片口安史（1987）改訂新・心理診断法．金子書房．

松本真理子（2003）子どものロールシャッハ法研究の展望．小川俊樹・松本真理子編著，子どものロールシャッハ法，pp.13-32．金子書房．

松本真理子・森田美弥子監修，鈴木伸子・坪井裕子・白井博美・畠垣智恵・松本真理子・森田美弥子（2009）子どものロールシャッハ反応――形態水準と反応内容．金剛出版．

名古屋ロールシャッハ研究会（2011）ロールシャッハ法解説――名古屋大学式技法第5版（2011年改訂版）．

野沢栄司・清水晶子（1969）児童のロールシャッハ反応――各指標の年齢的推移を中心として．ロールシャッハ研究，**11**，189-206．

小沢牧子（1970）子どものロールシャッハ反応．日本文化科学社．

Rorschach, H. (1921) *Psychodiagnostik*. Ernst Bircher.［片口安史訳（1976）精神診断学（改訳版）．金子書房．］

Rorschach, H. & Oberhorzer, E. (1923) Zur Auswertung des Formdeutversuchs für die Psychoanlyze. *Zeitschrift für die gesamte Neuroligie und Psychiatrie*, **82**, 240-274.

皿田洋子・堤 啓（1985）ロールシャッハ・テストからみた思春期の成熟過程．ロールシャッハ研究，**27**，101-115．

高橋雅春・高橋依子・西尾博行（2007）ロールシャッハ・テスト解釈法．金剛出版．

高橋雅春・高橋依子・西尾博行（2009）ロールシャッハ・テスト形態水準表．金剛出版．

辻 悟・浜中薫香（1958）児童の反応．本明 寛・外林大作編，心理診断法双書：ロールシャッハテストⅠ，pp.271-348．中山書店．

7章　反応内容

大橋陽子

1．反応内容とは

　反応内容（Content）は，「これは何に見えますか？」という問いに対象者が答えようとするなかで，インクブロット全体，あるいは一部を何に見立てたか，どのような場面に見立てたか（馬場，1995）について表すもので，図版の絵柄（インクのしみ）に対して対象者が付与した反応表象やイメージのことである。

　ロールシャッハ（Rorschach, 1921，鈴木訳，1998）は，著書『精神診断法』のなかで，「被験者によって与えられる反応の処理に際しては，反応の事物的な内容の考慮は一番後回しにされる。むしろ知覚と統覚の働きへの洞察を得ることが肝要である」と述べており，反応内容よりも構造の分析を重要視していたことがうかがわれる。このことは，一覧表のなかに記載された反応内容が 6 つのみであったことからもみてとれる。一方，ロールシャッハの死後，さまざまな手法が考案されたが，ロールシャッハによって記号化された反応内容が少なすぎたことも相まって，それぞれの手法に独自の内容カテゴリーが出てくるようになった。

　反応内容を分析・解釈するにあたっては，①個々の反応内容を A（動物反応）や H（人間反応）のように一定基準に従って分類し，そのカテゴリーに属する反応内容の象徴や意味を検討する方法，②同じ A や H であってもそこに投影される内容は異なるとして，個々の反応内容が象徴する内容を考察し，それぞれが有する意味を見出そうとする方法，③反応内容としてのカテゴリーは異なっていても，共通した主題としての意味を見出そうとする方法などがある（高橋・北村，1981；高橋・高橋・西尾，2007）とされているが，小沢（1970）も上記のような分類を紹介した上で，内容分析は形式分析と継列分析との関連のなかでみていくことが重要であると述べている。また，シャハテル（Schachtel, 1967，空井・上芝訳，1975）は，反応に対して辞書引きのように一義的な意味を貼りつけることを批判して「単一の反応内容を，その反応の認知特性や，他の反応にみられる全体的な主題との関連を考慮しないばかりか，その反応がどのような時に，どのブロットに見られたかには関係なく，あたかも辞書を引くように，特定の反応には或る特定の象徴的な意味があるとの考えに基づいて解釈しがちである。さらに多くの人は，特定のインクブロットには特定の意味があるとみなしている」としている。反応を解釈する際の前提として，各図版にどのような内容が出やすいかを知っておくことは必要であろう。

　本章では，反応内容について図版ごとの分布の特徴，年齢別の各図版の特徴について概観したい。なお，本章末に付表として名大法の内容一覧表を掲載しているので参考にしていただきたい。

2. 図版特徴

村上ほか（1959）を参考にし，反応内容を動物像反応（A, A/, Ad, Ad/, Aob），人間像反応（H, H/, Hd, Hd/, Mask），解剖反応（Bl, X-ray, Atb, Atf, Disease, Sex, Anal, Death），自然物反応（Bot, Flo, Nat, Cave, Lds, Fnt, Exp, Fi, Sm, Cl），人工品およびその他の反応（上記以外）の5群に分類して分析を行った。参考として村上ほか（1959）による日本人成人の分布を図に加えている。

図版Ⅰ（図Ⅱ-7-1）

いずれの年齢層でも，図版Ⅰにおける動物像反応の出現率は50％以上を占めており，小2から大学生までは図版Ⅴに次いで2番目に動物像反応が出やすい図版である。特に小2の動物像反応の出現率は77％と高く，大学生の約1.5倍である。大学生は人間像反応や人工品およびその他の反応の出現率が他の年齢層よりも高く，HやCgが多くみられる。人間像反応に関して，大学生・成人では現実人間像（H, Hd）のほうが非現実人間像（H/, Hd/）よりも出やすいが，小・中学生では非現実人間像のほうが多い。解剖反応は小・中学生ではほとんどみられない。

図版Ⅱ（図Ⅱ-7-2）

図版Ⅱの動物像反応の出現率は，小学生では50％を超えるが中2ではやや減少し，大学生は25％と低くなっている。小学生では動物像反応が優勢であるが，大学生では動物像反応以外の反応も出やすい図版である。人間像反応の出現率は15〜25％の範囲であるが，小・中学生は人間像の部分反応（Hd＋Hd/）のほうが全身反応（H＋H/）よりも多いのに対して，大学生・成人は人間像の全身反応のほうが多くなっている。自然物反応の出現率は小学生・成人は10％前後，中2・大学生は20％前後と年齢によって多少差があるが，比較的出やすいのはFiとNatである。Fiは小2ではTrとのBlendで出やすく，「ロケット」や「飛行機」に付随して言及されるのに対し，中2は「火山（噴火）」などExpやNatとBlendで出やすい。これは，年齢が上がるにつれて構成的な知覚やFVのような俯瞰的な知覚が増えていることを示している。また，大学生でCg，成人でRecの反応も多い。

図版Ⅲ（図Ⅱ-7-3）

成人では人間像が最もみられやすい図版とされており，人間像反応の出現率は動物像反応の出現率を上回る。大学生では人間像反応と動物像反応の出現率はほぼ同じだが，それ以前の年齢層では動物像反応の出現率のほうが高く，小2の人間像反応の出現率は動物像反応の出現率の1/3程度である。ただし，Hの出現率は小6以降は20％を超え，中2以降はHのほうがAよりも多くなり，大人の認知の仕方に近づいていることを示している。一方，人工品およびその他の反応は，小2から大学生までの全年齢層で20％を超え，小2・小4は人間像反応を上回っている。服飾反応（Cg, Orn）が多く，大学生ではFiも比較的みられる。自然物反応の出現率は低く，大学生は10％，それ以外の年齢層は5％程度である。成人の解剖反応の出現率は約15％で，全図版の中で図版Ⅲが最も高いが，それ以外の年齢層における

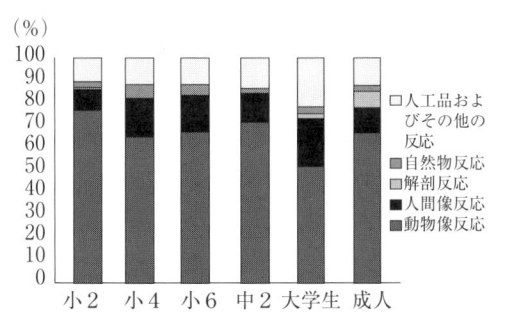

注) 成人のデータは村上ほか（1959）による。以下，図Ⅱ-7-10まで同様。

図Ⅱ-7-1 図版Ⅰにおける出現率

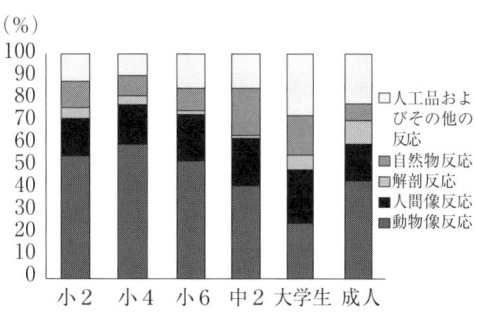

図Ⅱ-7-2 図版Ⅱにおける出現率

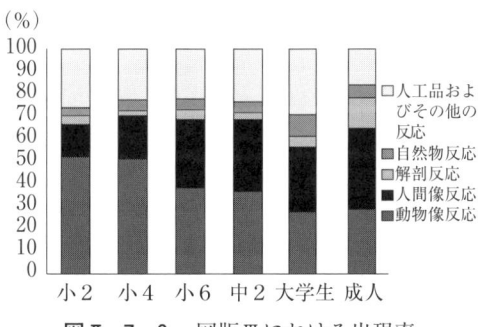

図Ⅱ-7-3 図版Ⅲにおける出現率

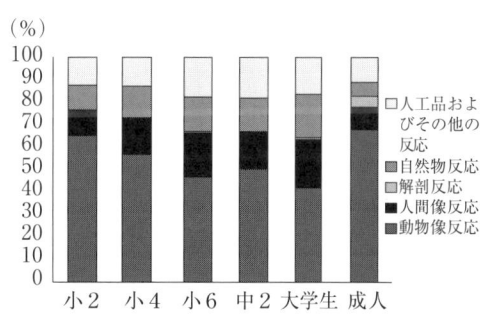

図Ⅱ-7-4 図版Ⅳにおける出現率

出現率は5％未満である。

図版Ⅳ（図Ⅱ-7-4）

成人では動物像反応の出現率は約7割を占めており，図版Ⅴの次に動物像反応が多い図版とされている。図版Ⅳでは，小2から大学生まですべての年齢層で，動物像反応が最も多いが，動物像反応の出現率は年齢によって幅がある。また全年齢層において，A/やH/が他の図版よりも出やすいのも特徴である。小2の動物像反応の出現率は成人と同じ程度だが，小2はA以外にA/やAdが多いのに対し，成人ではA/やAdが減りAobが多くみられている。図版Ⅳでは，小2から大学生の全年齢層でBotの出現率が高く，HやH/よりも多い。Cgも比較的多くみられるが，中2ではArch，大学生ではNatも散見される。

図版Ⅴ（図Ⅱ-7-5）

すべての年齢層において動物像反応が最も多く，小学生・中2における出現率は80％を超えている。全国版のなかで最も動物像反応が出やすい図版である。大学生では動物像反応の他にHも比較的多くみられる。

図版Ⅵ（図Ⅱ-7-6）

すべての年齢層において人間像反応の出現率は10％未満であり，人間像反応が出にくい図版である。動物像反応と人工品およびその他の反応が多くなっているが，小6・中2では人工品およびその他の反応が動物像反応を上回る。人工品およびその他の反応のなかで特に

7章　反応内容

図II-7-5 図版Vにおける出現率

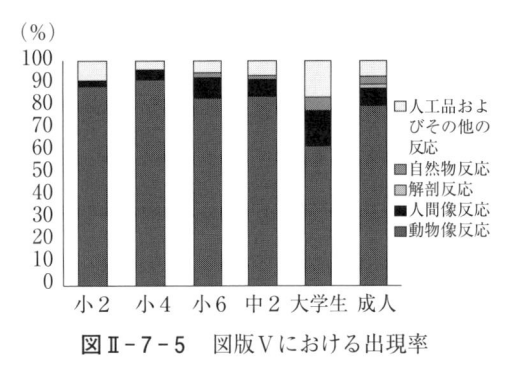

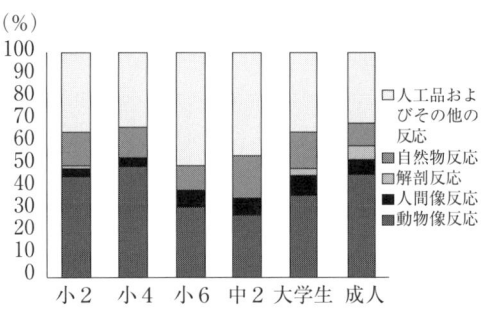

図II-7-6 図版Ⅵにおける出現率

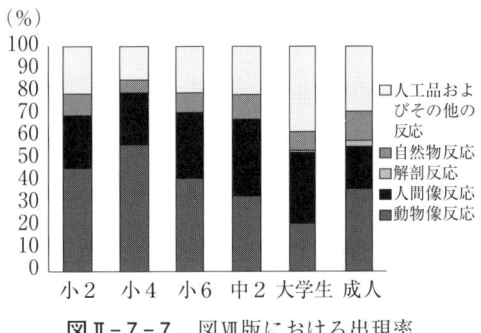

図II-7-7 図Ⅶ版における出現率

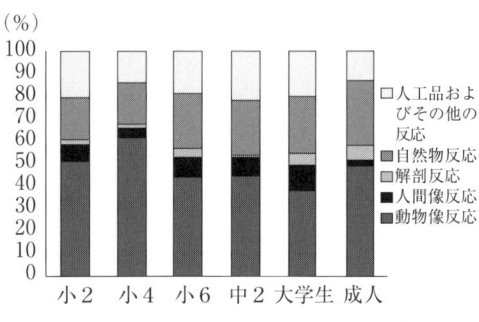

図II-7-8 図版Ⅷにおける出現率

Mu の出現率が高く，小6で30％，中2で20％を占めている。成人では動物像反応のなかにAob が10％含まれ，大学生も同様の傾向があるが，小・中学生で Aob はほとんどみられない。図版Ⅵは性カードといわれているが，解剖反応は小・中学生ではほとんど出ず，大学生・成人も多くはない。

図版Ⅶ（図II-7-7）

　図版Ⅶは人間像反応が比較的出やすい図版であり，大学生では人間像反応の出現率のほうが動物像反応の出現率よりも高く，中2では人間像反応と動物像反応の出現率はほぼ同じである。図版Ⅶの人間像反応の出現率は，すべての年齢層において，全図版中の1番目，もしくは2番目に高い。ただし，図版Ⅲに比べて Hd が多いのが特徴である。大学生・成人における人工品およびその他の反応の出現率は，図版Ⅶが全図版中で最も高く，Rec が多くなっている。また，服飾反応（Cg, Orn）も比較的多い。

図版Ⅷ（図II-7-8）

　図版Ⅷは，成人では動物像反応と自然物反応の出現率が高く，人間像反応は最も出にくい図版とされている。小2から大学生においても，動物像反応の出現率は高く，A の出現率は30％を超えている。一方，人間像反応は大学生では12％，それ以外の年齢層は10％未満と少ない。自然物反応の出現率は，小6から大学生は25％を超え，小2・小4も20％弱みられており，他の図版よりも高い。特に Flo は，小6以降，年齢が上がるにつれて多くなっている。人工品およびその他の反応は小4では14％だが，それ以外の年齢層は20％前後と高い。

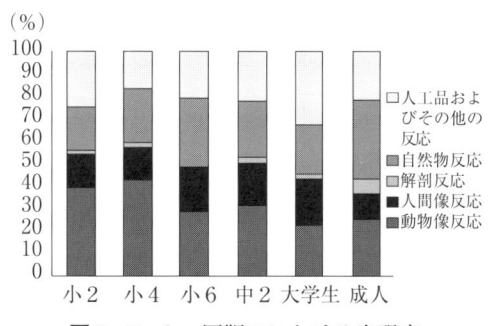

図Ⅱ-7-9　図版Ⅸにおける出現率 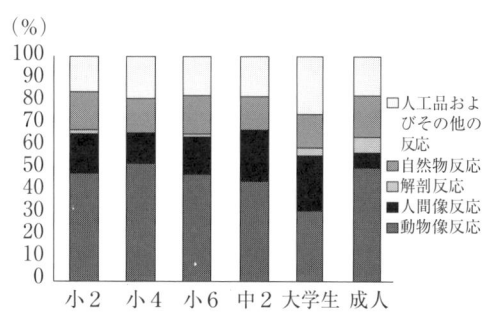　　　　図Ⅱ-7-10　図版Ⅹにおける出現率

出やすい反応は年齢ごとでさまざまであり，小2はTr，Cg，小4はTr，Fd，小6はFd，Cg，Arch，中2はFd，大学生はCg，Fd，成人はOrnが多い。

図版Ⅸ（図Ⅱ-7-9）

図版Ⅸは小2・小4では動物像反応が40％前後を占めているが，それ以外の年齢層ではその割合は低くなり，動物像反応以外の反応も出やすい図版である。図版Ⅸは「Rejも生じやすく，Pも欠如し，反面，空想を誘発されやすい」（小野，1991）とされ，典型的な反応をしにくい分，反応内容には対象者らしさが投影されやすい図版といえるかもしれない。自然物反応のなかでは，全年齢層において植物反応（Bot，Flo）や炎の反応（Fi，Exp）が出やすい。成人ではFloの出現率のほうがBotよりも高く，同様の傾向は大学生でもみられるが，それ以前の年齢層はFloよりもBotのほうが出現しやすい。また，人工品およびその他の反応のなかではFd，Cg，Impが出やすい。

図版Ⅹ（図Ⅱ-7-10）

図版Ⅹは，成人においては動物像反応が過半数を占め，自然反応や人工品およびその他の反応は20％弱であるが，人間像反応の出現率は6％程度で，解剖反応よりも低くなっている。一方，他の年齢層では，自然反応や人工品およびその他の反応の出現率は成人とほぼ同じだが，人間像反応の出現率は成人よりも高くなっている。ただし，小・中学生は（H＋H/）＜（Hd＋Hd/＋Mask）であるのに対し，成人は（H＋H/）＞（Hd＋Hd/＋Mask），大学生は，（H＋H/）と（Hd＋Hd/＋Mask）は同程度となっており，質的な違いがうかがわれる。自然物反応については，全年齢層でBotがみられやすい。また，人工品およびその他の反応は年齢によって多少の違いはあるが，Imp，Cg，Recが出やすい。また，中2は他の年齢層に比べArchが多い。

3．年齢による特徴

(1) 小学校2年生（図Ⅱ-7-11）

すべての図版において，動物像反応の出現率が最も高い。図版Ⅴは動物像反応が88％を占め，次いで図版Ⅰ，Ⅳの順で高くなっている。図版Ⅸは動物像反応が39％と最も低いが，ContentのBlendが最も多い図版であった。一方，Blendが一番少ないのは図版Ⅴである。

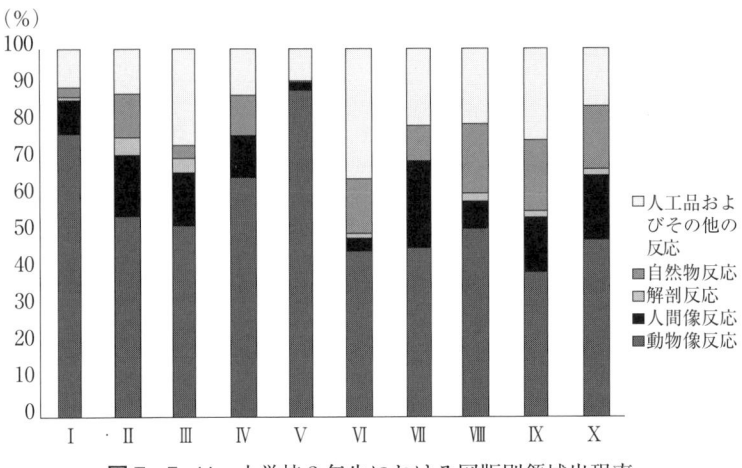

図Ⅱ-7-11　小学校2年生における図版別領域出現率

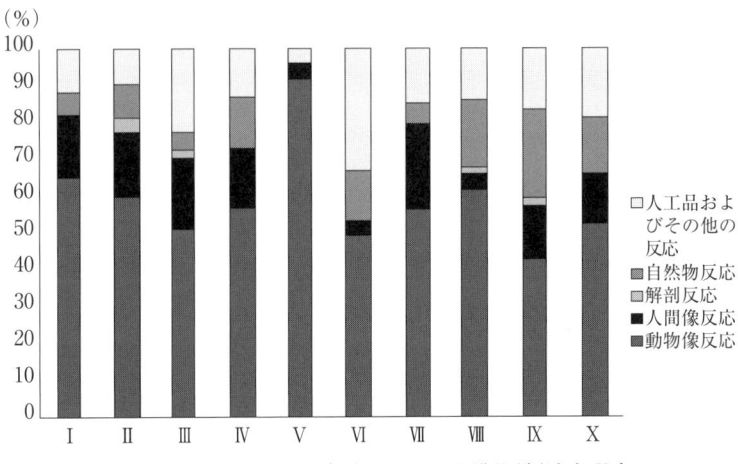

図Ⅱ-7-12　小学校4年生における図版別領域出現率

人間像反応の出現率の高い図版は図版Ⅶ，Ⅱ，Ⅹの順であり，この3つの図版は各図版内で動物像反応の次に人間像反応が多くなっている。図版Ⅵは人工品およびその他の反応の出現率が35％を占め，この出現率はすべての図版のなかで一番高くなっている。図版Ⅵでは準P反応にあたるMu反応が多く出現していたのに加え，男子でImp反応とWar反応が多くみられる。自然物反応はフルカラーの図版Ⅷ，Ⅸ，Ⅹで高く，Bot，Natは3図版すべてでみられ，Fiは図版Ⅸで多い。BotはⅣ，Ⅶでも多いが，Ⅳは「木」，Ⅶは「葉っぱ」と反応の質は異なる。解剖反応は図版Ⅱ，Ⅲ，Ⅷといったカラー図版でみられやすいが，図版Ⅳ，Ⅴ，Ⅶは全くみられていない。

(2)　**小学校4年生**（図Ⅱ-7-12）

小2と同様，動物像反応の出現率がすべての図版で一番高く，図版Ⅵ，Ⅸ以外は50％を超えている。図版Ⅴでは92％と顕著に高く，図版Ⅰ，Ⅷ，Ⅱ，Ⅳ，Ⅶの順で続く。人間像反応

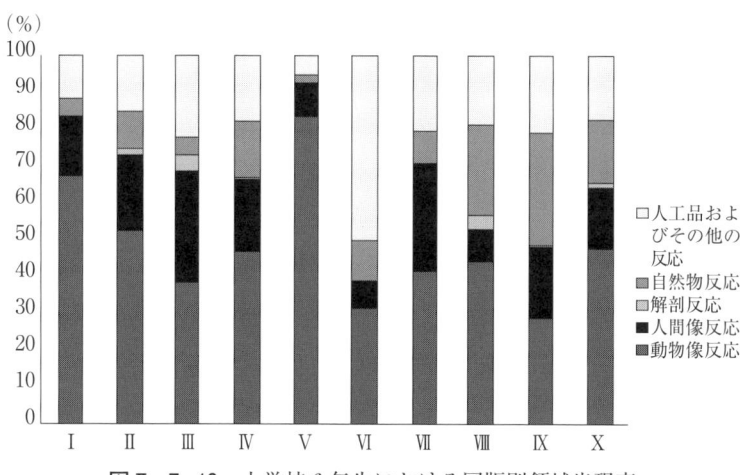

図Ⅱ-7-13 小学校6年生における図版別領域出現率

の出現率は小2と同様，図版Ⅶで一番高い。図版Ⅲも比較的多く人間像反応がみられるが，Orn 反応や Cg 反応が人間像反応と Blend したり，Fi 反応が出やすいため，人工品およびその他の反応のほうが人間像反応の出現率よりも高くなっている。図版Ⅵは人工品およびその他の反応の出現率が全図版のなかで一番高く，小2と同様，男女ともに Mu 反応，男子で Imp 反応が多くみられる。小2の Imp 反応と比較すると，War 反応との Blend が減り，「相撲の軍配」など知性化された反応が増えている。自然物反応の出現率が高い図版は図版Ⅸ，Ⅷ，Ⅹの順で，フルカラー図版である。Bot は図版Ⅷ～Ⅹに加え，図版Ⅰ，Ⅳ，Ⅴでも多くみられる。解剖反応はカラーの図版Ⅱ，Ⅲ，Ⅷ，Ⅸでのみみられる。

(3) 小学校6年生（図Ⅱ-7-13）

動物像反応の出現率の高い図版は図版Ⅴ，Ⅰ，Ⅱの順であり，この3つの図版では動物像反応が過半数を超えている。小2・小4と比較すると，各図版における動物像反応の出現率は全般的に低下し，人間像反応が増加している。人間像反応の出現率が最も高いのは図版Ⅲであり，その値は小2・小4の2倍である。次に図版Ⅶ，Ⅱと続く。図版Ⅴ，Ⅵ，Ⅷの人間像反応は8％前後と低いが，小2・小4よりは高くなっている。人工品およびその他の反応は，図版Ⅵの過半数を占めている。図版Ⅵでは Mu 反応が多く出現し，Imp 反応，Tr 反応も比較的みられる。自然物反応は小2・小4と同様，図版Ⅷ，Ⅸ，Ⅹで高く，図版Ⅸでの出現率は30％である。Content 数や反応数は女子のほうが男子よりも多く，Fi 反応や Exp 反応も女子に多いが，Flo 反応は男子のほうが多く出ている。解剖反応はカラー図版でみられるが，小2・小4と同様，わずかにしか出現しない。

(4) 中学校2年生（図Ⅱ-7-14）

動物像反応が多い図版は図版Ⅴ，Ⅰ，Ⅳの順であり，この3つの図版では動物像反応が過半数を超えている。人間像反応の出現率の高い図版は，図版Ⅶ，Ⅲ，Ⅹの順であり，図版Ⅶ

7章 反応内容 93

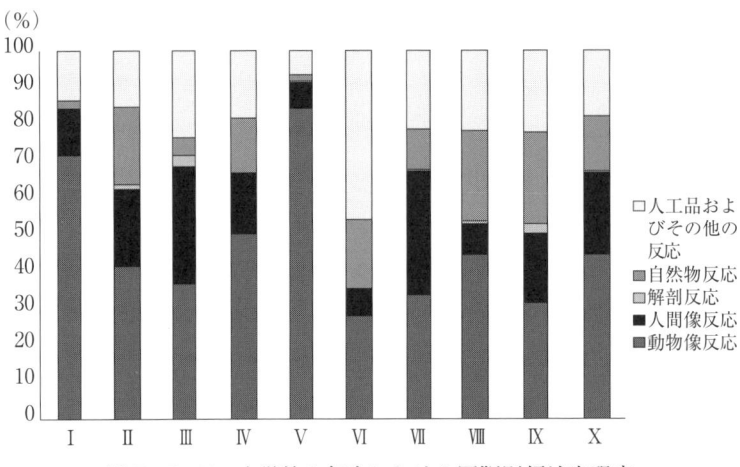

図Ⅱ-7-14 中学校2年生における図版別領域出現率

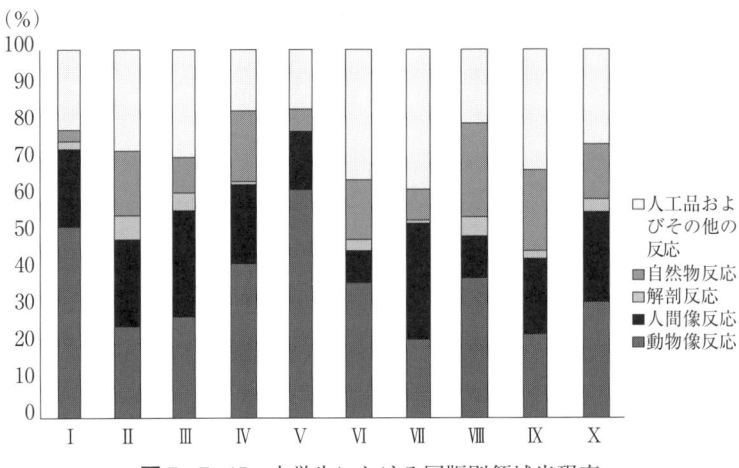

図Ⅱ-7-15 大学生における図版別領域出現率

では動物像反応の出現率を上回っている。図版Ⅲにおける人間像反応の出現率は年齢が上がるにつれて増し，中2が児童・青年期のなかで一番高い。自然物反応の出現率が図版Ⅸ，Ⅷで高いのは小学生と同様であるが，中2では図版Ⅱも高くなり，Fi, Nat, Exp 反応が多くなっている。人工品およびその他の反応の出現率が一番高い図版は，図版Ⅵであり，Mu, Tr, Imp, Arch 反応が多い。図版Ⅵにおける Tr 反応は年齢が上がるにつれて増し，Arch 反応は中2で急激に増加している。Arch は FV をともなうような反応になることが多く，対人距離のもち方に敏感な思春期の心性を表している反応内容と考えてもいいかもしれない。解剖反応の出現率は中2でも依然として低い。

(5) **大学生**（図Ⅱ-7-15）

動物像反応の多い図版は図版Ⅴ，Ⅰ，Ⅵの順で中2と同じだが，動物像反応の出現率は中2よりも低くなっている。人間像反応が多い図版は図版Ⅶ，Ⅲ，Ⅹの順で，これも中2と同

じだが，大学生の図版Ⅶ，Ⅲの人間像反応の出現率は動物像反応の出現率を上回っている。自然物反応の出現率が図版Ⅷ，Ⅸで高いのは児童・青年期と同様であるが，大学生では図版Ⅳも高くなっている。図版ⅣのLds反応は大学生で初めてみられ，Nat反応も小・中学生よりも多くみられる。LdsやNatは俯瞰的な認知をすることによって算出されやすい反応であると思われるが，中2で多かったArchは高さのある反応であるのに対し，Ldsは横の広がりを感じさせる反応である。人工品およびその他の反応の出現率は，すべての図版が15％以上であり，出現率が高い図版は図版Ⅶ，Ⅵ，Ⅸ，Ⅲの順である。図版ⅦはCg, Rec, Orn反応が人間像反応とBlendで多く出ている。解剖反応がないのは図版Ⅴのみであり，小・中学生よりも出現率が増えている。

　以上，図版別，年齢別に反応内容の分布について概観してきたが，動物像反応や人間像反応の出現率は，年齢の増加にともなって変化し，従来指摘されてきたような発達的な傾向がうかがわれた。一方，全年齢層に共通してみられる特徴もあり，それらは年齢によって影響を受けない図版独自の特徴として認められるのではないかと考えられる。ただし，複数の図版において，同じ反応カテゴリーに分類されているにもかかわらず，実際の反応の仕方に立ち戻ってみると知覚の仕方に大きな違いがみえてくるということがあった。この点については，シャハテル（Schachtel, 1967, 空井，上芝訳，1975）も「すべてのスコアを要約したサイコグラムは，診断のための重要な手がかりになるが，スコアもそれぞれの反応の背景にある個々の認知を生き生きとはっきりとさせる役目を果たさねばならない」と警告し，実際の体験を重要視することを強調している。また，反応内容は地域的・文化的条件の影響を受ける（片口，1987）とされており，反応内容についての意味づけを行うにはさらなる検討が必要であろう。

〈文献〉
馬場禮子（1995）改訂 ロールシャッハ法と精神分析──継起分析入門．岩崎学術出版社．
片口安史（1987）改訂 新・心理診断法．金子書房．
村上英治・江見佳俊・植元行男・秋谷たつ子・西尾　明・後藤　聡（1959）ロールシャッハ反応の標準化に関する研究──カード特性の分析．ロールシャッハ研究．2．39-85．
名古屋ロールシャッハ研究会（2011）ロールシャッハ法解説──名古屋大学式技法第5版（2011年改訂版）．
小野和雄（1991）ロールシャッハ・テスト．川島書店．
小沢牧子（1970）子どものロールシャッハ反応．日本文化科学社．
Rorschach, H. (1921) *Psychodiagnostik: Methodik und Ergebnisse eines wahrnehmungsdiagnostischen Experiments* [Deutenlassen von Zufallsformen] 第9版．(Hans Huber, 1972)［鈴木睦夫訳（1998）新・完訳 精神診断学──付 形態解釈実験の活用．金子書房．］
Schachtel, E. G. (1967) *Experiential Foundations of Rorschach's Test*. New York: Basic Books, Inc.［空井健三・上芝功博訳（1975）ロールシャッハ・テストの体験的基礎．みすず書房．］
高橋雅春・北村依子（1981）ロールシャッハ診断法Ⅰ．サイエンス社．
高橋雅春・高橋依子・西尾博行（2007）ロールシャッハ・テスト解釈法．金剛出版．

付表 反応内容一覧表（名大法）

A	動物反応（Animal）	Rec	娯楽反応（Recreation）
Ad	動物部分反応（Animal detail）	Toy	玩具反応
A／	非現実動物反応（Strange animal）	Imp	道具反応（Implement）
Ad／	非現実動物部分反応（Strange animal detail）	Hh	家具反応（Household）
Aob	動物物体反応（Animal object）	Tr	交通乗物反応（Transport）
A'	絵，おもちゃ，装飾品，解剖など動物の形をとった異質のもの，加工品など	Sc	科学反応（Science）
		Voc	職業反応（Vocation）
H	人間反応（Human）	Rel	宗教反応（Religion）
Hd	人間部分反応（Human detail）	Myt	神話反応（Mythology）
H／	非現実人間反応（Strange human）	Antq	古代反応（Antiquity）
Hd／	非現実人間部分反応（Strange human detail）	Anth	人類学反応（Anthropology）
H'	絵，おもちゃ，装飾品，解剖など人間の形をとった異質のもの，加工品など	Bot	植物反応（Botany）
		Flo	花反応（Flower）
Mask	仮面反応	Nat	自然反応（Nature）
Bl	血液反応（Blood）	Cave	洞穴反応
X-ray	X線反応	Geo	地図反応（Geography）
Atf	内臓反応（Flesh anatomy）	Lds	風景反応（Landscape）
Atb	骨格反応（Bone anatomy）	Fnt	泉反応（Fountain）
Sex	性反応	Arch	建築反応（Architecture）
Disease	疾病反応	War	戦争反応
Anal	肛門反応	Exp	爆発反応（Explosion）
Death	死反応	Fi	火反応（Fire）
Fd	食物反応（Food）	Li	明り反応（Light）
Cg	衣服反応（Clothing）	Sm	煙反応（Smoke）
Emb	徽章反応（Emblem）	Cl	雲反応（Cloud）
Orn	装飾反応（Ornament）	St	しみ反応（Stain）
Stat	肖像反応（Statue）	Sign	記号反応
Art	芸術反応	Abs	抽象反応（Abstraction）
Mu	音楽反応（Music）	Mi	その他の反応

8章 感情カテゴリー

平久江 薫

1. 感情カテゴリーとは

　感情カテゴリー（Affective Symbolism）は，デボス（DeVos, G.）により考案され，名古屋大学式ロールシャッハ法のなかに独自に組み込まれたスコアである。反応内容（Content）に直接的，あるいは象徴的に反映されている感情的価値（affective value），感情表現に注目し，その相違を分析，量化することによって，個人の感情的構造を明らかにしようとするものである。Hostility（敵意感情），Anxiety（不安感情），Bodily Preoccupation（身体的関心），Dependency（依存感情），Positive Feeling（快的感情），Miscellaneous（その他），Neutral（中性感情）の7つの下位カテゴリーからなり，下位カテゴリー内でさらに詳細なAffectスコアに分類されている（本章末の付表参照）。Neutral以外の6種の下位カテゴリーは，Affectスコアの総数に占める割合が算出され，分析される。特にHostility, Anxiety, Bodily Preoccupationは，Total Unpleasantとして，心理的不適応の1つの指標となる。また，Neutralとは「特に明確な感情的負荷のない反応」についてスコアされるものである。総反応数（R）に占めるNeutralの割合はN%として算出され，その程度が人格的指標として検討される。

　今回の研究において，小学校2年生から大学生までの感情スコアを検討することにより，感情カテゴリーからみるロールシャッハ図版の特徴についてみていくとともに，現代の児童，青年の感情体験のあり方や感情の発達的変遷についても考察していきたい。

2. 図版特徴

図版Ⅰ（図Ⅱ-8-2）

　表Ⅱ-8-1は図版別，年齢別の下位カテゴリーAffectスコアの出現率を示したものである。なお，本章においても参考として名大法標準化時の成人のデータ（村上ほか，1959）を加えている。この図版は中性感情（Neutral）が高い図版であるといわれているが，今回の調査結果においても，ほとんどの年齢層でN%＝60～70%という高い割合を示している（Neutralの図版ごと，年齢別一覧については，図Ⅱ-8-1に示す）。図Ⅱ-8-2にあるように下位カテゴリーの比率としては，全体的にAnxietyが40～50%台と比較的多い。対象者は新規場面においていきなり黒一色の絵柄に出会う。「こうもり」「黒いアゲハチョウ」「黒いマントの魔女」など，黒を根拠としたFC'反応が多く出されること，また，多くの年齢層で「悪魔，お化け（Athr：脅威反応）」「お面（Adef：防衛反応）」が多くみられることから不安のスコアが高くなるものと考えられる。ただし，小2においては，Anxietyよりも

表Ⅱ-8-1　図版別，年齢別の Affection 出現率　　　　　　　　人数(%)

		Hostility		Anxiety		Bodily Preoccupation		Dependency		Positive Feeling		Miscellaneous		合計	Neutral		R
Ⅰ	小2	27	(54.0)	14	(28.0)	1	(2.0)	6	(12.0)	2	(4.0)	0	(0.0)	50	98	(69.0)	142
	小4	26	(33.3)	32	(41.0)	0	(0.0)	7	(9.0)	13	(16.7)	0	(0.0)	78	97	(61.0)	159
	小6	21	(25.9)	41	(50.6)	0	(0.0)	10	(12.3)	7	(8.6)	2	(2.5)	81	110	(62.1)	177
	中2	17	(25.0)	36	(52.9)	0	(0.0)	11	(16.2)	2	(2.9)	2	(2.9)	68	125	(67.9)	184
	大学生	35	(19.6)	79	(44.1)	5	(2.8)	36	(20.1)	18	(10.1)	6	(3.4)	179	152	(51.2)	297
Ⅱ	小2	29	(49.2)	16	(27.1)	5	(8.5)	2	(3.4)	5	(8.5)	2	(3.4)	59	80	(62.5)	128
	小4	24	(41.4)	16	(27.6)	1	(1.7)	1	(1.7)	12	(20.7)	4	(6.9)	58	74	(62.2)	119
	小6	26	(37.7)	12	(17.4)	0	(0.0)	9	(13.0)	18	(26.1)	4	(5.8)	69	81	(57.4)	141
	中2	26	(30.2)	16	(18.6)	0	(0.0)	13	(15.1)	27	(31.4)	4	(4.7)	86	88	(55.0)	160
	大学生	48	(22.0)	48	(22.0)	12	(5.5)	40	(18.3)	62	(28.4)	8	(3.7)	218	76	(31.5)	241
Ⅲ	小2	24	(30.0)	19	(23.8)	4	(5.0)	4	(5.0)	29	(36.3)	0	(0.0)	80	67	(49.6)	135
	小4	33	(39.3)	14	(16.7)	3	(3.6)	6	(7.1)	26	(31.0)	2	(2.4)	84	78	(51.0)	153
	小6	23	(25.6)	20	(22.2)	5	(5.6)	11	(12.2)	28	(31.1)	3	(3.3)	90	89	(54.3)	164
	中2	16	(21.3)	9	(12.0)	8	(10.7)	10	(13.3)	30	(40.0)	2	(2.7)	75	124	(66.7)	186
	大学生	67	(26.6)	60	(23.8)	15	(6.0)	22	(8.7)	73	(29.0)	15	(6.0)	252	93	(32.4)	287
Ⅳ	小2	19	(27.9)	37	(54.4)	0	(0.0)	9	(13.2)	2	(2.9)	1	(1.5)	68	62	(51.7)	120
	小4	14	(23.0)	36	(59.0)	0	(0.0)	5	(8.2)	2	(3.3)	4	(6.6)	61	77	(58.3)	132
	小6	12	(15.2)	50	(63.3)	1	(1.3)	13	(16.5)	3	(3.8)	0	(0.0)	79	80	(54.1)	148
	中2	11	(15.3)	46	(63.9)	0	(0.0)	10	(13.9)	3	(4.2)	2	(2.8)	72	105	(63.6)	165
	大学生	29	(15.8)	96	(52.2)	2	(1.1)	37	(20.1)	16	(8.7)	4	(2.2)	184	110	(41.7)	264
Ⅴ	小2	14	(51.9)	8	(29.6)	0	(0.0)	2	(7.4)	3	(11.1)	0	(0.0)	27	115	(85.2)	135
	小4	8	(30.8)	11	(42.3)	0	(0.0)	3	(11.5)	1	(3.8)	3	(11.5)	26	130	(84.4)	154
	小6	5	(15.6)	13	(40.6)	0	(0.0)	7	(21.9)	3	(9.4)	4	(12.5)	32	129	(81.6)	158
	中2	13	(32.5)	15	(37.5)	0	(0.0)	3	(7.5)	6	(15.0)	3	(7.5)	40	132	(80.0)	165
	大学生	22	(15.2)	54	(37.2)	0	(0.0)	25	(17.2)	35	(24.1)	9	(6.2)	145	141	(54.9)	257
Ⅵ	小2	27	(37.0)	15	(20.5)	2	(2.7)	2	(2.7)	24	(32.9)	3	(4.1)	73	56	(44.1)	127
	小4	14	(20.6)	15	(22.1)	0	(0.0)	5	(7.4)	29	(42.6)	5	(7.4)	68	72	(52.2)	138
	小6	21	(19.8)	22	(20.8)	0	(0.0)	7	(6.6)	56	(52.8)	0	(0.0)	106	57	(36.8)	155
	中2	17	(18.5)	17	(18.5)	0	(0.0)	12	(13.0)	46	(50.0)	0	(0.0)	92	80	(47.9)	167
	大学生	39	(18.3)	59	(27.7)	5	(2.3)	33	(15.5)	70	(32.9)	7	(3.3)	213	100	(35.8)	279
Ⅶ	小2	28	(41.8)	15	(22.4)	0	(0.0)	8	(11.9)	14	(20.9)	2	(3.0)	67	73	(56.2)	130
	小4	23	(35.4)	14	(21.5)	0	(0.0)	10	(15.4)	11	(16.9)	7	(10.8)	65	85	(59.0)	144
	小6	21	(28.4)	23	(31.1)	0	(0.0)	12	(16.2)	14	(18.9)	4	(5.4)	74	88	(56.8)	155
	中2	16	(23.5)	21	(30.9)	0	(0.0)	6	(8.8)	18	(26.5)	7	(10.3)	68	109	(64.9)	168
	大学生	31	(14.9)	40	(19.2)	2	(1.0)	53	(25.5)	64	(30.8)	18	(8.7)	208	95	(36.1)	263
Ⅷ	小2	30	(41.1)	16	(21.9)	4	(5.5)	9	(12.3)	12	(16.4)	2	(2.7)	73	77	(56.2)	137
	小4	11	(16.7)	11	(16.7)	4	(6.1)	7	(10.6)	28	(42.4)	5	(7.6)	66	86	(59.7)	144
	小6	17	(21.0)	11	(13.6)	8	(9.9)	10	(12.3)	33	(40.7)	2	(2.5)	81	87	(55.1)	158
	中2	11	(13.4)	14	(17.1)	4	(4.9)	8	(9.8)	42	(51.2)	3	(3.7)	82	105	(59.7)	176
	大学生	30	(13.4)	58	(25.9)	22	(9.8)	34	(15.2)	68	(30.4)	12	(5.4)	224	126	(40.4)	312
Ⅸ	小2	38	(46.9)	20	(24.7)	1	(1.2)	9	(11.1)	11	(13.6)	2	(2.5)	81	58	(46.4)	125
	小4	27	(28.7)	21	(22.3)	4	(4.3)	13	(13.8)	24	(25.5)	5	(5.3)	94	74	(51.0)	145
	小6	35	(39.8)	31	(35.2)	1	(1.1)	10	(11.4)	11	(12.5)	0	(0.0)	88	72	(49.0)	147
	中2	39	(35.1)	27	(24.3)	8	(7.2)	15	(13.5)	20	(18.0)	2	(1.8)	111	79	(45.1)	175
	大学生	82	(27.9)	87	(29.6)	9	(3.1)	38	(12.9)	59	(20.1)	19	(6.5)	294	88	(27.5)	320
Ⅹ	小2	33	(32.7)	31	(30.7)	4	(4.0)	13	(12.9)	17	(16.8)	3	(3.0)	101	99	(54.4)	182
	小4	46	(37.7)	42	(34.4)	0	(0.0)	7	(5.7)	24	(19.7)	3	(2.5)	122	102	(49.5)	206
	小6	32	(25.8)	46	(37.1)	3	(2.4)	16	(12.9)	24	(19.4)	3	(2.4)	124	99	(46.5)	213
	中2	39	(33.9)	35	(30.4)	1	(0.9)	16	(13.9)	19	(16.5)	5	(4.3)	115	128	(57.4)	223
	大学生	79	(22.0)	98	(27.3)	16	(4.5)	69	(19.2)	66	(18.4)	31	(8.6)	359	117	(29.6)	395

注）Neutral%は総反応数（%）を分母とする。それ以外のカテゴリーは，Affect スコア総数を分母とする。

図Ⅱ-8-1　図版別，年齢別のN%平均値

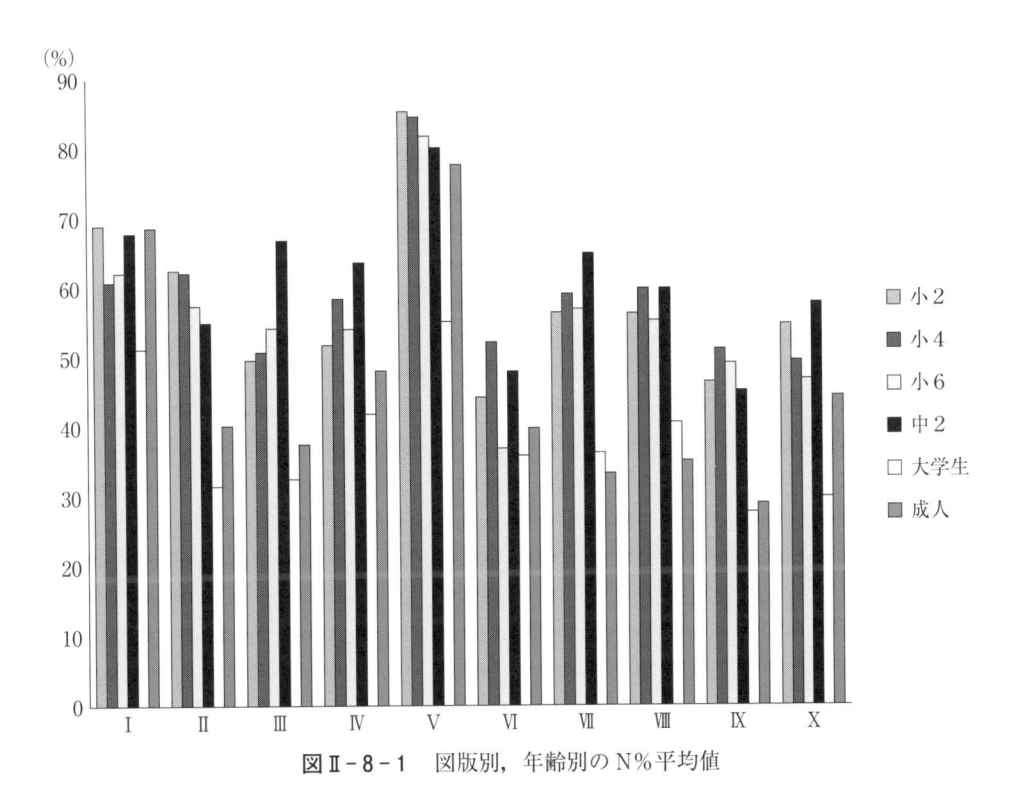

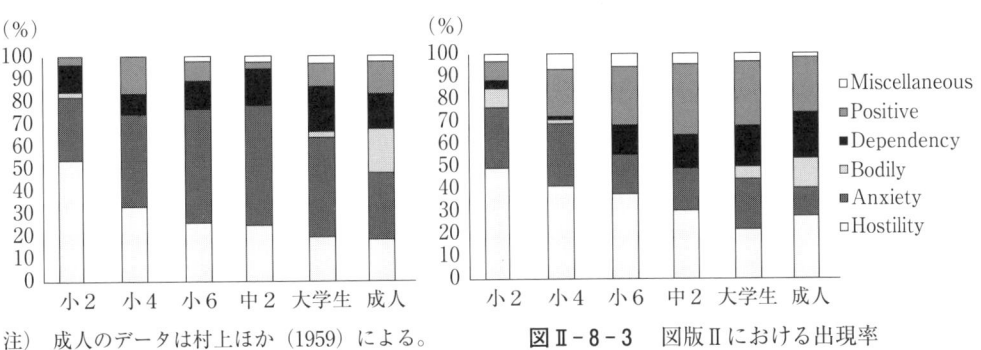

注）成人のデータは村上ほか（1959）による。
図Ⅱ-8-11まで同様。

図Ⅱ-8-2　図版Ⅰにおける出現率

図Ⅱ-8-3　図版Ⅱにおける出現率

Hostilityの比率が抜きん出て高い。その内容はブロットの尖った部分に対し，「角」や「牙」という反応が多くみられるためであり，その8割がHh（間接敵意反応）である。また，小4では16.7%とある程度みられるものの，全体的にPositive反応が少なく，そのほとんどは「ハロウィン（かぼちゃ）（Prec：娯楽反応）」である。つまり，Unpleasant Feelingが8割前後と非常に高いことがこの図版の特徴となっている。

図版Ⅱ（図Ⅱ-8-3）

全体でみるとAnxietyが図版Ⅰよりかなり減り（10～20%台），HostilityとPositiveが優勢になる。ただしHostilityは図版Ⅰと同様に低い年齢層で高く（小2で49.2%），年齢が上

8章　感情カテゴリー　99

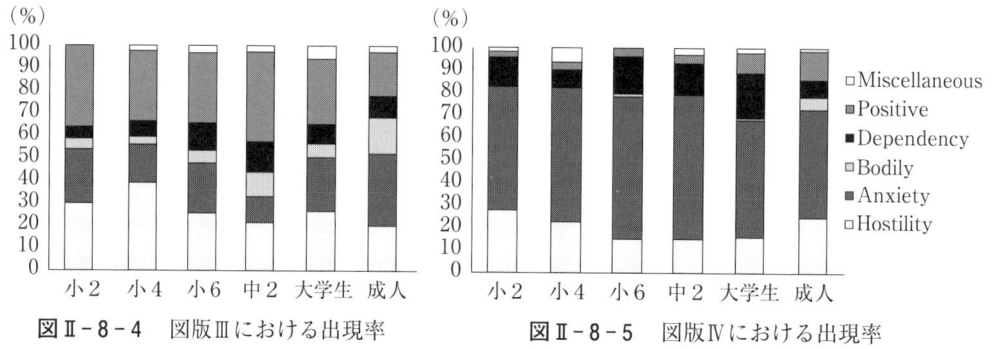

図Ⅱ-8-4　図版Ⅲにおける出現率

図Ⅱ-8-5　図版Ⅳにおける出現率

昇するにつれ減少し（大学生で22％），逆に Positive と Dependency は年齢が高いほど高くなる傾向がある。小2では Positive は8.5％と少なく，その分 Bodily Preoccupation がみられる。全体的に Miscellaneous も比較的多く現れる。低学年でみられる Hostility は図版Ⅰと同様の「角」といった反応に加え，図版Ⅱでは赤色という色彩からくる「火」や「血」が出現。それにともない，爆発（Hhat：緊張反応）や戦闘機（HH：直接敵意反応），死体（Hsm：被―加虐反応）といった内容が現れる。多くの Positive Feeling は，「手をつないでいる，口を合わせている」といった感覚的接触反応（Ps）や「踊っている（Prec）」などの反応である。また，小6以降で増える Dependency は，多くが Dch（幼児様反応）であるが，中2においては「洞窟（Dsec：安定反応）」の比率が特別に多いことは特徴的である。

図版Ⅲ（図Ⅱ-8-4）

図版Ⅰ，Ⅱと比較すると Positive Feeling が全年齢段階で30～40％と増加している。この図版で多くみられる Positive 反応は，「人が一緒に踊っている（Prec）」やD4領域の「リボン（Porn：装飾反応）」であると従来からいわれているが，今回も同様である。ただし，データをもう少し詳しくみていくと，低年齢層ほど「リボン」の割合が高く小2では8割に上るが，中2では半数となり，大学生になって初めて「リボン」の Porn 反応よりも，Prec 反応が上回る。中2のみで Hostility と Anxiety 合わせて30％程度とやや低く，その分，Bodily Preoccupation と Dependency（Dsec 反応）がやや多い。また，「骸骨（Bb：骨格反応）」がよく出ることから Bodily Preoccupation が平均で7％程度と他の図版に比べて多くなっている。

図版Ⅳ（図Ⅱ-8-5）

Anxiety の比率が全図版中最も高く，どの年齢層でも50～60％台となっている。これは，従来から「脅威的な形態像と不気味な濃淡から Unpleasant Feeling は10枚中最も高い」（村上ほか, 1959）といわれていることと一致している。ただし，Hostility の比率はどの年齢層でもそれほど高くはない。この図版でよくみられる Anxiety 反応は「怪物」「怪獣」「巨人」等で8～9割が Athr（脅威反応）をスコアされる。大学生になると Anxiety のうち，Athr のスコアは6割程度になり，不安反応にも多様性がみられるようになる。Positive Feeling はほとんどの年齢層で3％前後と，全図版中で最も低い比率となっている。

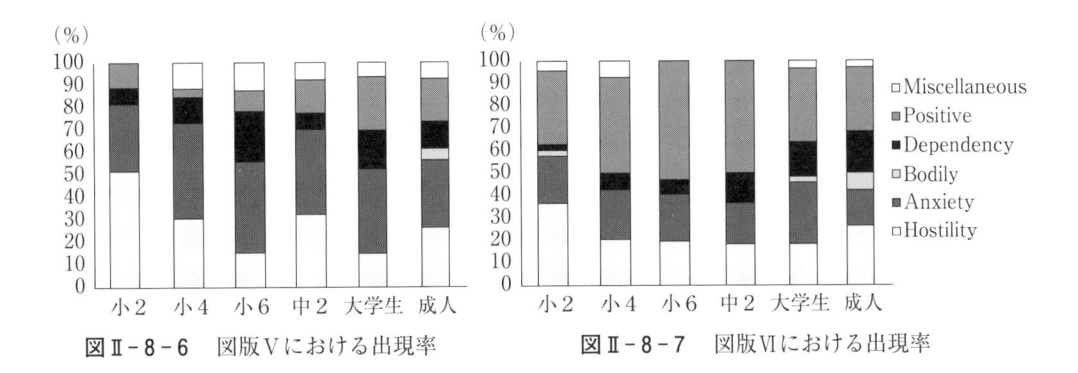

図Ⅱ-8-6　図版Ⅴにおける出現率　　　　図Ⅱ-8-7　図版Ⅵにおける出現率

Dependency は全体的にやや多く，特に大学生においては20％と比較的高い。ただし，中2以下の年齢層では Dch 反応がメインであるが，大学生においてのみ，その半数が Daut（権威反応）としてスコアされていることは特徴的である。

図版Ⅴ（図Ⅱ-8-6）

　この図版の特徴は，中性感情（Neutral）の比率が全図版中最も高いことであり，今回の結果においても，大学生を除きその割合は80％にも上る。感情の意味づけ自体が少ない図版であるといえるが，そのなかでも，比較的多いものは Anxiety（30〜40％前後）である。内容として，「吸血鬼，ワニ，お化け（Athr）」「イモムシ（Adis：嫌悪反応）」，「うさぎとチョウの合体（Afant：空想怪奇反応）」等が散見される。また，小2，小4，中2では Hh 反応を中心とした Hostility が比較的多い。小6においては Dependency（Dch が主）が比較的多い。Bodily Preoccupation は成人を除いて全くみられない。

　中性感情が多く「こうもり」「チョウ」といった一般的な反応が非常に多い，つまり多様な Affection が喚起されにくい図版であることは，今回の調査と従来の知見とで同様であるといえる。

図版Ⅵ（図Ⅱ-8-7）

　標準化時の成人の研究においては，Hostility が全図版中最多，性的カードともいわれ，反応の難しい図版であるとされてきた。ちなみに成人の Hostility の多くは「切り開かれた動物の皮（Hsm 反応）」である。今回の調査では，標準化時とは少し異なる様相がみられる。ほとんどの年齢層で，Positive Feeling が30〜50％前後と，全図版中最も多くみられる。Hostility の比率は他図版と比較すると高くはない。高橋・高橋・西尾（2007）はこの図版について，現代の青年のデータを元に，「毛皮」の反応に関連して「親密な人間関係を望む欲求やその不安を」表すこと，弦楽器の内容がよく出現すること，「性を象徴するという実証的根拠はない」ことなどを指摘している。今回の調査結果で多くみられた Positive Feeling は，やはり「ギター」「バイオリン」等の楽器（Prec 反応）であり，中2以前の Positive Feeling において80〜90％を示す。全体的に Unpleasant Feeling が低いが，小2では Hostility が，大学生では Anxiety がやや高めである。Hostility は「カブトムシ」や「剣」の Hh 反応，Anxiety は Athr 反応や Agl 反応が多くなっている。

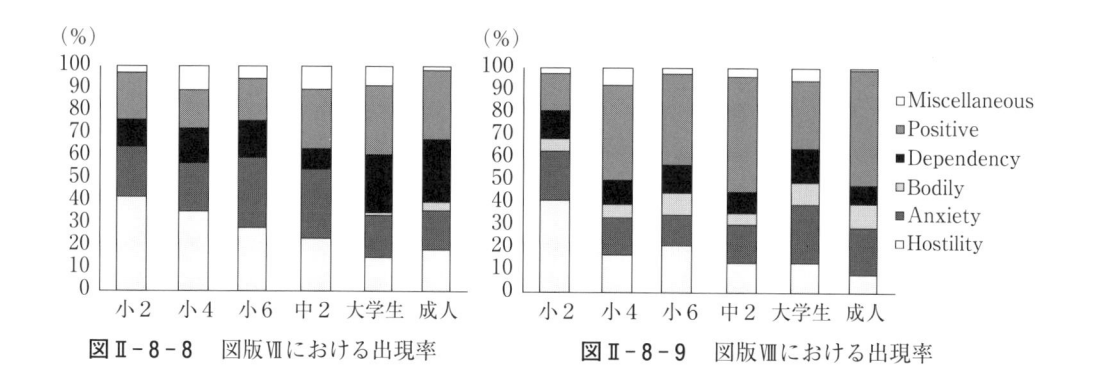

図Ⅱ-8-8　図版Ⅶにおける出現率　　　図Ⅱ-8-9　図版Ⅷにおける出現率

図版Ⅶ（図Ⅱ-8-8）
　Bodily Preoccupation がほとんど出ない点を除けば，先述した図版Ⅱと似た構造となっている。つまり，高い年齢層では Positive Feeling や Dependency が優勢で，低い年齢層では Unpleasant Feeling が多い傾向がある。従来，子どもっぽい遊戯的な反応が多いことから Dependency が多い図版であるといわれ，今回の大学生においても25.5％という比較的高い Dependency が現れている。しかし，小・中学生では Dependency はそれほど多くなく，特に中２では10％にも満たない。小２，小４では「（クワガタ等の）角（Hh）」などの Hostility が，小６では「お化け，鬼（Athr）」などから Anxiety が多くスコアされる。この図版でよくみられるとされていた，「女の子」や「うさぎが向き合う」，あるいは「踊っている」という女性的なニュアンスをもつ反応は，低年齢層でも確かに出現するが，割合的にはさほど多くみられない。また，多くの年齢層で Miscellaneous が比較的多くみられ，この図版が Diffuseness な性質をもつ図版で反応が難しいとされていることを反映する結果であるかもしれない。

図版Ⅷ（図Ⅱ-8-9）
　柔らかな多色彩の図版であり，従来から Pleasant な感情をともなうことが多いといわれている。今回の比較においても Positive 反応が図版Ⅵに次いで２番目に多く，ほとんどの年齢層で30～50％程度みられる。ただし，小２のみ Positive Feeling は16.5％と比較的低く，代わりに Hostility の比率が他の年齢層より抜きん出て高い。この図版で多くみられる Positive 反応は，広い年齢層で「（動物が崖などを）登っている（Pst：努力反応）」や「風景」や「花」など自然美に言及したもの（Pnat：自然美反応）であり，古くからの知見と一致している。ただし，今回の小・中学生の反応においては，「モモ」「トマト」など果物や野菜といった Por（口腔快適反応）の高さも目立っている。小２の Hostility で多いのは，これまでの他図版と同様「角」「クワガタ」「剣」「火」などの Hh 反応である。Unpleasant Feeling の低さは図版Ⅳに匹敵するが，図版Ⅳとの違いは，「内蔵」（Bf：筋肉内蔵反応）や「骨」（Bb）から Bodily Preoccupation がどの年齢層でもある程度みられることである。

図版Ⅸ（図Ⅱ-8-10）
　全体的に Hostility と Anxiety が優勢であるが，どの感情もよく出る図版といえる。N％

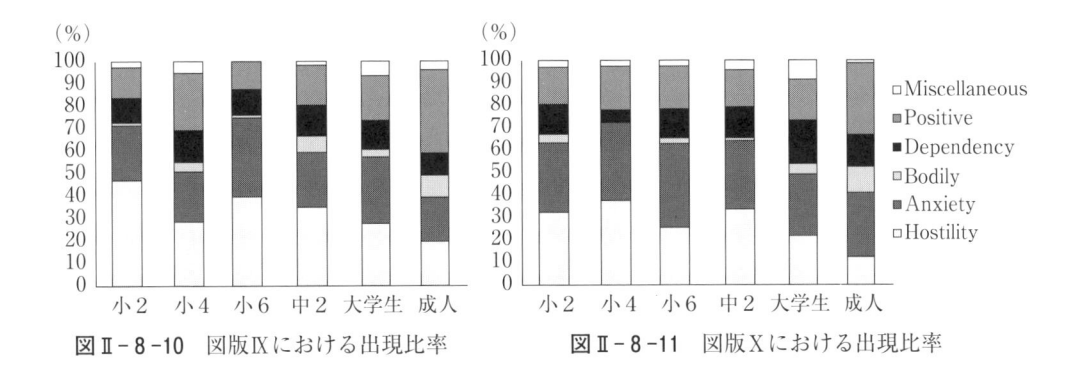

図Ⅱ-8-10　図版Ⅸにおける出現比率　　図Ⅱ-8-11　図版Ⅹにおける出現比率

も30弱～50％程度と低い。特に小2と小6でUnpleasant Feelingが70％台と高く，そのうちHostilityが40％程度ある。Hostilityの内容としては，やはりHh反応がほとんどである。漠然としていて反応が難しい図版であるといわれるが，結果としては比較的多様な感情表現がなされるといえる。

　図版Ⅹ（図Ⅱ-8-11）
　この図版も図版Ⅸと同様，さまざまな感情が表現されている。特に大学生において，Hostility, Anxiety, Dependency, Positive Feelingがいずれも20％前後で比較的バランスよくみられる点は興味深い。ただし，成人データを除き，全体的にはHostilityとAnxietyが優勢である。Unpleasant Feelingの内容としては，たとえば「クモ」「虫」などからAdis（嫌悪反応），また，D3領域に「怒っている」「睨んでいる」などの表情が投影されてHH（直接敵意反応）がスコアされる。ただし，それは一部の反応であり，先にも述べたとおり多様な感情が表現されている。図版Ⅸが「曖昧さゆえの多様性」であるとするなら，図版Ⅹは「明確に区分されたD領域が数多くあることによる多様性」とでもいえるであろうか。

3. 年齢による特徴

　次に，各年齢層おける感情カテゴリーの特徴についてみていく。図Ⅱ-8-12は各年齢段階におけるAffectionの総比率を示したものである。あわせて，各図版，各年齢層ごとのN％について，図Ⅱ-8-1に示した（成人のN％については，森田・大賀〔2009〕の推定N％を用いた）。ロールシャッハ法において表現されるAffectionの構造は年代を問わず似ているといえる。ただし，年齢によって少しずつ推移があり，また反応の質も変わるようである。

(1) 小学校2年生

　小2における大きな特徴は，他の年齢層と比較してHostilityがかなり高い傾向にあることである。特に図版Ⅰ，Ⅴ，Ⅵ，Ⅷにおいては小4以降との差が際立っている（2．のそれぞれの図参照）。小2のHostilityの総比率は，39.6％と高い（図Ⅱ-8-12）。それに反して，Positive Feelingは小2で最も低値（17.5％）となっている。先にも述べたように，

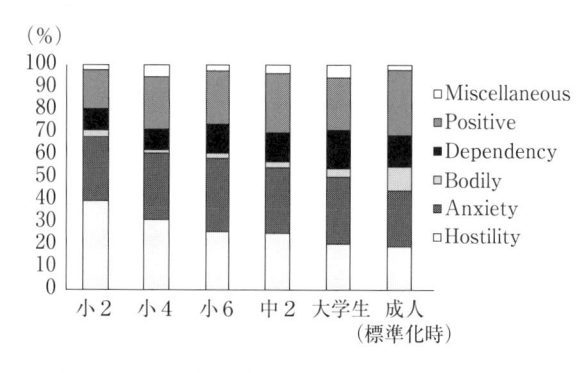

図Ⅱ-8-12　年齢段階ごとのAffectionの総比率

Hostilityの内容としては，ブロットの尖った部分に「角」「剣」といった反応が多く，Hh反応が7割程度を占めている。また「牙」（Hor反応）もみられる。また，図版Ⅲの「リボン」（Porn），図版Ⅳの「怪獣」（Athr），図版Ⅵの「ギター」（Prec）など，典型的な反応が一様に，高い割合で出される傾向がある。また，小2においては，Bodily Preoccupationがやや高い（「ガイコツ」「おしり」等の反応）。図版Ⅰ，Ⅱ，Ⅵ，Ⅹ等においては，小2のBodily Preoccupationの比率は大学生や成人と同程度あり，小4や小6よりも高いという現象がみられる。児童期前期の子どもにとって，「身体」というものはより身近で重要な素材であると考えられる。また，須田（1999）は2〜6歳頃までの子どもの発達について「健康に発達した子どもは自分の不快な情緒を抑えこんでしまうのではなく，親しい人物を対象にそれを用いるようになるし，また社会に許容される表現を表明するように」なっていくと述べている。小2頃までは，ブロットの特性から受ける感情的な負荷をまだあまり加工することなく，素直に表出する傾向があるとも考えられる。

(2) 小学校4年生

図Ⅱ-8-12からもわかるように，小2で最大であるHostilityは年齢層が上がるにつれ段階的に減少し，逆にPositive FeelingやDependencyは徐々に増加する。小4の特徴として，各図版において小2と大きく変わらないAffectionの構造がみられるが，小2で際立っていた特徴が和らぎ，成人の特徴へ近づいているように見受けられる。具体的には，Hostilityの総比率が30.7％へ減少し，Positive Feelingが22.3％へ増えている。内容としては，小2のものとほぼ似たものとなっている。別の特徴としては，Miscellaneousが小2から急増し，全年齢層のなかでも最も高い比率となっている。内容は「口を開けている（Mor：その他の口腔反応）」が多いが，Mi（分類不能）がつく，明確ではないが意味あり気な反応も散見される。図版の絵柄から，何かより深遠なものを見つつあるがそれを自身の認知として明確に表出できない，そのような体験が起こっているとも考えられる。

(3) 小学校6年生

Hostilityにおいてさらに減少がみられるが（25.8％），全体的に小2，小4と似た構造となっている。ただ，小6で注目すべきはAnxietyが比較的高い割合になる点である。Anxietyは，全年齢層を通して30％前後で安定しているが，小6において最大の比率（32.6％）をみせる。小6において初めてAnxietyがHostilityを上回る。この年齢段階は，子どもらしい特徴を残しつつも，不安感がやや優勢になる年代として特徴づけられるだろう。

大芦（2008）は，抑うつの発達について研究するなかで，抑うつをもたらす「帰属スタイル」が確立するのが児童期後期頃であると推定している。この年代におけるそのような認知的特徴が，Anxiety の一時的な高まりと関連しているとも考えられる。

ところで澤田（2009）によると，子どもは年齢に伴って社会的に受け入れられる感情表出のやり方を徐々に身につけていくという。4〜6歳頃までは社会規範に沿った感情表出である可能性が高いが，その後の小学校年齢を通して，自分の感情の気づきに必要な内省能力そのものを徐々に発達させていくという。小2から小6の各感情の比率の移り変わりの背景にはそのような感情表出の発達の流れがあると考えられる。

⑷ 中学校2年生

中2では，小学生の年齢層とほぼ同じ Affection の構造を基本としながらも，いくつかの特徴が見受けられる。小6からの Hostility の減少は顕著ではないが，Positive Feeling がこの年齢段階において大きく増加（26.3%）している。その結果，Hostility, Anxiety, Positive Feeling の3つのカテゴリーのバランスが整い，大学生や成人の感情の構造に近づいているようにみえる。とはいえ図版ごとにみると，たとえば図版Ⅲや図版Ⅷにおいて Unpleasant が少ない，図版Ⅱと図版Ⅲにおいて Dsec の比率が増えるなど，他の年齢層と明らかに異なる特徴がみられる。また，中2の N% は全図版の平均で60.8%と全年齢段階中最も高い値となっている。これらの特徴から，いわゆる思春期であるこの年代において何か特有な感情体験があることが示唆される。アイデンティティの混乱からくる心の揺れを処理しようとする試みの表れであるとも考えられるが，この点についてはより詳細な検討が必要であろう。

⑸ 大学生

大学生では，N% が平均38.1%と顕著に減少することが特徴的である（図Ⅱ-8-1）。Hostility の割合がさらに減少し，20.3%と小2の半分程度にまでなる。中2で最多となった Positive Feeliing は横ばい，Dependency はさらに増加し，全年齢層のうち最も高くなる。森田ほか（2007）は青年前期（中2）と青年後期（大学生等）の Affection を比較し，大学生のほうが Hostility の割合は有意に低く，Dependency の割合は有意に高いという結果を得ている。このことについて「青年前期に分離・反抗に向かっていた心性が，親密性の課題への移行とともに低減していく過程を示していると理解できるが，未処理の依存感情が大学生年代になって強まっていることも考えられる」と考察している。また，先にもふれたように，同じサブカテゴリーのなかでも低い年齢層に比べて多様なスコアが出現するようになる。図版Ⅲと図版Ⅵにおける Positive Feeling，図版Ⅳにおける Anxiety が，より多様になるのが，その例である。このように，大学生において感情の内容に変化がみられ，多様性を増し，豊かに表出されているようである。この年代になるまでにさまざまな感情が育ち，そしてアイデンティティや社会性を獲得していくなかで，どの感情もある程度統制しながら体験できるようになるといえるかもしれない。

⑹ 成　　人

　今回参考として加えた名大法標準化時の成人データ（村上ほか，1959）について，現代のデータと比較すると，現代の大学生の比率と著しくは異なっていない。下位カテゴリーの総比率でみると（図Ⅱ-8-12），Bodily Preoccupation が多い以外は大学生のデータと類似している。しかし，図版ごとでみると，Hostility, Positive Feeling, Dependency の割合は増減の方向もさまざまに異なっている。また，大きな違いとしては成人のN％は全図版の平均で45.2％と現代の大学生よりも高いことである（図Ⅱ-8-1）。ただし，これは通常とされる範囲内であるため，むしろ現代の大学生のN％の低さとして注目すべきであろう。青木（1981）は「成熟した成人の感情は，不安・恥ずかしさ・罪悪感・嫌悪感・悲哀感・無力感・絶望感・満足・自信・喜び・誇り・期待・怒り・博愛・貪欲・羨望・苛立ち・強情・同情・あわれみなど，豊かに分化し，さまざまな空想，思考と関連づけられて，体験され，言語化される」と述べている。現代の大学生も1950年代の成人も，同様にこのようなあり方に接近していることがうかがえるが，図版別にみる内容の違いやN％の違いについては，時代背景などともあわせて検討する余地がある。

　今回の検討から，ロールシャッハの図版の特性は，時代や年代を問わず，ある程度同じように感情を喚起させるものであることがうかがえた。このようにロールシャッハ反応に付加された感情に注目することはよりいっそう深い個別理解につながるものと思われる。

〈文献〉
青木　宏（1981）心身症とアレキシサイミア．臨床医，7(10)，98-100．
森田美弥子・松本真理子・坪井裕子・畠垣智恵・鈴木伸子・白井博美（2007）名大式ロールシャッハ法「感情カテゴリー」から見た青年期の特徴．日本心理臨床学会第26回大会発表論文集，430．
森田美弥子・大賀梨紗（2009）ロールシャッハ・カード特性の再検討(4)――名大式ロールシャッハ法「感情カテゴリー」の特徴．日本心理臨床学会第28回大会発表論集，393．
村上英治・江見佳俊・植元行男・秋谷たつ子・西尾　明・後藤　聡（1959）ロールシャッハ反応の標準化に関する研究――カード特性の分析．ロールシャッハ研究，2，39-85．
大芦　治（2008）抑うつの発達．上淵　寿編．感情と動機づけの発達心理学．pp.187-211．ナカニシヤ出版．
澤田瑞也（2009）感情の発達と障害――感情のコントロール．世界思想社．
須田　治（1999）情緒がつむぐ発達――情動調整とからだ，こころ，世界．新曜社．
高橋雅春・高橋依子・西尾博行（2007）ロールシャッハ・テスト解釈法．金剛出版．

付表 名大法感情カテゴリーのスコア一覧および指標算出方法

カテゴリー	スコア
Hostility	Hor (oral), Hdpr (depreciative), HH (direct), Hcmpt (competitive), Hh (indirect), Hha (ind.host-anxious), Hhat (tense), Hhad (distorted), Hsm (sado-masoch.), Hden (denial of host)
Anxiety	Acnph (counterphobic), Aobs (obsessive), Adef (defensive), Aev (evasive), Adif (diffuse), Agl (depressive), Adis (disgust), Abal (unbalanced), Acon (confused), Asex (sex confusion), Adeh (dehumanized), Athr (threatening), Afant (fantastic, strange)
Bodily Preoccupation	Bb (bone), Bf (flesh), Bn (neural), Bs (sexual anatomy), Bso (sexual organ), Ban (anal), Bdi (disease), Bch (child birth)
Dependency	Df (fetal), Dor (oral), Dcl (clinging), Dsec (security), Dch (childish), Dlo (longing), Drel (religion), Daut (authority), Dsub (submissive)
Positive Feeling	Por (oral), Ps (sensual), Pch (childish), Prec (recreation), Pnat (nature), Porn (ornament), Pst (striving), Pnar (narcissistic), Pcpt (co-operative), Pden (denial of pos)
Miscellaneous	Mor (oral), Man (anal), Msex (sex), Mpret (pretentious), Mgrand (grandiose), Mi (indefinite)
Neutral	N（特に明確な感情的負荷のない反応）

スコアリング方法：1つの反応に対して，ブレンドは原則3つまで。ただし，「N」は必ず単独になる。

指標算出方法：
① Neutralな反応が，総反応数のうち，どれくらいを占めるか。
　　　　N％ = N／R×100　［通常は40％前後］
② 各 Affect が，Affect 全体のなかで，相対的にどれくらいを占めるか。
　　　　（Affect 総数 = Hostility + Anxiety + Bodily + Dependency + Positive + Miscellaneous の合計）
　　　　Hostility％ = Hostility／Affect 総数×100
　　　　Anxiety％ = Anxiety／Affect 総数×100
　　　　Bodily％ = Bodily／Affect 総数×100
　　　　Total Unpleasant％ = (Hostility + Anxiety + Bodily)／Affect 総数×100
　　　　Dependency％ = Dependency／Affect 総数×100
　　　　Positive％ = Positive／Affect 総数×100
　　　　Miscellaneous％ = Miscellaneous／Affect 総数×100

9章　思考・言語カテゴリー

森田美弥子

1．思考・言語カテゴリーとは

　思考・言語カテゴリー（Thinking Process and Communicating Style）は，「自由反応段階および質疑段階を含めた全検査状況におけるロールシャッハ行動（言語表現や反応態度）のすべてを分析の対象とし，そこに反映された思考過程，対人関係様式などをとらえる枠組み」として，植元（1974）により考案された。ラパポート（Rapaport, D.）の deviant verbalization など諸家の知見を取り入れ，ただし，病理性の重い指標だけでなく，幅広く表現特徴が収集されている。このカテゴリーを用いることにより，知覚―連想―概念形成―言語化という，ロールシャッハ反応産出に至る心理的プロセスをわかりやすい形でとらえることができる。さらに，パーソナリティや病理水準の見立て，治療関係の予測にも有効だと考えられる。

　スコアリングの仕方は，反応領域や決定因などと大きく異なる。思考・言語カテゴリーの場合は，個々の反応に対応させてスコアするのではなく，反応およびすべての言動を対象として，該当箇所にスコアしていく。植元（1974）は，「量化，簡便化を犠牲にし，反面スコア化するように試みることによって名人芸的な解釈の主観性を離れようとした」と述べており，得点化や基準値の設定などの数量指標化はされていない。

　ただし，魅力的なカテゴリーである反面，スコアの数が多い上に，スコアリング基準が明確とはいいがたいことなど，実用性の面からは問題もある。また，スコアによって出現頻度にはかなり幅がある。そこで，本章では年齢段階という視点も入れて，一般児童・青年における出現傾向についての基礎資料を示したい。

2．カテゴリーの構成

　本カテゴリーには，86のスコアがあり，13のサブ・カテゴリーに分類されている。章末の付表に一覧を示した。以下に，各サブ・カテゴリーとそこに含まれる主なスコアを紹介する。サブ・カテゴリーの定義と心理学的意味については，植元（1974）および森田ほか（2010）にもとづいて概要のみ記載した。

(1) Constrictive Attitude（反応産出にともなう困難・萎縮的態度）

　反応拒否や反応の代理となる言語表現（rejection, card description, color description, symmetry remark, contrast remark, color naming），およびその亜型と考えられる表現（encouraged response, oligophrenic detail response）がここに含まれる。貧困な想像力や生産能力，ショック現象，想像力の貧困，過度な防衛，拒否的態度，時にコミュニケーショ

ンや反応することへの欲求の衰弱や知的減退，完全主義的構えなどとも関連する。

(2) Abstraction and Card Impression（抽象的表現・カードの印象）

カード全体に対する表面的な反応の仕方であり，カードの全部または一部の特徴をもとにして，直接的に感情を表出するもの，直感的に印象を述べるもの，象徴的な反応を産出するもの（direct affective response, impressionistic response, symbolic response, Kinetische Deskription, Synaesthesie）である。芸術的センスや過敏性の現れと考えられる。

(3) Defensive Attitude（防衛的な態度）

対人的緊張とそれに基づく防衛的態度を示すもので，反応の出し始めに躊躇がある場合（question sentence, negative sentence, apology〔self-critic, object-critic〕, question for instruction, additional response, provoked response）と，より好ましい反応を産出しようとする欲求が強く働き，反応内容を修正，時に撤回してしまう場合（modified response, changed response, demur, denial, secondary addition）が含まれる。自己不全感の意識の表現，満足感への欲求を充たすことの不成功といえる。

(4) Obsessive and Circumstantial Response（強迫・細事拘泥の反応）

正確性・完全性・決定性への強い欲求を示し，細事拘泥や，冗長な言語表現という形で表れる（exactness limitation, completeness compulsion, hesitation in decision, detail description, obsessive discrimination），完全主義傾向に反映される不全不安である。

(5) Fabulization Response（作話的反応）

具体的反応において，ブロットの特徴をもとにしてさらにその反応内容の種類，性質，付属する感情的調子等を指摘し，限定づけしようとするものである（affective elaboration, definiteness, affect ambivalency, content-symbol combination）。「お話作り」の機能（fabulizing）を意味しており，想像力の豊かさの反映でもあるが，ブロットを離れて作話的に反応を飾ろうとしたり，その反応の背景まで述べようとしたりするなど過度の場合（overdefiniteness, overelaboration, overspecification tendency）は，恣意的といえる。

(6) Associative Debilitation and "Labile Bewußtseinslage"（連想過程の衰弱・不安定な意識状態）

反応を確定したり修正したりすることの無能力や当惑，混乱（incapacity of explanation, apathy in decision, perplexity, impotence, vagueness），さらには内的構えの浮動性（fluid, forgotten, indifferentiation of percepts, loose combination）という，反応産出をめぐる精神的エネルギーの持続困難なものである。病的サインと考えられる。

(7) Repetition（反応の反復）

同一または同種類の反応が，繰り返し反復して出現するものである（repetition tendency, preoccupation, perseveration, automatic phrase）。自由な想像性，創造性の不足の反映とされる。

(8) Arbitrary Thinking（恣意的思考）

思考の恣意性，または思考の過度の自由性が表れたものである（preoccupied response attitude, arbitrary combination, rationalization, arbitrary discrimination, figure-background fusion, projection of color, overdue relationship verbalization, overspecification, arbitrary response, arbitrary linkage, arbitrary belief)。適度な解釈意識（Deutungs-bewußtsein）に基づく現実吟味が若干崩れかかっているといえる。

(9) Autistic Thinking（自閉的思考）

反応の説明における論理の矛盾や非合理性，非現実な知覚像，知覚視点の融合と混乱として出現する（viewpoint fusion, content-symbol fusion, fabulized combination, confabulation, contamination, contradiction, deterioration color, autistic logic, transformation, blot relation)。現実吟味の自我機能の障害，解釈意識が変容した自閉的心性を疑わせる。

(10) Personal Response and Ego-Boundary Disturbance（個人的体験の引用と自我境界の障害）

個人的に体験したことを反応の合理化や説明に利用するもの（personal experience, utilization for illustration），および自己関係づけの反応（personal belief, delusional belief）が含まれる。

(11) Verbal Strangeness（言語表現の特異性）

ここには言語表現の特異性がみられるもの（verbal slip, amnestic word finding, indifference for verbalization, peculiar verbalization, neologism）が一括されている。

(12) Association-Looseness（連想弛緩）

知覚像の良否とは無関係に，連想過程の弛緩を示すものである（irrelevant association, loose association, flight of idea, incoherenece)。ブロイラー（Bleuler, E.）のいわゆるSpaltungが中心的役割をなしている。

(13) Inappropriate Behavior（不適切な言動）

ロールシャッハ法施行中における対象者の動作面を観察によってとらえたもので，カードの取り扱い方の独特さや，検査やテスターに対する感情等が行動や言語で表出されたものを含む。

3．思考・言語カテゴリーの出現傾向

本書で対象としている小学校2年生から大学生まで計452名のプロトコルには，5,503の思考・言語カテゴリーのスコアが示されていた。全スコア中の各サブ・カテゴリー別割合をみたところ（図Ⅱ-9-1），Fabulization Response（44.5％）が約半数を占め，次いでDefensive Attitude（18.1％）が多かった。以下，Arbitrary Thinking（7.7％），Constrictive Attitude（6.7％），Personal Response（6.3％），Obsessive and Circumstantial Response（5.3％）と続く。

Fabulization Responseは全対象者の平均スコア数が5.4（学年別で2.6〜11.3），Defensive Attitudeについては平均2.9（学年別で1.3〜4.2）となり，これら2つのサブ・カテゴリーは，一般児童・青年のプロトコルにおいて出現しやすいものといえるだろう。

ただし，各サブ・カテゴリーには，比較的多く産出されるスコアとまれなスコアとが含ま

れている。また，同一のスコアが1人のプロトコルに何度も出現する場合もある。そこで，個々のスコアがどれくらいの対象者にみられるのか，学年段階ごとに出現割合を表Ⅱ-9-1に示した。P反応にならい，「6人に1人以上」（出現率16.7％以上）を産出されやすさの目安とし，いずれかの学年段階でこの基準を超えたスコアのみを抽出したところ，23スコア（8サブ・カテゴリー）が該当した。これらについて，出現率の高低および学年段階による違いの有無という観点から，以下のように整理した。

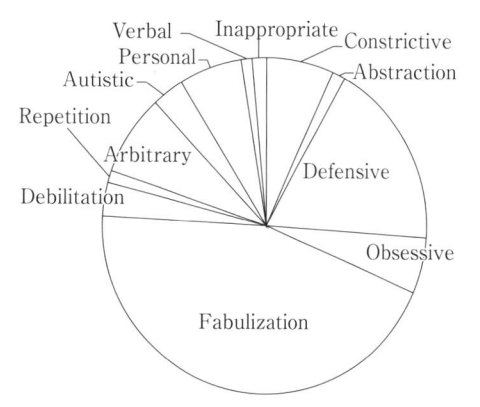

図Ⅱ-9-1　思考・言語カテゴリーの出現比率

(1) 出現率の高い共通スコア

学年段階の異なる5群すべてにおいて基準（16.7％：6人に1人）を超えるスコアが5つあり，一般健常群において出現しやすい共通スコアと考えられた。symmetry remark（19.5〜34.0％），apology（22.0〜65.0％），question for instruction（31.7〜49.0％），affective elaboration（18.3〜69.0％），definiteness（52.4〜98.0％）。

5スコアのなかでも，特にdefiniteness（反応内容の限定づけ）は，すべての群で「3人に1人（33.3％）以上」にみられ，誰もが産出しうるものだといえる。definitenessは，affective elaboration（反応の情緒的修飾）とともに，Fabulization Responseカテゴリーの中核的スコアである。fabulizingとは「話づくり機能」（植元，1974）であり，病的「作話」症状とは異なるが，そうした意味を明確化すべく，森田ほか（2010）はCommunicative Elaborationという概念を導入している。たとえば「人間」「動物」といった一般的表現でなく，「ドレスを着た女の人」「怖そうなトラ」などと限定づけや修飾を加えることで，内容が豊かで生き生きとしたものになると同時に相手にも伝わりやすくなる。思考・言語カテゴリーのなかでも健康さの指標とみなせるだろう。

apology（弁明的言辞）とquestion for instruction（教示に関する質問）は，Defensive Attitudeカテゴリーに属する。ロールシャッハ状況という新奇場面において自身の反応について確証のもてなさが言語化され，場や課題を理解するための働きかけが生じている。

symmetry remark（左右対称性への言及）は，図版特徴への着目から出現しやすいスコアである。Constrictive Attitudeカテゴリーに属するが，本来は反応をともなわない発言のみを想定しており，反応に付随して述べられたもの（「○○が両方にある」「2つある」等）は，Constrictiveという意味合いは薄い。

総じて，反応に限定づけや修飾を加えて伝える内容を豊かでわかりやすいものにしようとすること，教示についての質問をして何をすべきか確かめようとすること，自信がないものについては弁解をしながら発言することなどは，ロールシャッハ状況という新しい場面に遭

表Ⅱ-9-1　年齢段階別出現比率（人数割合）

	小2	小4	小6	中2	大学生
Constrictive Attitude					
card description					24.0
symmetry remark	19.5	30.5	22.4	34.0	22.0
rejection	24.4		10.6	11.0	
encouraged response	11.0	17.1			
Abstraction and Card Impression					
direct affective response			10.6		19.0
Defensive Attitude					
apology	22.0	25.6	28.2	25.0	65.0
question for instruction	31.7	31.7	34.1	47.0	49.0
additional response	24.4	15.9	10.6	15.0	25.0
modified response					22.0
question sentence	11.0	12.2	17.6	20.0	11.0
Obsessive and Circumstantial Response					
exactness limitation	20.7	15.9	21.2	10.0	17.0
hesitation in decision				16.0	51.0
Fabulization Response					
affective elaboration	18.3	32.9	37.6	23.0	69.0
definiteness	52.4	79.3	94.1	86.0	98.0
overdefiniteness	14.6	26.8	22.4	19.0	50.0
overelaboration					27.0
Arbitrary Thinking					
arbitrary combination	19.5	13.4	17.6	11.0	31.0
arbitrary linkage	14.6	12.2		12.0	22.0
figure-background fusion		17.1	10.6	15.0	15.0
overspecification					20.0
Autistic Thinking					
fabulized combination	15.9	11.0	23.5	12.0	25.0
Personal Response and Ego-Boundary Disturbance					
personal experience	14.6	25.6	29.4	15.0	53.0
utilization for illustration			10.6		42.0

注）　10％未満の出現は記載省略。

遇して誰もが示す適応行動なのだろう。

(2) 出現率が中程度の準・共通スコア

　5群のうち2～4群で基準を超えており，他の群でも10％以上の出現率が示されたスコアが7つあり，(1)に準じる共通スコアと考えられた。additional response（10.6～25.0％），question sentence（11.0～20.0％），exactness limitation（10.0～21.2％），overdefiniteness（14.6～50.0％），arbitrary combination（11.0～25.0％），fabulized combination（11.0～31.0％），personal experience（14.6～53.0％）。

　additional response（付加反応）と question sentence（疑問形による反応産出）は Defensive Attitude カテゴリーに，exactness limitation（Wカットなど細部へのこだわり）は Obsessive and Circumstantial Response カテゴリーに属する。これらのカテゴリーは神経症的機制を反映するものである。自己不全感や自信のなさに正確さへの欲求が加わってい

る。

overdefiniteness（過剰な限定づけ）は，Fabulization Response カテゴリーのなかでも，前述の definiteness や affective elaboration と比べると恣意的な発想で反応産出するものである。arbitrary combination（恣意的結合）は，Arbitrary Thinking カテゴリーに属する。また，fabulized combination（作話的結合）は Autistic Thinking カテゴリーに属するが，唯一健常群にもよくみられるスコアとなっている。これらはいずれもブロットの特徴に基づきながらも，自分流の見方をしている。personal experience（自己体験への関連づけ）は，Personal Response and Ego-Boundary Disturbance カテゴリーに属する。反応から想起された体験の言及であり，それによって自分の見えた内容を合理化しようとする傾向を含んでいる。

些細とも思えることへのこだわりや恣意的で自己流の外界把握は，一般健常群において常にではないが，比較的容易に生じる現象といえるようだ。

5群のうち1群のみ基準を超えていたスコアが計11あった。これらのスコアは，他の群で0〜10％未満となる場合も含まれている点で，上記(2)とは出現傾向に差がみられた。基準を超えた学年段階群には偏りがあり，小2のみが1スコア，小4のみが2スコア，大学生のみが8スコアあり，小6または中2のみ基準を超えるスコアはみられなかった。

(3) 児童期に特徴的なスコア

小2または小4のみが基準を超えたものには，rejection（10.6〜24.4％），encouraged response（11.0〜17.1％），figure-background fusion（10.6〜17.1％）の3スコアが該当していた。Constrictive Attitude カテゴリーの rejection（反応拒否），encouraged response（激励による反応産出）は，反応産出の困難さを示しており，高学年ではかなり出現率が下がることから，言語表現能力，課題への達成欲求，想像力などにおいてまだ十分ではないためと考えられる。Arbitrary Thinking カテゴリーの figure-background fusion（図地の混同）については，認知の未発達さが想定される。ただし，基準を超えたのは小4のみであるが，中2，大学生群との差は大きくないこと，認知的な問題特徴をとらえうる他のスコアについては同様の結果がみられないことから，今後の検討余地を残している。

(4) 青年期に特徴的なスコア

大学生群のみが基準を超えたものとして，card description（24.0％），direct affective response（10.6〜19.0％），modified response（22.0％），hesitation in decision（16.0〜51.0％），arbitrary linkage（12.0〜22.0％），overelaboration（27.0％），utilization for illustration（10.6〜42.0％），overspecification（20.0％）の8スコアが該当した。Constrictive Attitude カテゴリーの card description（図版特徴の叙述や評価）と，Abstraction and Card Impression カテゴリーの direct affective response（直接的な情緒表出）は，いずれも反応をともなわない，図版に対する感想のような発言である。高学年では rejection になることは少ないことから，反応が形成されるまでの内的体験の一端を言語化

しながら，自らの考えをモニターする，あるいは考えていることを相手に伝えようとしているのではないかとみられる。

Defensive Attitude カテゴリーの modified response（基本的知覚は同じで修飾を変更），Obsessive and Circumstantial Response カテゴリーの hesitation in decision（反応決定への躊躇）は，Personal Response and Ego-Boundary Disturbance カテゴリーの utilization for illustration（経験や知識からの例示）は，より正確なものを答えようとする欲求の表れ，あるいは，自らの反応に対する批判的な視点，としてまとめることができる。

Fabulization Response カテゴリーの overelaboration（過剰な明細化），Arbitrary Thinking カテゴリーの arbitrary linkage（隣接領域との羅列的結合），overspecification（作話的特定化）は，思いついたイメージに近づけようとする動きであり，正確さへの欲求とは一見異なるが，対象者自身としては「似ている」と主観的に確信しているものを出していることになる。

発達にともなって，より適切な反応産出を志向する課題達成への動機づけが高まること，反応産出することのみならず，反応についての説明や情緒表出などの発言量も増加する傾向がみられた。

4．まとめ

一般の児童・青年のロールシャッハ・プロトコルにおける思考・言語カテゴリーの出現の様相から，以下のことが示された。

（1） Constrictive Attitude および Abstraction and Card Impression は「反応以前の反応」ともいうべき言語表現である。これらのうち，rejection に代表されるような「反応できなさ」は児童期を超えると少なくなり，card description や direct affective response など反応に至るまでの心的プロセスの言語化が増えていく。

（2） Defensive Attitude および Obsessive and Circumstantial Response は自己不全感や自己への批判性，時に神経症的機制といえるものである。apology や question for instruction のように，自信のなさを直接表明したり，確かめながら答えることは，年齢段階を問わず多い。modified response, hesitation in decision など，より適切なものを答えようとする構えは青年期以降に強くなる。

（3） Fabulization Response，特に definiteness と affective elaboration は，反応を豊かにわかりやすく伝える手段として年齢段階にかかわらず共通してきわめて多く出現する。時に，それが過剰になったり，さらに自己流の恣意的なとらえ方となり，Arbitrary Thinking や Personal Response and Ego-Boundary Disturbance の一部スコアを示すこともあるが，それは個人差によるといえる。

（4） Associative Debilitation and "Labile Bewußtseinslage", Repetition, Autistic Thinking, Verbal Strangeness, Association-Looseness, Inappropriate Behavior の各サブ・カテゴリーについては，どの年齢段階においても出現率が低く，いわゆる deviant verbalization

としての意味合いが濃厚なスコアが主であると考えられる。

　一般児童・青年の思考・言語カテゴリー上に示された上記の特徴は，日常生活において他者や外界の事物・出来事などに対して私たちがふだんどのようにかかわっているかを反映しているだろう。思考・言語カテゴリーの枠組みを，心理相談面接や日常生活の言動を理解するために応用するということも可能だと考えられる。他方で，いくつかの臨床群に出現しやすいサブ・カテゴリーやスコアについて報告されており（森田ほか，2010），それらとの比較検討を進めることで，さらなる臨床的な活用を進めていきたい。

〈文献〉

森田美弥子・髙橋靖恵・髙橋　昇・杉村和美・中原睦美（2010）実践ロールシャッハ法——思考・言語カテゴリーの臨床的適用．ナカニシヤ出版．

植元行男（1974）ロールシャッハ・テストを媒介として，思考，言語表現，反応態度をとらえる分析枠の考察とその精神病理学的研究上の意義．ロールシャッハ研究，15・16，281-343．

付表 名大法思考・言語カテゴリー一覧

カテゴリー	スコア
① Constrictive Attitude 反応産出にともなう困難・萎縮的態度	rejection, card description, color description, symmetry remark, contrast remark, color naming, encouraged response, oligophrenic detail response
② Abstraction and Card Impression 抽象的表現・カードの印象	direct affective response, impressionistic response, symbolic response, Kinetische Deskription, Synaesthesie
③ Defensive Attitude 防衛的な態度	question sentence, negative sentence, apology (self-critic, object-critic), question for instruction, additional response, provoked response, modified response, changed response, demur, denial, secondary addition
④ Obsessive and Circumstantial Response 強迫・細事拘泥の反応	exactness limitation, completeness compulsion, hesitation in decision, detail description, obsessive discrimination
⑤ Fabulization Response 作話的反応	affective elaboration, definiteness, affect ambivalency, content-symbol combination, overdefiniteness, overelaboration, overspecification tendency
⑥ Associative Debilitation and "Labile Bewusßtseinslage" 連想過程の衰弱・不安定な意識状態	incapacity of explanation, apathy in decision, perplexity, impotence, vagueness, fluid, forgotten, indifferentiation of percepts, loose combination
⑦ Repetition 反応の反復	repetition tendency, preoccupation, perseveration, automatic phrase
⑧ Arbitrary Thinking 恣意的思考	preoccupied response attitude, arbitrary combination, rationalization, arbitrary discrimination, figure-background fusion, projection of color, overdue relationship verbalization, overspecification, arbitrary response, arbitrary linkage, arbitrary belief
⑨ Autistic Thinking 自閉的思考	viewpoint fusion, content-symbol fusion, fabulized combination, confabulation, contamination, contradiction, deterioration color, autistic logic, transformation, blot relation
⑩ Personal Response and Ego-Boundary Disturbance 個人的体験の引用と自我境界の障害	personal experience, utilization for illustration, personal belief, delusional belief
⑪ Verbal Strangeness 言語表現の特異性	verbal slip, amnestic word finding, indifference for verbalization, peculiar verbalization, neologism
⑫ Association-Looseness 連想弛緩	irrelevant association, loose association, flight of idea, incoherence
⑬ Inappropriate Behavior 不適切な言動	edging その他特徴的なカードの扱い方，ジェスチャー表現，検査に対する反抗的言動など

10章　イメージ図版

坪井裕子

1．イメージ図版について

　本章では，子どものロールシャッハ法におけるイメージ図版（好悪図版および父親・母親イメージ図版）の特徴について述べることとする。方法は，ロールシャッハ法実施の最後にイメージ図版についての質問を行った。最も好きな図版（Most Liked Card：MLC），最も嫌いな図版（Most Disliked Card：MDC）とイメージ図版（父親イメージ図版・母親イメージ図版・自己イメージ図版・その他），およびその理由を確認した。なお，状況によっては質問ができなかった場合もあり，また一部のみ答えた子どももあることから，分析対象人数はそれぞれ異なっている。

2．好悪図版

(1)　好悪図版の概観
1)　最も好きな図版（MLC）

　調査協力者のうち，MLC図版を回答したのは255名であった。MLCに選ばれた図版について，学年と性別ごとに人数の多いものから順位をまとめたものが，表Ⅱ-10-1である。また，図版ごとに，選択した人数を男女別に示したものが，図Ⅱ-10-1である。

　MLC図版として選ばれたのは，全体では図版Ⅹ（31.0％）が最も多く，次いで，図版Ⅴと図版Ⅷ（いずれも11.4％）であった。小2・小4・小6では男女とも図版Ⅹが最も多く選ばれている。中2では男子の1位は図版Ⅷ，女子では図版Ⅹが1位，図版Ⅷが2位である。全体的に，MLCの選択としては，図版Ⅹが圧倒的に多いことが明らかとなった。

　図版Ⅹを選んだ理由としては，「カラフルだから」「きれいだから」がどの学年でも多かった。「お花が楽しそう」「みんなが愉快に遊んでる」など，反応内容を理由に答えたものもあったが，基本的には色彩に言及したものが多く，図版の色のきれいさが，「好き」の決め手になっているようである。また，小学生（特に2年・4年）では，図版Ⅰや図版Ⅴが2位，3位に選ばれていることから，ブロットがまとまっていてP反応が出しやすい図版も，MLCとして選ばれる傾向があると考えられる。中学生では，図版Ⅹと図版Ⅷが男女ともに1位，2位であり，色の要因が影響している可能性があるといえるだろう。

2)　最も嫌いな図版（MDC）

　調査協力者のうち，MDC図版を回答したのは251名であった。MDCに選ばれた図版について，学年と性別ごとに人数の多いものから順位をまとめたものが，表Ⅱ-10-2である。また，図版ごとに選択した人数を男女別に示したものが，図Ⅱ-10-2である。

表Ⅱ-10-1　学年・性別のMLCの順位　　　　　　　　　　(%)

		1位	2位	3位	4位	5位
小2 (66)	男子(33)	X (24.2)	Ⅰ (18.2)	Ⅳ・Ⅵ (12.1)		Ⅴ・Ⅷ (9.1)
	女子(33)	X (24.2)	Ⅴ (21.2)	Ⅶ (15.2)	Ⅰ (12.1)	Ⅷ・Ⅸ (9.1)
小4 (68)	男子(37)	X (37.8)	Ⅴ (16.2)	Ⅷ (13.5)	Ⅰ (10.8)	Ⅵ (8.2)
	女子(31)	X (41.9)	Ⅴ・Ⅶ (12.9)		Ⅸ (9.7)	Ⅰ・Ⅱ (6.5)
小6 (54)	男子(27)	X (25.9)	Ⅳ (14.8)	Ⅴ・Ⅶ (11.1)		Ⅱ・Ⅵ・Ⅷ・Ⅸ (6.5)
	女子(27)	X (37.0)	Ⅱ・Ⅸ (14.8)		Ⅶ (11.1)	Ⅴ (7.4)
中2 (67)	男子(29)	Ⅷ (24.1)	X (20.7)	Ⅰ・Ⅳ (13.8)		Ⅴ・Ⅵ・Ⅶ (6.9)
	女子(38)	X (34.2)	Ⅷ (15.8)	Ⅶ (13.2)	Ⅱ・Ⅲ (7.9)	
全体(255)		X (31.0)	Ⅴ・Ⅷ (11.4)		Ⅶ (9.4)	Ⅰ (9.0)

(　)内は人数。

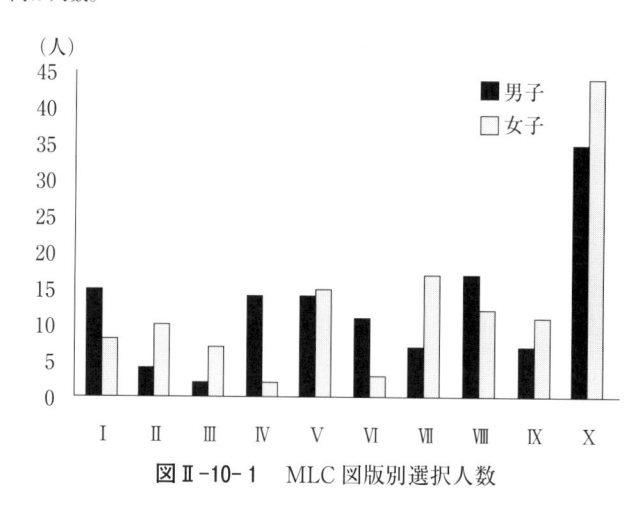

図Ⅱ-10-1　MLC図版別選択人数

　全体で最も多くMDC図版として選ばれたのは図版Ⅲ（15.1％）で，2位は図版Ⅰ（14.7％），3位は図版Ⅳ（12.7％）であった。MDCに突出して選ばれる図版はなく，MLCと異なり，学年・性別でのばらつきが大きいことが明らかとなった。

　嫌いな図版の理由はさまざまであるが，「黒いから（怖い，気持ち悪い）」と「黒」に反応しているものが多い。また，自分が答えた反応にからめて，「人に見えたけど，何か怖い」（図版Ⅲ）や，「こうもりが怖い」，「虫が嫌い」（図版Ⅰ）などの回答もあった。好きな図版に比べて，嫌いな図版のほうが，反応内容に投影された心情やコンプレックスに影響されている可能性があるといえるだろう。

表Ⅱ-10-2　学年・性別の MDC の順位　　　　　　　　　　　(％)

		1位	2位	3位	4位	5位
小2 (61)	男子(32)	Ⅰ (18.8)	Ⅵ・Ⅹ (15.6)		Ⅲ・Ⅳ・Ⅷ (9.4)	
	女子(29)	Ⅳ (27.6)	Ⅲ・Ⅶ (17.2)		Ⅰ (13.4)	Ⅵ・Ⅹ (6.7)
小4 (67)	男子(36)	Ⅲ (22.2)	Ⅶ (16.7)	Ⅰ (13.9)	Ⅱ・Ⅳ・Ⅵ・Ⅸ (8.3)	
	女子(31)	Ⅱ・Ⅳ・Ⅸ (16.1)			Ⅲ・Ⅹ (12.9)	
小6 (55)	男子(28)	Ⅰ (21.4)	Ⅵ (14.3)	Ⅱ・Ⅲ・Ⅶ・Ⅹ (10.7)		
	女子(27)	Ⅲ (18.5)	Ⅰ (14.8)	Ⅱ・Ⅳ・Ⅵ・Ⅷ・Ⅹ (11.1)		
中2 (68)	男子(30)	Ⅰ・Ⅲ (20.0)		Ⅱ・Ⅶ (13.3)		Ⅳ (10.0)
	女子(38)	Ⅱ (18.4)	Ⅳ・Ⅶ (13.2)		Ⅰ・Ⅲ・Ⅸ (10.5)	
全体(251)		Ⅲ (15.1)	Ⅰ (14.7)	Ⅳ (12.7)	Ⅱ (11.2)	Ⅶ (10.4)

(　)内は人数。

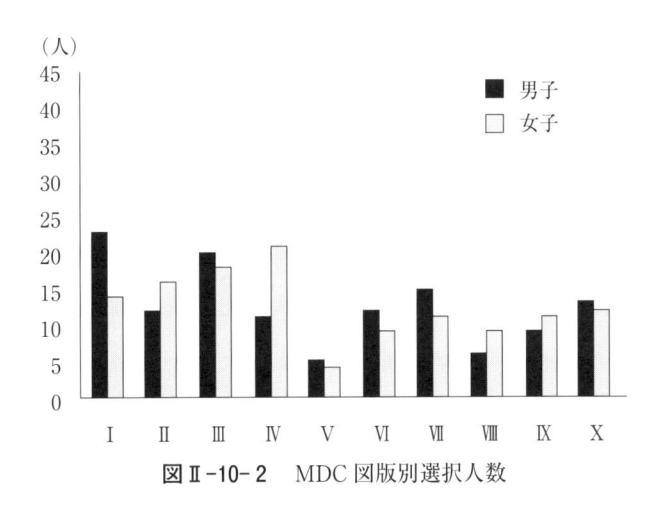

図Ⅱ-10-2　MDC 図版別選択人数

(2) まとめ

　子どものロールシャッハ法における好悪図版についての一般的な傾向として，特に好きな図版は多色彩できれいなものが選ばれること，また，嫌いな図版は黒色に反応したものと，反応内容の投影が影響している可能性が示された。

　好悪図版を活かすために，反応内容との関連を明らかにすることや，父親・母親イメージ図版および自己イメージ図版との関連をみていくことなどがあげられる。たとえば，その子どもがどのようなものを好ましいと思い，どのようなものを嫌だと思うのかを知る手がかりとなる。また，父親イメージ図版・母親イメージ図版が，好きな図版と同じなのか，嫌いな図版と同じなのかでは，その子どもの親子関係を考える際に全く異なってくる。したがって，

これらを検討することは，子どもを理解するためのロールシャッハ法の解釈にも役立ち，臨床場面での応用可能性の広がりにもつながると考えられる。

3．親イメージ図版

(1) 親イメージ図版の概観

ロールシャッハ図版に示される親イメージとして，図版Ⅳと図版Ⅶが，それぞれ象徴的に「父親」および「母親」の意味を有するという仮説について，1950年代頃より諸家の見解（村上，1957など）が出されている。図版Ⅳは，その形と陰影の特徴が，「男らしい」「威圧的」「厳格」「おそろしい」などの印象を与えるがゆえに，権威的存在としての男性像や父親像にみられやすいという仮説が一般的である。図版Ⅶは，「明るい」「柔らかい」といった印象を与え，女性像や母親像の意味をもつという仮説もある。

ところで，これらのイメージは現代の子どもたちにもあてはまるのだろうか。そこで3．では，ロールシャッハ法におけるイメージ図版の象徴的意義が，現代の子どもたちのなかでどのようにとらえられているのかを検討する。特にイメージ図版のうち，父親イメージ図版・母親イメージ図版の特徴について概観する。

(2) 父親イメージ

調査協力者のうち，父親イメージ図版を回答したのは201名であった。父親イメージ図版の選択について，学年別・性別で人数の多い順にまとめたものが表Ⅱ-10-3である。また，図版ごとに選択した人数を男女別に示したものが，図Ⅱ-10-3である。

小・中学生全体を通して，父親イメージとして最も多く選ばれたのは図版Ⅳ（32.8％），2番目は図版Ⅰ（12.9％），3番目は図版Ⅹ（12.4％）であった。小2の男子を除いて，どの学年・性別でも父親イメージ図版に図版Ⅳが圧倒的に多く選択されていることが明らかとなった。

図版Ⅳは，従来から父親イメージ図版といわれているもの（村上，1957）である。図版Ⅳを選んだ理由としては，「大きい」が圧倒的に多く，次いで「迫力がある」「ドンと構えている」「怒る」「怖い」などがあげられた。2番目に多く選ばれた図版は学年・性別によってばらつきがあり，父親イメージとして選ばれるのは，図版Ⅳが突出しているといえる。

福井ほか（2011）は，大学生を対象とした父親・母親イメージ図版の解釈仮説の検討を行っている。それによると，大学生では図版Ⅳを父親イメージとして選択するものが全体で41.7％と最も多いことが明らかとなっている。子どものロールシャッハ法における父親イメージも，福井らの結果と同様の傾向を示している。図版Ⅳに関しては，従来からいわれている父親イメージが，現代の子どもの父親イメージにもあてはまると考えられる。父親の存在感が希薄化していると考えられがちな現代においても，年齢にかかわらず，権威的存在としての男性像や父親像が，ある程度，共通して保たれていることの反映だともいえるだろう。

ただし，子どもたちのMLCの1位に選ばれている多色彩の図版Ⅹが，父親イメージでも

表Ⅱ-10-3　父親イメージ図版の順位　　　　　　　　　　　（%）

		1位	2位	3位	4位	5位
小2 (53)	男子(30)	Ⅹ (23.3)	Ⅶ (16.7)	Ⅳ・Ⅷ・Ⅸ (13.3)		
	女子(23)	Ⅳ (26.1)	Ⅰ・Ⅸ (21.7)		Ⅹ (13.0)	Ⅶ (8.7)
小4 (58)	男子(33)	Ⅳ (30.3)	Ⅹ (24.2)	Ⅸ (12.1)	Ⅱ・Ⅵ (9.1)	
	女子(25)	Ⅳ (48.0)	Ⅰ (20.0)	Ⅲ (12.0)	Ⅱ (8.0)	Ⅵ・Ⅷ (4.3)
小6 (48)	男子(21)	Ⅳ (47.6)	Ⅰ・Ⅵ・Ⅶ・Ⅷ (10.0)			
	女子(27)	Ⅳ (37.3)	Ⅰ (18.5)	Ⅹ (11.1)	Ⅵ・Ⅶ・Ⅷ・Ⅸ (7.4)	
中2 (41)	男子(19)	Ⅳ (52.6)	Ⅱ (15.8)	Ⅰ・Ⅸ (10.5)		Ⅵ・Ⅶ (5.3)
	女子(23)	Ⅳ・Ⅵ (17.4)		Ⅷ・Ⅹ (13.0)		Ⅰ・Ⅱ (8.7)
全体(201)		Ⅳ (32.8)	Ⅰ (12.9)	Ⅹ (12.4)	Ⅸ (10.4)	Ⅵ (7.5)

（　）内は人数。

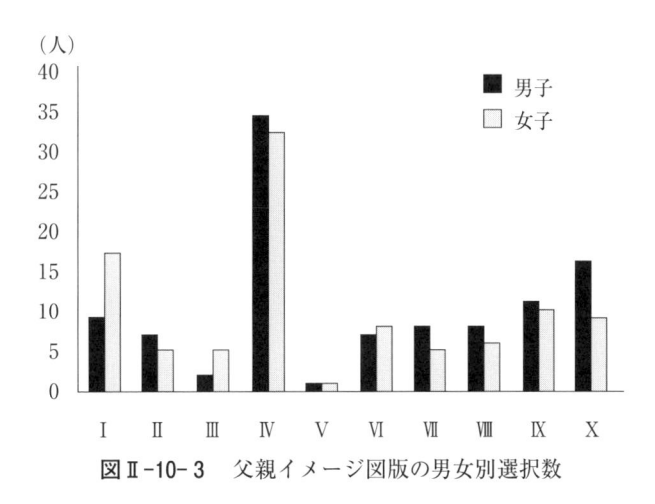

図Ⅱ-10-3　父親イメージ図版の男女別選択数

全体で3位に選ばれていることは興味深い。特に男子では2番目に多く選ばれている。図版Ⅳとは対照的な図版Ⅹに示される「カラフル」で「きれいな」父親イメージも，一方では子どもたちのなかにあるということである。子どもたちのもつ父親イメージは，徐々に変わりつつあるといえるのかもしれない。

(3) 母親イメージ

母親イメージ図版を回答したのは213名であった。母親イメージ図版の選択について，学年別・性別で人数の多い順にまとめたものが表Ⅱ-10-4である。また，図版ごとに選択した人数を男女別に示したものが，図Ⅱ-10-4である。

表Ⅱ-10-4　母親イメージ図版の順位　　　　　　　　　　　　　　　（人）

		1位	2位	3位	4位	5位
小2 (56)	男子(30)	Ⅲ・Ⅶ (16.7)		Ⅸ (13.3)	Ⅰ・Ⅴ・Ⅷ (10.0)	
	女子(26)	Ⅲ・Ⅴ・Ⅸ (15.4)			Ⅳ (11.5)	Ⅰ・Ⅱ (7.7)
小4 (64)	男子(34)	Ⅹ (14.7)	Ⅰ・Ⅲ・Ⅳ (11.8)			Ⅴ・Ⅸ 11.8
	女子(30)	Ⅲ (23.3)	Ⅴ (20.0)	Ⅱ・Ⅷ (13.3)		Ⅶ・Ⅸ (10.0)
小6 (48)	男子(21)	Ⅷ (23.8)	Ⅶ (19.0)	Ⅴ (14.3)	Ⅲ・Ⅸ・Ⅹ (9.5)	
	女子(27)	Ⅲ・Ⅶ・Ⅹ (18.5)			Ⅴ (11.1)	Ⅰ・Ⅱ (7.4)
中2 (45)	男子(19)	Ⅹ (21.1)	Ⅰ・Ⅲ・Ⅷ (15.8)			Ⅴ・Ⅶ (10.5)
	女子(26)	Ⅲ (23.1)	Ⅹ (15.4)	Ⅷ (11.5)	Ⅱ・Ⅳ・Ⅴ (7.7)	
全体(213)		Ⅲ (16.9)	Ⅴ (12.7)	Ⅶ (12.3)	Ⅷ・Ⅹ (10.9)	

( ) 内は人数。

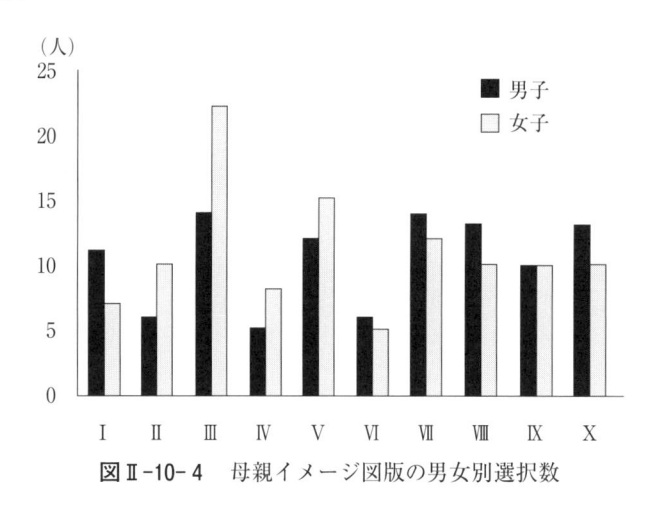

図Ⅱ-10-4　母親イメージ図版の男女別選択数

　小・中学生全体でみると，母親イメージ図版として最も多く選ばれたのは図版Ⅲ（16.9%）であった。しかし，2番目に多い図版Ⅴ（12.7%）や，3番目の図版Ⅶ（12.3%）との差が小さく，学年・性別によって選ばれる図版も異なっていることが示された。つまり，母親イメージの選択は，学年や性別によってばらつきが大きいといえる。ただし，男女別（図Ⅱ-10-4）にみると，女子のほうが男子より多く図版Ⅲを選んでいることがわかる。

　福井ほか（2011）の大学生を対象とした研究における母親イメージ図版でも，図版Ⅲ（全体で16.6%）が一番多く選ばれている。しかし，次に多かった図版Ⅷや図版Ⅸ（いずれも全体で15.3%）との差があまりないことも示されている。子どもの場合と2番目，3番目の図版は異なるものの，父親イメージ図版ほど突出した母親イメージ図版がみられないという点

においては，同様の結果が示されたといえる。

　子どもたちが図版Ⅲを選んだ理由としては，「体が人間だから」「女の人に見えたから」「やせているから」「ハイヒールをはいているから」などがあげられている。母親イメージ図版については，従来いわれてきた図版Ⅶに象徴されるような「柔和」「明るい」「温かい」といった母親の内面的な意味あいではなく，現代では「外見や行動」といった理由から図版Ⅲが選ばれたようである。このように母親像が即物的になっているのは，父親に比べて母親は子どもとのかかわりが深いと考えられるものの，情緒的なつながりは弱くなっているということなのか，あるいは母親に対する象徴的なイメージ自体をもちにくくなっているのかなど，さまざまな背景が考えられる。また，図版ⅢはMDC（最も嫌いな図版）として一番多く選択された図版でもある。母親に対してネガティブなイメージが投影されやすいのか，そのこととはあまり関係ないのかについても，検討が必要である。いずれにしても，母親イメージは，以前（村上，1957など）とは，かなり変わってきているといえるだろう。

(4) ま と め

　本稿では，現代の子どものロールシャッハ法における父親イメージ，母親イメージの一端が明らかとなった。父親イメージについては，従来いわれているように，図版Ⅳが突出して選択されており，時代や年齢にかかわらず，ある程度，共通した伝統的な父親イメージが保たれていることが示された。

　一方で，「母親」に対するイメージが個々で異なっていることも明らかとなった。女性の社会進出や役割の多様化により，現代の子どもたちにとって，「母親」というものの一般的な共通したイメージをもちにくくなってきているといえるのかもしれない。ただし，イメージ図版を回答した人数が限られているので，この点に関しては慎重に検討していくことが必要であろう。

　今回，それぞれの子どもが，「自分の」親イメージを答えていることから，父親・母親イメージに選ばれた図版の反応内容や，父親・母親イメージ図版の組み合わせと，現実の親子関係との関連などを検討していくことが，これからの課題といえる。また，一般の子どもたちのもっている親イメージをふまえたうえで，何らかの不適応や問題を抱えている子どもたちについても，親イメージをどのようにもっているのか（あるいはもっていないのか）を確認していくことが，臨床的にも有用と考えられる。なお，本章で紹介した調査の10年ほど前にも，子どものロールシャッハ法の研究を行っており，親イメージカードについても調査している。今回の調査とあわせて，詳細は坪井ほか（2012）にまとめられているので，そちらもご参照いただきたい。

〈文献〉

福井義一・三宅由晃・岡崎　剛・森津　誠・遠山　敏・山下景子・岡田信吾（2011）ロールシャッハ・テストの父親・母親図版解釈仮説の図版選択法による検討．心理学研究，82，249-256．

村上英治（1957）ロールシャッハ・テストにおける人間関係における研究(1)——"父親カード"と"母親カード"の分析．名古屋大学教養部紀要，2，1-10．

坪井裕子・松本真理子・鈴木伸子・畠垣智恵・白井博美・森田美弥子（2012）子どものロールシャッハ法における父親・母親イメージ図版の検討．人間環境大学人間環境学部紀要「人間と環境」，3，1-9．

Ⅲ部

アセスメントから
　　　セラピーへ

　Ⅲ部においては，心理療法あるいは面接技法としてのロールシャッハ法について，事例や基礎的研究など，さまざまな臨床現場・領域からの実践を紹介している。6章では，認知神経科学とロールシャッハ法という新しい視点を提供した。ロールシャッハ法のアセスメントとセラピーにおける活用，そして新たな発展の方向性について考えていただきたい。

序章 ロールシャッハ法と心理療法

小川俊樹

1. 心理査定と心理療法

　Ⅲ部は「アセスメントからセラピーへ」と題して，各種事例をもとにしたロールシャッハ法（アセスメント）の心理療法（セラピー）への貢献をとりあげている。しばしば「心理査定と心理療法とは，心理臨床家の専門的営為という車の両輪である」とか，「心理査定は心理療法の一部である」と，ことさらに心理査定と心理療法が密接に関係していると指摘されることは，ある意味では心理査定と心理療法がかけ離れているという現実を示唆しているのかもしれない。事実，心理査定よりも心理療法に臨床家の関心が移り心理査定があまり重要視されなくなっているとか（"心理査定の危機"と表現されたこともある），心理査定の報告は鑑別診断が主であって心理療法とは全く異質のものであるといった声も聞かれる。後者の端的な例は，心理査定はクライエントを客観的にみる冷たい眼であり，心理療法は共感的にみる温かい眼であるため，査定者と治療者を分けようという提案にも認められる（ちなみに，この種の役割分担は，入院治療において管理者〔Administrator〕と治療者〔Therapist〕とを役割の上で分けようという A-T スプリット〔A-T split〕と似ている）。しかし，来談者に最適な心理学的介入を行うのが心理療法であり，何が来談者の最適な介入かを決定するのが心理査定であるとワイナー（Weiner, 1975）が簡潔に定義しているように，来談者にとって最も安全で負担が少なく，効果的である心理学的介入を考える臨床家であるならば，心理査定を無視することはできない。

2. ロールシャッハ法の心理療法への貢献

　心理査定は面接によるもの，観察によるもの，検査によるものの3種類に分けることができるが，ここでは検査によるもの，つまり心理検査と心理療法について考えてみよう。査定面接とか診断面接と呼ばれているように，面接による心理査定もあるのだが，面接という形式が同じためか，面接ではことさら治療的面接（心理療法）との違いに言及したり，上記のような査定と治療という2分法が用いられることが少ないように思われる。さて，心理検査，特にロールシャッハ法が心理療法にどのような貢献をしているかを考える場合，心理療法の実施前，実施中，そして実施後の3つの時期に便宜上分けて査定と治療の関係を考えることができよう。

(1) 実施前における貢献：ロールシャッハ法から心理療法に関する情報の提供
　心理療法を実施するにあたって，どのような心理療法が有益なのか，あるいは好ましくな

いアプローチはどのようなものなのかといった点に関しては，従来から心理査定に期待されている臨床診断や鑑別診断という役割がこの種の大きな貢献といえよう。この鑑別診断というロールシャッハ法マニュアルのタイトル（『精神診断学』）にもなっている役割が，ともすれば治療とは一線を画したものと考えられやすい。しかしロールシャッハ法による病態水準の同定は，薬物治療を主としたものが好ましいのか，あるいは覆いをとるアプローチでも危険性が少ないかといった治療の策定に役立っている。この顕著な例が，境界例をめぐってのロールシャッハ法の貢献であった。ロールシャッハ法のような非構造的な心理検査では大きな崩れを示しながらも，ウェクスラー式知能検査のような構造化された心理検査では崩れを示さない境界例に対して，統合失調症は構造化された心理検査においても崩れを示しやすいことがガンダーソンとシンガー（Gunderson & Singer, 1975）によって指摘された。それゆえこの心理査定の結果は，その後の治療を進める上できわめて大切な役割を果たしているといえよう。特に，診断に基づいて治療のアルゴリズムが整っているところでは査定と治療が密接につながっている。

　一方，上述のような医学的診断と異なり，臨床心理学的な見立てにも心理査定は十分な貢献ができる。心理療法を開始する場合，多くは治療者の見立てに基づいて進められるが，その際にどのような心理療法が効果的かの選択は実際的にはあまりなされない場合が多い。薬物療法が必要なために医師との共同でということはあっても，当該の来談者にはどのような心理療法が適しているかという心理療法の選択の問題は意識に乏しい。実際，一部の心理的障害には特定の心理療法的アプローチが効果的といった研究もなされているが（たとえば，抑うつ障害に認知療法），疾患や障害を超えて，パーソナリティ面から治療選択の問題を考えていくことも重要で，その点に関しても心理アセスメントが役立つ可能性を有している。たとえば，ワイナー（Weiner, 1997）によれば，心理的問題を抱えた来談者を2群に分けて，内省を求めるタイプの治療的アプローチと行動療法的タイプの治療的アプローチをそれぞれに行った。そして，これらの来談者の何人が心理療法からドロップアウトしたかを，治療前に実施したロールシャッハ法の結果から調べてみると，外拡型の来談者は内省を求めるタイプの心理療法からの脱落が多かったという。これは，治療法の選択に際してのパーソナリティ要因の重要性を示唆するものである。

　さらに，心理療法を心理力動的な立場で行う場合には，力動的視点からみて何が問題なのか（たとえば，母子関係の問題とか，攻撃性の統制とか），どのような治療上の抵抗が予想されるか（たとえば，主として働いている防衛機制はどのようなものか）といった点に関する手がかりを提供してくれる。お話療法の素材は来談者の訴えが主であるが，心理力動的な心理療法にあっては，いわゆる気づかれていない葛藤という点ではロールシャッハ法がお話療法の素材を提供してくれる。なお，ロールシャッハ法がいかに心理療法の治療計画上大きな役割を果たすことができるかに関しては，ワイナー（Weiner, 1997）が詳細な展望を行っている。

(2) 実施中での貢献：ロールシャッハ法の実施そのものが心理療法となる

　実施中での貢献とは，心理療法を実施中にロールシャッハ法を実施するという意味ではなく，ロールシャッハ法の実施が一種の心理療法であるという意味である。つまり，実施前の実施は基本的には，前述したように最適な心理学的介入に関する情報を提供してくれるのであるが，ロールシャッハ法の実施の仕方によっては心理療法，主として内省的心理療法（非指示的心理療法）や力動的心理療法としての治療効果をもたらすことになる。反応段階終了後に対象者と一緒に反応を確かめ合った村瀬（1970）のアプローチは前者であり，ロールシャッハ法の実施過程が力動的心理療法過程ときわめて類似した心理的過程であることを指摘した小川・野坂（2000）は後者の効果を指摘したものである。村瀬はロールシャッハ法の反応段階を終えた後，質問段階に通常のようにスコアリングのための質問を行わないで，その代わりに対象となった少年と反応を検討するというやり方で，診断的理解に対して共感的理解の有用性を強調している。小川・野坂は，ロールシャッハの独創性から生じた質問段階の存在が力動的心理療法における明確化や直面化の役割を果たすことを明らかにしている。

　なお，心理療法の実施中ではないが，MMPIに始まり一般的な心理療法効果を引き起こす形でのロールシャッハ法の結果報告は，近年フィンとブッチャー（Finn & Butcher, 1991）によって積極的に主張されている。

(3) 介入後における貢献：心理療法の効果に関する情報の提供

　各種心理療法の効果判定の一助として，心理検査を採用することも心理査定が果たす心理療法への大きな役割である。とりわけロールシャッハ法は，質問紙法や尺度検査と異なり，行動的な変化や外面的な改善のみならず，より微妙な人格的変化を把握できるのではないかと期待される。どのような治療アプローチがどのような改善をもたらすのか，あるいはどの水準での変化が期待できるのか，といったことを明らかにできれば，来談者により適切な治療選択が可能となろう。そして，変化や改善の把握という点では，いわば心理療法のモニタリング機能をもっているということができる。心理療法の終結や当該の介入による治療効果の判断に有益な情報を提供してくれる有用性を，心理査定は秘めているのである。たとえば，退院の判断に果たすロールシャッハ法の役割に言及した空井（1982）の研究は，この一例である。空井によれば，ロールシャッハ法上の変化は，行動面での変化に遅れて出現するという。

　以上，ロールシャッハ法が治療に果たす役割がきわめて大きいことを指摘したが，対象範囲が幼児から高齢者まで，また健常者から器質的疾患者までと広いこともロールシャッハ法の特質である。III部の各章でとりあげられている事例の多様性からもそのことが理解できるかと思う。

〈文献〉
Finn, S. E. & Butcher, J. N. (1991) Clinical objective assessment. In Hersen, A. E. et al. (eds.), *The Clinical*

Assessment Handbook (2nd ed.). pp. 362-373. New York: Pergamon Press.

Gunderson, J. G. & Singer, M. T. (1975) Defining borderline patients: An overview. *American Journal of Psychiatry*, **132**, 1-10.

村瀬孝雄（1970）被検者が自己解釈を行った一症例：診断的理解と共感的理解の統合についての一考察．片口安史ほか編，ロールシャッハ法による事例研究，pp.101-119．誠信書房．

小川俊樹・野坂三保子（2000）質問段階の心理療法的意義について．日本ロールシャッハ学会第4回大会発表論文集．

空井健三（1982）心理検査による精神分裂病者の研究——入退院時の修正BRS測定による入院治療の効果の検討．ロールシャッハ研究，**24**，1-12.

Weiner, I. B. (1975) *Principles of Psychotherapy*. New York: Wiley.

Weiner, I. B. (1997) Current status of the Rorschach Inkblot Method. *Journal of Personality Assessment*, **68**, 5-20.

1章　児童虐待とロールシャッハ法

坪井裕子

1．虐待を受けた子どもの特徴

(1) 子どもの虐待をめぐる社会的な背景

　子どもの虐待が社会的な問題となり，毎年のように悲惨なニュースがテレビや新聞でとりあげられている。わが国では平成12（2000）年に「児童虐待の防止等に関する法律」（以下，児童虐待防止法）が施行され，その後も数年おきに改正が進んでいる。児童虐待防止法が制定されて約10年が経過した平成22年度の児童相談所の児童虐待相談対応件数は55,152件（厚生労働省，2011b）で，平成11年度に比べ約5倍となっている。これは，虐待の件数が増えたというだけでなく，虐待を早めに発見し対応していくという体制が整ってきたという背景もあると考えられる。

　もし虐待が起きてしまった場合，多くは通報等により児童相談所が介入し，子どもを保護するか，在宅のまま指導を行うかの判断を行う。厚生労働省（2011a）によると，平成22（2010）年10月現在で，全国に児童養護施設は568施設あり，およそ3万人の子どもが入所している。虐待を受けた子どもが保護され，施設に入所することが増えたことから，児童養護施設では心理療法等担当職員や家庭支援専門相談員，個別指導職員などが導入され，なるべく家庭的な雰囲気での養育を目指すために，グループホームなど小規模施設化が推進されている。

(2) 虐待が子どもに及ぼす影響

1) いくつかのアセスメント研究から

　虐待は子どもの発達にさまざまな影響を及ぼす。これらの子どもたちの心理的な特徴をつかむために，さまざまなアセスメントが行われている。基本的なものとして，知能検査や発達検査，行動のチェックリスト，投影法等があげられる。さらに必要に応じて，解離など特定の症状に焦点を絞ったアセスメントも行われることがある。

　CBCL（Child Behavior Checklist/4-18；井潤ほか，2001）を用いた調査（坪井，2005）では，児童福祉施設の職員からみた被虐待児の問題として，「非行」や「攻撃的行動」の得点が高く，「社会性」や「注意の問題」でも臨床的なケアの必要な子どもが多いと指摘されている。虐待を受けた子どもの行動特徴に特化した「虐待を受けた子どもの行動チェックリスト改訂版」（山本ほか，2008）による検討では，虐待の重複が多くなるほど問題得点が有意に高く，子どもの行動の特徴に虐待種別による一定の違いがあることも指摘されている。虐待による大きな問題として，PTSD（心的外傷後ストレス障害）もあげられる。西澤・中島・三浦（1999）のTSCC（子ども用トラウマ症状チェックリスト；Briere，1996）による

児童養護施設入所児を対象としたトラウマ反応に関する調査では，被虐待児の抑うつと怒りに起因する反応が指摘されている。このように多くの問題を示す被虐待児への対応・支援に際しては，さまざまな面からのアセスメントが必要であると考えられる。

2) ロールシャッハ法を用いた研究から

虐待に限らず，何らかの心的被害の痕跡を明らかにするためにロールシャッハ法が用いられており，有用な知見が得られている。

ブリーディ（Breedy, 1995）は，性的虐待を受けた18人のロールシャッハ反応（以下，ロ反応）を検討し，Bl（血液反応），An（解剖反応），Sx（性反応），AG（攻撃的運動）やMOR（損傷内容）の多さから，人間関係を攻撃的に知覚しやすいことを指摘している。アームストロングとローウェンスタイン（Armstrong & Loewenstein, 1990）は，何らかの虐待を受けた14名のロ反応を検討し，TC/R（トラウマ指標）の高さを指摘している。TC/Rとは，トラウマティック・コンテンツといわれるBl, An, Sx, AGとMORの和を総反応数で割ったものである。ケリー（Kelly, 1999）は，被虐待等のタイプⅡ（慢性・複雑性）トラウマのある男女各32人の子どもと，対照群の比較から，男女ともに被虐待群は傷ついた対象表象を示し，特に被虐待群男子が最も傷つきを示したと指摘している。このように海外では，ロールシャッハ法を用いた心的被害に関する研究がさまざまに行われている。

わが国でも，菊池・深井・菊池（2001）は，ロ反応にみられる性的被害の痕跡について検討し，色彩などの情緒刺激に対する統制が弱いこと，破壊的・破滅的表現が多いことを特徴としてあげている。小松・長屋（1981）は，身体的虐待を受けた子ども8名のロ反応を検討し，F+％が高く現実吟味力は確かだが，半数がM＝0で，反応内容が乏しいとしている。影沢（2005）は，児童自立支援施設に入所中で被虐待の背景をもつ非行児5名のロ反応について検討を行い，Rが少なく（平均17.4），拒否があること（5名中3名）などを指摘している。

被虐待児の事例研究では，久保田・本城・安田（1989）が身体的虐待を受けた10歳女児のロ反応について検討し，表面的な現実検討力は良好だが，濃淡や色彩状況で敵意や不安感情が出現しやすいことを指摘している。森川（1997）は，不適切な養育状況下にあった13歳女児のロ反応を検討し，口唇攻撃性（Hor）と作話傾向（DW）を特徴にあげている。

筆者らは，ロールシャッハ法からみた被虐待児の特徴をとらえる試みが必要であると考え，いくつかの研究を行った。次にその研究結果を紹介する。

2．虐待を受けた子どものロールシャッハ法の特徴

(1) 虐待を受けた子どものロールシャッハ反応

被虐待経験のある小学生のロールシャッハ反応の検討（坪井・森田・松本，2007）について以下に紹介する。対象は被虐待体験をもつ児童福祉施設在籍中の小学生40名であり，入所時の記録や職員からの聞き取りによって，対象児を虐待タイプ別に分けた（身体的虐待群16名，ネグレクト群24名）。対照群は，松本（2003）の健常児データの小学校4年生男女各30

表Ⅲ-1-1　主なスコアの平均（坪井ほか，2007）

	対照群 ($n=60$)	ネグレクト 群($n=24$)	身体群 ($n=16$)	χ^2値	多重比較
反応数	17.2(7.53)	20.5(6.34)	22.94(9.14)	10.96	対照群＜ネグレクト群*
Rej	0(.0)	0.08(0.28)	0.13(0.34)	6.62	対照群＜身体群*
T/R	17.8(12.99)	15.0(9.71)	13.8(8.86)	1.49	
ⅧⅨX/R%	31.0(7.39)	35.6(6.44)	34.2(7.10)	10.10	対照群＜ネグレクト群*
ⅧⅨX反応数	5.47(3.06)	7.29(2.46)	8.25(4.11)	17.86	対照群＜ネグレクト群**・身体群*
W%	51.9(22.5)	44.6(17.0)	38.8(19.5)	5.50	
D%	40.0(18.3)	48.5(13.5)	51.2(17.6)	6.91	
F%	74.9(17.3)	68.0(14.7)	63.9(16.0)	6.04	
F+%	34.8(15.7)	66.6(16.0)	70.2(19.8)	46.40	対照群＜ネグレクト群**・身体群**
M	0.92(1.45)	1.04(1.16)	1.88(2.28)	2.95	
FM	1.58(1.94)	2.46(2.26)	2.38(2.42)	6.04	
m	0.44(0.72)	0.79(1.25)	0.69(0.70)	2.02	
ΣC	0.67(0.92)	1.85(2.02)	2.34(1.97)	20.66	対照群＜ネグレクト群*・身体群**
DR	3.53(1.62)	4.50(1.38)	4.38(1.31)	7.75	対照群＜ネグレクト群*・身体群*
CR	5.73(2.96)	6.83(3.63)	7.69(3.83)	4.17	
A%	68.9(19.1)	66.7(21.6)	55.0(18.1)	6.79	対照群＞身体群*
H%	13.7(11.4)	13.3(12.7)	18.8(10.3)	3.92	
人間全体%	67.6(18.8)	47.2(41.0)	50.8(31.3)	5.56	
人間部分%	31.7(18.2)	27.8(34.3)	36.6(28.1)	3.20	
P	1.92(1.14)	2.04(1.23)	2.25(1.24)	1.07	
Affect%	29.4(17.0)	46.2(18.1)	55.2(20.2)	24.98	対照群＜ネグレクト群**・身体群**
思考・言語%	17.2(22.3)	53.8(20.7)	59.0(24.2)	45.42	対照群＜ネグレクト群**・身体群**

注）身体群：身体的虐待群。DR：Determinant Range。CR：Content Range。（ ）内はSD。
　　**$p<.01$，*$p<.05$

名を用いた。被虐待群，対照群とも名大式でスコアリングを行った。以下にその結果と考察を簡単に示す。

1）主な変数

ネグレクト群，身体群の両群ともに対照群との間で有意差があったのは，表Ⅲ-1-1に示すとおりである。被虐待群における色彩への反応性の高さと，感情の負荷（Affect%）の大きさ，思考・言語過程での逸脱の多さ（思考・言語%）が示された。反応領域については，被虐待児群と対照群で有意な差はみられなかった。決定因については，ΣCのみ被虐待群が有意に高いという結果であった。色彩などの外部刺激に対する反応性の高さは，被虐待児の特徴を示すものと考えられ，衝動コントロールの問題とも関連するのではないかと考えられる。

2）反応内容

被虐待群と対照群で有意差があったのは，Atb（骨格反応），Death（死反応），Fd（食物反応），Fi（火反応）で，いずれも被虐待群に出現する割合が高かった。また，群別にみると，ネグレクト児に食物反応が多かった点に注目したい。ネグレクト児の場合，実際に食べ物を適切に与えられなかった子どもは多いが，ロールシャッハ法で示された食物反応の多さは，現実の食べ物へのこだわりだけでなく，口唇欲求的なもの，愛情や適切なケアなど，本来取り入れられるべきものの欠如が背景にあるのではないかと考えられる。食物反応が示された場合には，その意味にも配慮するべきであろう。また，身体的虐待群はH（人間反応）が対照群に比べて有意に多かったものの，内容的にあまり良好とはいえない反応が目立った。

「手と骨」「逆立ちしている足」など人間の部分だけをとりあげた反応が出され，良質な人間の全体像が把握されていない。これは対人認知の困難さや対人関係のとりにくさを示すものとも考えられる。人間反応（HやM）の数だけでなく，その質とともに，人間にかかわる反応すべての内容を，詳細に吟味していく必要があるだろう。

3）感情カテゴリー

被虐待群の子どもたちは対照群に比べて感情負荷が高く，とりわけ敵意感情，不安感情が高いことが示された。群別にみると，身体的虐待群の特徴は依存感情や快的感情も多く，全体に感情負荷が高い傾向にあるといえる。身体的虐待を受けた子どもは，暴力から身を守るために常に過覚醒のような状態にあり，刺激に対する過敏さから，さまざまな感情をコントロールできずに出しすぎてしまう可能性を示しているとも考えられる。一方，ネグレクト群の特徴は不安をベースにした反応が多いことである。不安感情の下位カテゴリーであるAgl（陰うつ反応）に示される嘆きや悲しみ，活気の欠如，あきらめなどは，特にネグレクト児の心理的な特徴を示していると考えられる。また被虐待両群に共通して多いのは，敵意感情のHh（間接敵意）やHha（間接敵意不安）であった。これらのことから，被虐待児の心理的ケアを行う際には，表面的な攻撃的行動だけでなく，子どもの抱えている怒りや不安・抑うつに注目した対応が必要といえる。

4）思考・言語カテゴリー

Fabulization Response（作話的反応）とDefensive Attitude（防衛的な態度）が，いずれも被虐待群で対照群より多く認められた。作話的反応のうちdefiniteness（限定づけ）のサブ・カテゴリーであるinanimation（脱生命化）や，distorted（歪んだ）は被虐待群に多く，対照群にはほとんど出現していない。身体的虐待群では，Arbitrary Thinking（恣意的思考）の出現が多く，やや独善的な反応の出し方が特徴といえるだろう。さらに，身体的虐待群ではInappropriate Behavior（不適切な言動）が多いこともあげられた。不適切な言動は，ロールシャッハ・テスト全般における反応性の高さ（易刺激性）として，これまで指摘してきたように衝動コントロールの弱さに関連すると考えられる特徴といえる。

(2) 虐待を受けた子どもの問題行動とロールシャッハ反応

次に，虐待を受けた子どもの問題行動とロ反応の関連についての研究（坪井ほか，2012）を紹介する。対象は児童福祉施設に在籍中で何らかの虐待（性的虐待を除く）を受けたことが判明している小1〜中3までの子ども50名である。ロールシャッハ法は包括システムに従った。CBCLの記入を施設職員に依頼し，一定期間後に回収した。以下に簡単な結果と考察をまとめたものを示す。

1）CBCLとロールシャッハ変数の相関

CBCLの「ひきこもり」，「不安・抑うつ」，「注意の問題」得点とロールシャッハ法のR（反応数）には，有意な負の相関がみられた。一般に抑うつの場合，活動性が低下することもあり，反応数は少ないといわれている。被虐待児の場合でも，「ひきこもり」や「不安・抑うつ」等の内向的問題を示す子どもは同様の傾向があると認められた。「身体的訴え」と

材質反応（FT・SumT）には，正の相関が認められた。材質反応は一般に依存や愛情欲求と関係するといわれており，虐待を受けた子どもたちの「身体的訴え」の背景にある依存や愛情欲求と，身体感覚を通したその出し方の関連を注意深くみていく必要がある。「身体的訴え」は，素直に感情を表現できない子どもたちの愛情欲求のサインである可能性が示されたとも考えられる。一方，攻撃性を中心とした外向的問題は，An と有意な正の相関が示されたのみであった。問題行動として外にみえやすいもの（非行や攻撃的行動）が反応に直結するというよりも，不安・抑うつなど，内面に抱えているものがロールシャッハ反応に現れてくる可能性が示唆されたといえるだろう。

2) CBCL 臨床域群のロールシャッハ反応の特徴

CBCL の総得点の T スコアを臨床域群（28名），健常域群（22名）に分けて比較をしたところ，An・MOR・LV2（特殊スコアのレベル2）・TC/R に有意差があり，いずれも臨床域群の値が高かった。現時点で問題行動がある子どもたちに An，MOR を含む TC/R が高いことが示された。TC/R は，臨床的なケアを必要とするサインとなる可能性を示唆しているといえるだろう。高橋・高橋・西尾（2007）は，An を示す人が破壊衝動を行動化するか抑制するか，研究者の意見がさまざまであることを紹介している。今回の結果では，被虐待児の非行や攻撃性（行動化されたもの）の高さと解剖反応の結びつきが示されたが，実際の子どもの臨床的な対応に活かすためには，反応内容を吟味していくことも重要であろう。

3．児童福祉施設におけるロールシャッハ法

(1) 児童養護施設におけるアセスメント

筆者はある児童養護施設において，非常勤心理職として子どもたちにかかわっている。施設には虐待を受けた子どもが多く入所しており，生活担当職員が子どもたちの示す問題への対応に苦慮している。施設でのアセスメントで求められるものは，子どもの生活面での援助に役立つものである。施設は子どもの生活を丸ごと抱える環境となるため，ここでいうアセスメントとは，単なる心理検査だけでなく，子どもの生活全般を通してのケアに結びつくものを指す。児童相談所を通して入所する際に，ほとんどの子どもが社会調査・心理学的判定・医学的診断等を受けてきている。虐待を受けた子どもの場合は，入所以前の生活状況，親との愛着関係なども知る必要がある。しかし実際にはなかなか情報が得られないことが多い。施設では，少ない情報と子どもたちの現在の様子を通して，子どもの支援の方針を立てていかざるをえないという状況である。

平成11（1999）年に児童養護施設に心理療法等担当職員が導入されて以来，各施設に心理職が増えてきたが，施設における心理職の役割や立場はそれぞれの施設で異なっている。心理検査等についても，施設内では一切行わないというところもあり，本章で紹介しているものは，あくまでも筆者のかかわっている施設での例であることをあらかじめご了承いただきたい。

筆者が施設内で実際に行っているアセスメントは以下のとおりである。1つは新入所児の

アセスメントである。これは施設でのケアにあたって方向性を決める参考となるものである。具体的には CBCL による評価をベースに，生活面での子どもの特徴の把握を行う。その上で必要ならば，子どもとのインテーク面接を行う。CBCL と子ども本人が記入する YSR（Youth Self Report；倉本ほか，1999）を組み合わせると，より多面的に子どもの特徴をつかむことができる。インテーク面接では，施設に心理療法等担当職員がいること，何か困ったことがあれば相談してよいということを伝えている。施設入所前の生活状況についても，子どもが話せる範囲で確認しておく。さらに必要があれば児童相談所での検査を補完するような心理検査，たとえばロールシャッハ法などを実施する場合もある。これらのアセスメントを組み合わせて，子どもの特徴をとらえ，生活面と心理療法における見立てや方針の参考にしている。

　また，入所時は比較的落ち着いていると思われた子でも，しばらくするとさまざまな問題が起こってくることがある。その際には，対応を探るためにアセスメントが求められる。その結果を，施設職員だけでなく，時には学校の先生を交えたコンサルテーションでフィードバックする場合もある。

　施設という生活と密着している場でのアセスメントであり，検査者が施設内で顔見知りであることの影響も考えられるが，むしろそれを活かして，子どもの姿をとらえることができるよう留意している。

(2) 施設におけるロールシャッハ法
1) 施設におけるロールシャッハ法の実際
　次に，施設という場でどのようにロールシャッハ法を用いているのかについて紹介したい。施設でロールシャッハ法を行うのは，支援の方針に役立てるためであり，アセスメントバッテリーの選択肢の1つとしての実施である。

　実際に現場でロールシャッハ法を実施していると，単なる心理検査にとどまらず，施設という場がもたらすさまざまな影響があることを感じる。たとえば，筆者が検査者としてよく感じるのは，子どもたちが大変熱心に取り組んでくれることが多いということである。この背景として，施設に入所している子どもたちには，たとえ検査状況ではあっても，大人が1対1で対応してくれる時間が何か特別なものとして体験されたことの反映ではないかと考えられる。

　特にロールシャッハ法の特徴である質疑段階（Inquiry）が，子どもたちにとっては新鮮に感じられるようである。自由反応段階で得られた反応について，〈どこがそう見えたか，どうしてそう見えたか，教えてください〉と質疑をすると，子どもが「え？」とびっくりしたように問い返すことがある。そして「いいよ，教えてあげる……」といって，話してくれる子どもが大半である。施設にいる子どもたちは，虐待とまではいわなくても，保護者にしっかりとかかわってもらえた経験のある子どもは多くない。むしろほとんどの子が，大人にていねいに話を聞いてもらった経験が少ないのではないかと推察される。その意味では，否定されることなく話を聞いてもらえるロールシャッハ法は，子どもたちにとって，単に心理

検査というだけでなく，それ自体がとても重要な体験をする面接の1セッションになるといえるだろう。

　2）施設におけるいくつかの例

　実際に，施設内で被虐待児にロールシャッハ法を用いたいくつかの例を紹介する。

　虐待を受けて施設に入所したある中学生の女子で，筆者とは検査時が初対面のケースである。ロールシャッハ法を実施してみたものの，自由反応段階では10枚の図版のうち7枚が，無言か「わからない」などの反応拒否であった。中断も考えたが，質疑段階で〈今見たらどうですか？〉と聞いてみると，ポツポツと反応を出してきた。すべての図版に付加反応があったわけではないが，自由反応段階よりは，生き生きとした反応が出せるようになってきた。最初はテストに対してかなり警戒しており，ひととおり様子をみていたと思われる。質疑段階になって，多少は警戒を緩めてくれたのかもしれない。検査への態度から，「警戒の強い子」「すぐには自分を出せない子」，しかし「様子をみて大丈夫だとわかれば動ける子」ではないかと考えられた。このケースの場合，数量的な分析にはほとんどのらないが，新奇場面への態度や，課題へのかかわり方という点で，非常に「この子らしさ」が示されたといえるだろう。

　次に，性的虐待を疑われて施設入所となり，施設内でロールシャッハ法を実施した小学生女子のケースを紹介する。ロールシャッハ法の結果，色彩刺激への過敏性が認められ，「男の人の足」や「逃げて隠れる」といった反応内容などから，やはり性的虐待の疑いが濃いと判断された。施設内でも性化行動（異性を誘うような行動）がみられたため，児童相談所とも連携して，外泊禁止や面会・外出の制限など，保護者との接触に注意を払うよう配慮した。ロールシャッハ法の結果がただちに性的虐待の根拠とはならないが，その疑いを補強することになり，方針を立てる際に役立ったのではないかといえる。

　また，ある小学生男子の場合（坪井，2007），職員によるCBCLでは「問題なし」であったが，本人記入のYSRでは「自分を悪い子だと思っている」という結果が出た。ロールシャッハ法を実施したところ，「顔がない人」「カブト・防具・ヨロイをつけた人」「門のところで見張っている人」といった反応内容が示された。このケースは，父親の暴力に耐えかねた母親が家出を繰り返し，弟は問題行動を起こしており，きょうだいそろって施設入所となったものである。アセスメントの結果から，本児が暴力をふるわれる生活のなかで，母親や弟を「守る」ために，緊張感をもって身構えて生きてきた様子が伝わってきた。この結果を職員にフィードバックしたところ，生活のなかで本児が自分を抑えてかなり我慢していることが理解されるようになった。本人からも「カウンセリングを受けたい」との希望が出され，セラピー導入につながった。「問題なし」として見過ごされるのではなく，「我慢している子」として配慮されるようになったことが重要であると考えられる。このケースはアセスメントが有効に機能し，職員の理解とセラピーへのつなぎの役目を果たした例だといえる。

　身体的虐待と心理的虐待により施設入所となった小学生女子の例（坪井，2008）では，セラピーを開始したものの，なかなか関係がつながらず，心理検査そのものを拒否されていた。ある程度関係が取れるようになった頃，セラピストから再度心理検査を提案し，ロールシャ

ッハ法を実施した。反応は無難な内容が多く，そつなくこなしているという印象であった。Affectでは，快的感情が多く出され，躁的防衛と考えられるとともに，背景にある不安の高さも推測された。検査後のフィードバックのなかで，本児から「自分のことを知りたい」という言葉が聞かれ，これをきっかけに，セラピーの展開が大きく変わってきた。セラピー途中での心理検査実施についてはさまざまな意見があるが，このケースの場合は，実施のタイミングも含めて，ロールシャッハ法の実施が自分の問題に向き合うきっかけとなり，セラピーへの取り組みにも変化が起こった。このように，アセスメントを行うこと自体がセラピーに果たす治療的意味についても考えさせられるものがあった例である。

3）被虐待児にロールシャッハ法を用いる際の留意点

これまで述べてきたように，ロールシャッハ法は被虐待児の特徴をつかむために有効なアセスメントであるが，それだけに留意点もいくつかあげられる。

まず，被虐待児は警戒心の強い子どもが多いので，すぐに検査にのってくれない場合も多い。また，ロールシャッハ法は正解がなく，何を言ってもよいという自由度の高い検査である。この特徴は，自分を表現することが苦手な子どもにとっては，とても難しい課題となる。したがって，検査が侵襲性の高いものにならないように留意し，どの時点で実施するのかも含めて，検査実施の適否の見極めが必要なのはいうまでもない。

さらに，子どもたちががんばってよいところをみせようとすることがあるということもあげられる。その結果，反応数が多くなる可能性もある。坪井ほか（2007）の研究でも，総反応数にネグレクト児と一般児との有意差が認められている。実際の現場では，最後の図版Xで反応数が多くなる子がいるという印象もあり，この点については，検査者との関係も含めてさらなる研究が必要であろう。

虐待を受けた子どものなかには，これまでの経験から，周囲に迎合するようなことを言ってしまう子もある。検査者の様子を無意識のうちにうかがっているので，何か気になる反応が出されたときの検査者の態度は要注意である。また，質疑段階でいろいろ聞いてもらえるうちに，だんだんテンションが上がって高揚状態になってしまう子もいる。質疑であまり聞きすぎてしまうと，作話傾向を助長する恐れもある。検査者がよけいな刺激を与えないのは当然のことであるが，いずれにしても子どもたちがサービス過剰になる可能性があることを知っておくべきである。虐待を受けた子どもの特徴として，刺激への反応性の高さとコントロールの弱さが示されていることに留意し，細心の注意をはらう必要がある。過剰反応を出してしまった場合には，その後のセラピーにも反動が現れるなど，何らかの影響があると考えられるからである。また，子どもによってはロールシャッハ法が気に入り，セラピーの途中でも，本人から「『何に見えますか』っていうのをやりたい」と言われることがある。展開にもよるが，何か言いたいことがあるのかな，などと考えながら，必要に応じてセラピーの1回としてロールシャッハ法を用いる場合もある。

最後に，筆者は虐待を受けた子どもたちとかかわる上で，ロールシャッハ法が非常に有効な示唆を与えてくれるという現場での感触をもっている。特に，施設にいる子どもの場合，検査での体験が，その後のセラピーや生活にも影響してくるという実感がある。それゆえ，

心理検査も大切な1回の面接として臨むように心がけている。今後も，アセスメントをその後のセラピーや生活の支援にどのように活かせるかを課題と考えながら，1人ひとりの子どもたちと真摯に向き合っていきたいと思っている。

〈文献〉

Armstrong, J. G. & Loewenstein, R. J. (1990) Characteristics of patients with multiple personality and dissociative disorders on psychological testing. *Journal of Nervous and Mental Disorder*, 178, 448-454.

Breedy, A. L. R. (1995) On the use of the Rorschach in the assessment of psychological functioning following sexual abuse in adolescent girls: A research note. *Rorschachiana*, 20, 188-204.

Briere, J. (1996) *Trauma Symptom Checklist for Children (TSCC) Professional Manual*. Odessa, FL: Psychological Assessment Resources.［西澤　哲訳（2009）子ども用トラウマ症状チェックリスト（TSCC）専門家のためのマニュアル．金剛出版．］

井潤知美・上林靖子・中田洋二郎・北　道子・藤井浩子・倉本英彦・根岸敬矩・手塚光喜・岡田愛香・名取宏美（2001）Child Behavior Checklist/4-18日本語版の開発．小児の精神と神経，41，243-252.

影沢典子（2005）児童虐待．小川俊樹・松本真理子編著，子どものロールシャッハ法，pp.149-162．金子書房．

Kelly, F. D. (1999) *The Psychological Assessment of Abused and Traumatized Children* (Weiner, I. B. (ed.) Personality and Clinical Psychology Series). New Jersey: Lawrence Erlbaum Associates.

菊池清美・深井玲華・菊池義人（2001）ロールシャッハ・テストに見られる性的被害の痕跡．心理臨床学研究，18，626-632.

小松教之・長屋正男（1981）被虐待児の心理的特性──ロールシャッハ法を中心として．京都教育大学紀要，59，37-47.

厚生労働省（2011a）平成22年社会福祉施設等調査結果の概況．〈http://www.mhlw.go.jp/toukei/saikin/hw/fukushi/10/index.html〉

厚生労働省（2011b）子ども虐待による死亡事例等の検証結果（第7次報告概要）及び児童虐待相談対応件数等．〈http://www.mhlw.go.jp/stf/houdou/2r9852000001jiq1.html〉

久保田さち・本城秀次・安田慶子（1989）幼児期に虐待を受けた一児童のロールシャッハ・テスト．ロールシャッハ研究，31，111-122.

倉本英彦・上林靖子・中田洋二郎・福井知美・向井隆代・根岸敬矩（1999）Youth Self Report（YSR）日本語版の標準化の試み──YSR問題因子尺度を中心に．児童青年精神医学とその近接領域，40，329-344.

松本真理子（2003）子どものロールシャッハ法に関する研究──新たな意義の構築に向けて．風間書房．

森川直樹（1997）PTSDの一症例「全力をもって大人社会に挑戦している少女」．ロールシャッハ研究，39，17-30.

西澤　哲・中島健一・三浦恭子（1999）養護施設に入所中の子どものトラウマに関する研究──虐待体験とTSCCによるトラウマ反応の測定．日本社会事業大学社会事業研究所．

高橋雅春・高橋依子・西尾博行（2007）ロールシャッハ・テスト解釈法．金剛出版．

坪井裕子（2005）Child Behavior Checklist/4-18（CBCL）による被虐待児の行動と情緒の特徴──児童養護施設における調査の検討．教育心理学研究，53，110-121.

坪井裕子（2007）児童養護施設におけるアセスメント．森田美弥子編，現代のエスプリ別冊『事例に学ぶ心理臨床実践セミナー』シリーズ第3巻：臨床心理査定研究セミナー，pp.81-92．至文堂．

坪井裕子（2008）ネグレクト児の臨床像とプレイセラピー．風間書房．

坪井裕子・松本真理子・森田美弥子・畠垣智恵・鈴木伸子・白井博美（2012）被虐待児のロールシャッハ反応の特徴と問題行動との関連．人間環境大学人間環境学部紀要「人間と環境，電子版」，3，35-44.

坪井裕子・森田美弥子・松本真理子（2007）被虐待体験をもつ小学生のロールシャッハ反応．心理臨床学研究，25，13-24.

山本知加・尾崎仁美・沼谷直子・藤澤陽子・松原秀子・西澤　哲（2008）虐待を受けた子どもの行動チェックリスト（ACBL-R）の標準化の試み．子どもの虐待とネグレクト，10，124-136.

2章　青年期面接におけるロールシャッハ法の活用

古井由美子

1．病院臨床におけるロールシャッハ法の位置づけ

　臨床現場におけるロールシャッハ法の使用が減少傾向にあるといわれる昨今であるが，それでもなお精神科臨床におけるロールシャッハ法は最も重要な心理検査として，ある一定の市民権を得ているように思われる。しかしその用い方は，医師からは鑑別診断の補助目的が一般的であり，筆者も初心の頃には心理査定としての用い方しかできなかった。ロールシャッハ法の心理療法との関連については，片口（1974）が「1)治療継続の予測，2)予後評定，3)治療効果の測定の3つに大別することができる」として，心理療法と密接に結びついたものであることを述べている。そして筆者自身も心理療法の経験を重ねるなかで，心理療法のなかから得られる人物像と，ロールシャッハ法の所見が一致することを体験して，心理療法とロールシャッハ法との関係の検討を臨床に活かすことが可能になってきた。そして最近は鑑別診断のためだけではなく，心理療法の適応性（心理療法の継続性や心理療法の方法の適用性）を査定するためであったり，心理療法の効果測定であったり，さらにクライエント自身の希望など心理療法との関係で用いる機会も増えている。しかし一方で現実的な条件として，病院で心理検査を行うにはすべて医師の指示のもとであることが義務づけられており，臨床心理士の判断だけで実施することはいまだに困難な状況にある。よってロールシャッハ法を心理療法に活かすことの有効性をこれまでの臨床経験で実感しつつも，こうした病院臨床ゆえの制約があることも考慮しなければならない実情である。

2．心理療法と関連したロールシャッハ法の用い方

　ロールシャッハ法の心理療法における活用について，井上（1984）は「ロールシャッハ面接法」を考案し，ロールシャッハ図版を用いてイメージを語らせる方法を面接に取り入れており，まさしくロールシャッハを用いた治療法を実施している。筆者は，ロールシャッハ法の所見を面接のなかで活用するという立場で行ってきた。それは現実的な環境として，精神科だけでなく小児科・内科・耳鼻科など身体科のクライエントとかかわることも多く，そのためにロールシャッハ法のフィードバックを主治医ではなく臨床心理士が行うことが多かったためである。筆者が経験のなかで，ロールシャッハ法と心理療法の関連を考えたとき，フィードバック面接にかかわることが中心となっている。フィードバック面接については，森田（2012）が「検査結果のフィードバックは，それ自体が治療的なコミュニケーションである」と述べているように，そこでの体験がその後の心理療法に大きく影響すると考えられる。また小児科や心療内科のクライエントは，ロールシャッハ法を受けた時が心理療法を受ける

時期に熟していない場合があり，そういう場合にはフィードバック面接のみで終結することも多い。そういった心理療法に直接つながらなくても，ロールシャッハ法体験そのものが治療体験であったり，1回のみのフィードバック面接であったとしても，治療的であったりすると考えられた。このように，臨床場面においては，心理査定を目的としないロールシャッハ法の活用方法が多様にあるといえる。

　ロールシャッハ法を用いたフィードバック面接においては，小児科や心療内科など身体疾患あるいは身体症状があるクライエントに有効であることが多い。そうした心身症のクライエントは，感情の表出が弱かったり，心理的葛藤の自覚が乏しかったりすることが多いためである。どちらも初期のアセスメントにおいて面接のみでは心理力動が読みにくく，心理療法への適応の見立てがしにくい。そのため，ロールシャッハ法による心理力動の見立てや心理療法の適否の判断は信頼できる手段になる。さらに心理的な治療を継続する場合，クライエントとの合意が必要となるが，心身症のクライエントは心理療法への動機づけも乏しいことがあり，その場合ロールシャッハ法のフィードバック面接が有用となる。すなわち，ロールシャッハ法のフィードバック面接が有効であると感じるのは，心理療法の見立ての補助や心理療法の作業同盟を結ぶときの補助として用いる場合であることが多いといえる。

3．ロールシャッハ法におけるフィードバック面接の伝え方

　フィードバック面接で所見の内容をどのように，どこまで伝えるかについては，さまざまな立場がある。沼（2009）は，「フィードバックはクライエントの役に立つということが一番であり，わかりやすい言葉で伝え，一番重要なこと1，2点と，検査者が疑問に思ったこと1点くらいに絞った方がいい」とクライエントが理解できることに最も焦点を当てている。馬場（1997）も同様に，「その伝達が自己理解や疾患への理解を促し，治療意欲を高めることに役立つこと，少なくとも外傷体験にならぬようにすること」と述べ，「早すぎる解釈」にならないように注意を促している。本人が意識化できていないことをあたかも知っているかのように伝えることは，クライエントにとって外傷体験になったり，逆に治療者に過度の依存を引き起こすことになったり，その後の治療を進みにくくする。筆者もそのような苦い失敗体験をもつ。「言葉がさかさになってしまう。日常生活の常識がわからなくなってしまった」という主訴で，脳腫瘍などを疑われて小児科に受診し，さまざまな検査で異常がみられず，精神科に紹介があった思春期女性のクライエントがあった。そのクライエントにロールシャッハ法を行ったところ，図版Ⅰのこうもりが「もうこり」になってしまうなど，自由反応段階ではさかさ言葉になっていたが，質疑段階になるとほとんどさかさ言葉は出なくなり，反応に認知の問題はなく，感情の分化は未熟であるが，BPO（Borderline Personality Organization）レベルのhigh classであった。そのため，インテーク面接の後に「このような症状は心理的なストレスからきているかもしれないこと，自分のなかに気づいていない心の問題があるのではないか，現実的な問題にとらわれるのでなく，過去から考えていったほうがいい」と伝え，探索的な心理療法を提案した。しかし次の回からキャンセルが続き，結

果として中断となった。その当時クライエントは「トイレの場所も排泄の仕方もわからない」と，母親に全介助させる生活を送り，家族全体を自分中心に動かしていた。家族も脳腫瘍ではと考え，彼女中心に対応している状態であった。初回の主訴は，「言葉がさかさになってしまう。何が起こっているのかわからない」というものであったのに，筆者はその不安に応えるフィードバックでなく，その症状は自分が作り出しているから，自分と向き合ったほうがいいと一方的に批判した形と受け取られたようだった。これはテスト中に部分的にさかさ言葉を使うクライエントに，操作的なものを感じ，陰性の逆転移が起きたためであった。しかし筆者は，その逆転移に気づかずに"早すぎる解釈を"行ったために中断になったのであった。治療面接は，ロールシャッハ法中から始まっていることを念頭におくことの重要性を本事例は示している。

ロールシャッハ法のフィードバック面接においては，最初にクライエントの感想を聴くこと，そしてクライエントの反応を観察しつつ，結果は対話を通じて伝えることを心がけることが重要である。具体的には，ある程度意識している内容をなるべくわかりやすい言葉で伝え，そして今後の成長の助けになるような意味で，うすうす気づきつつあるようなことを1つ伝えるようにしている。

4．ロールシャッハ法が面接に活かされた青年期2事例

本事例はロールシャッハ法の結果を面接に活かすことが有効であった事例である。

(1) 事例1：心理療法への動機づけに有用であった14歳のA子
1) 主　訴
食事が摂れない。
2) 現病歴
父親，母親，本人，弟の4人家族であり，家族関係は希薄である。小学5年時にひどい胃腸風邪をひいてから，食べるのが怖くなって食事量は減り，おにぎり1個だけの生活になった。中学1年に風邪がきっかけでさらに食べられなくなり，かかりつけ医に継続的に受診するようになった。中学2年秋から全く食べられなくなり，極端な体重減少があり，総合病院小児科に紹介があり，即入院となった（体重23kg）。入院日に小児科から精神科に，精神的なフォローを同時に行ってほしいという依頼があった。同日精神科医から筆者に「摂食障害」との診断で心理検査および心理療法の依頼があり，入院1週間目に簡単なインテーク面接と心理検査を実施した。心理検査には淡々と応じ，インテーク面接では「特に悩んでいることやストレスはない。なぜ食べられないのかわからない」と心理療法への動機は曖昧だった。全体には小柄であるが，こちらが聞くことにはきちんと応対し，利発な印象だった。対面していて不自然な感じや，拒否的な感じはなかった。
3) ロールシャッハ法の分析（スコアは名大法に準拠している：表Ⅲ-2-1）
形式分析では，F+％＝56.3％と若干低いが，P反応やそれに準じた反応は5個以上あり，

表Ⅲ-2-1　事例1（A子）のロールシャッハ・テスト・プロトコル

card	time	position	Response	Inquiry	Scoring			
Ⅰ	6″	∧	①こうもりみたいなー	（どういうところから？）こういうラインがつばさみたいに見えてー。（どこまで）ここのつばさだけ。	D3	F−	Ad	N
	37″	∧	②あのー，ハロウィンとかに使うかぼちゃの顔をくりとった感じ。	ここが目で，ここが鼻で，ここが口で。（囲って）この辺。	W	F+	Mask, Fd, Rel	Aobs, Drel
Ⅱ	12″ 31″	∧	①黒いところが象か何かが鼻を合わせている感じ	ここが鼻で合わせている。（どんなところが象？）足がずっしりしたのが目に入ってそう思った。	D1+1	FM+	A	P N
Ⅲ	6″ 20″	∧	①人が向き合っていて，まん中にリボンがある感じがします。	ここが顔で，これが手で，ここが足で，足がエビみたいにそっている。ここはリボン。	D1+1+4	M+	H, Cg	P N
Ⅳ	12″	∧	①上の横にあるこういうやつが，羊とかのつのみたいな感じでー。	上から見た時に，つのがあるなあと思ったので。（どこまで？）ここだけ。つのだけ。	d2	F−	Ad	Hh
		∧	②下の二つに分かれているのがくつに見える。	この辺が大人の男の人が履いている革のくつに見えた。	Dd	F+	Cg	N
	51″	∧	③まん中の下のが手をこうやってる感じがした。〈動作で示す〉	忍者とかが指だけ出ている手袋で，こうやっている感じ。	Dd	M−	Hd, Cg	Adef
Ⅴ	4″	∧	①ちょうなのようなこうもりのような感じ。	このまん中が体で，ここが羽根。（どちらが近い？）どちらでも同じ。	W	F+	A	P N
	20″	∧	②パンプスにも見えます。	ここがヒールで，ここからこういう感じがそう。二個ある。	W	F+	Cg	N
Ⅵ	21″ 30″	∧	①どの向きとかありますか？（自由に）どっかの地図，地形に見えます。	全然思いつかなくて，半分に見たら，地形かなと思ってー。	Dd	F−	Nat	Aev
Ⅶ	3″ 26″	∧	①上の方のところがうしろが髪の毛がちょんまげにした人が向き合っている。御殿様みたいな感じ。	ここが顔で，これが鼻で，この辺がちょんまげで，ここが上で，ここがはかまに見えたのでー。	W	M+	H, Cg	Daut
Ⅷ	14″	∧	①横の両はじにあるやつが，何かとかげみたいな感じ。まん中のところをつたって，どこかに行こうとしている感じ。	ここがとかげの感じ。この辺のところをつたって行ってる感じに見えた。	W	FM+	A, Na	N
	56″	∨	②さかさまにしたら，服と下のズボンと水着のパンツみたいな感じ。	ここが半袖の服で，ハンガーにかけてある感じ。これがズボンで，これが水着のパンツにみえた。	W	F−	Cg, Imp	N
Ⅸ	5″	∧	①上のとんがった感じのが何か生き物みたいな感じで，向き合ってる感じに見えます。	この辺が目で，これが鼻で，ここが口に見えた。（どんな生き物？）しいていうと，今はいない，物語とかにいそうな空想の生き物	D1	FM+	A/	Dch
	36″	∨	②さかさまにしたら，人の体の感じに見えます。	この辺のラインが体のラインで，ここにおへそがあるのでー。	DS4	F−	Hd	Msex
Ⅹ	15″25″	∨	①さかさまにしたら，人の体に見えます。	この辺に胸があって，これがおへそで，これがネックレスに見えたから。	DdS2	F−	Hd, Orn	Porn, Msex

〈score〉 R=16, Reject 無, P=3, F%=62.5%, F+%=56.3%, A%=37.5%, M：ΣC=3：0, M：FM=3：3, FC：CF+C=0：0, CR=8, 平均初発反応時間9.8秒

全体的に大きな形態の崩れはなく，病的なサインは認められなかった。また反応時間（平均9.8秒）も早く，運動反応も多くみられることから，思考の抑制もみられなかった。ただF%＝62.5%と高く，色彩反応が全くないことから自分の情緒への気づきは全くなく，情緒的な発達が未熟であることが考えられた。また一方でCg反応が6個みられ，外界への関心の高さ，過敏さが示唆された。

継起分析では，図版Ⅰ第1反応は自由反応段階では「こうもり」であるが，質疑段階において「羽根だけ」という欠損反応となり，P反応ではなくなっている。第2反応でも「ハロウィンのかぼちゃ」と一般的な反応であるが，W領域ではなく，自我水準の立ち直りがなく，初期場面での適応の悪さがうかがわれた。図版Ⅱにおいても図版Ⅲでも赤の領域をsplitすることでP反応を産出することができ，不安を否認することで適応的な態度がとれることを物語っている。しかし，図版Ⅳでは，中心の強い濃淡が刺激的であったのか向き合えず，周辺の部分のみに反応した結果，形態の良い反応を産出することが困難であった。図版Ⅴでは立ち直り，P反応に続き，第2反応ではCg反応が頻出している。一方図版Ⅵでは「地形」という形態の曖昧な全体反応になり，図版と距離をとることで不安を回避している。図版Ⅶでは，形態の良い人間反応を産出したものの，一般的には女性像をみるところに「御殿様」と反応し，依存感情が喚起されたときに，反動形成であるのか女性的なものを拒否することが示唆された。図版ⅧからⅩの多彩色図版では，部分的に見るときには何とか形態水準に保たれた動物反応を産出しているものの，多くの色彩が入ってしまうと混乱し，Dd領域を「人の体」にしている。図版Ⅹの最終反応でもほとんど身体のラインしか見ておらず，自我水準が低下したまま回復せずに終了している。全体を通じて，A子の関心が「身体」と「服飾」に限局しており，不安が高いときには「身体」になり，比較的安定しているときには「服飾」になることがうかがわれた。また全体的にみられた防衛は，不安に対する否認であり，否認するために別の何かにこだわるという回避パターンも用いられていた。一方で全体的には現実見当識は保たれており，思考障害や逸脱思考などがみられないことから，自我の統合水準としては，BPOレベルのhigh classと思われた。情緒発達は未熟であるが，共感能力もあり，内面について考える能力もあるため，ある程度探索的な心理療法を適用することが可能であると思われた。ただし否認の防衛が強いため，最初の治療関係の形成が難しいことも想定された。したがって，結果に関しては，ある程度はフィードバックを行うが，本人が心理療法を行う動機が高まったときに本格的に行えるような態勢を作ることを想定しながら慎重に進めることにした。

4）治療経過

心理療法については，主治医主導で「とりあえず入院中は話を聞いてあげてほしい」という依頼から始まった。初回に心理療法についてどう思うかと尋ねると，A子は「早く退院がしたい。心理療法で早く退院できるならやってもいい」と語り，弱い動機づけであったが心理療法が開始された。2回の面接を行ったが，そこでのA子は「特に食べられなくなったきっかけはない，ストレスもない」と自分の内面には向き合おうとせず，ただ「食べるのが怖い」と話し，食べ物の話や，栄養の点滴への恐怖など現実的なことを話すだけだった。

栄養の点滴実施で体重増加し，小児科の退院が決まっていた3回目に，筆者からロールシャッハ法の結果を，〈内面的に不安が高い状態であること，繊細で傷つきやすいためにストレスによって不安定になりやすいこと，しかし感情の表出が苦手であるためにうまく処理できないこと〉と話し，そうした自分の心理に向き合うような心理療法が必要であり，食事の問題だけを考えるのでなく，どうしてこうなったかの過去からのことを整理していく必要があると伝えた。それに対してA子は「嫌なことは思い出したくない」と希望せず，退院とともに心理療法も行わない方針になった。しかし退院後のA子の対応に困っていた母親が「自分が受けたい」と希望し，筆者が母親のカウンセリングを毎週担当することになった。母親のカウンセリングでは，「A子にはさまざまなこだわりがあり，言うとおりにしないと怒ったり，パニックを起こしたりする」とその対応に苦慮していた。A子の摂食障害は，"太りたくないためでなく，お腹をこわす不安で食べられない"であり，とにかく消化の良いものにこだわっていた。母親は優しい人であるが，不安が高く，A子のいいなりであり，銘柄が決まった飲み物を取り寄せたり，グラム単位に測っておにぎりを作ったりしていた。そのためカウンセリングでは，どうしてそういう行動になっているのかを一緒に考え，必ずしもこだわりを保持する方向でなく，少しずつこだわりをゆるめていけるような対応方法をアドバイスした。半年後，中学3年になったら学校に行けると思っていたA子は，登校できない自分にイライラが高まり，自室でパニックを起こすようになり，筆者あての手紙を母親に託してきた。自分の不安な気持ちをつづり，どうしたらいいかと助けを求めてきた。そのため，心理療法を勧める返事をすると，何度かのやりとりの末に同意し，母子併行で心理療法を行うことになった。A子は他の臨床心理士が担当したが，担当の臨床心理士によると，心理療法を行っていなかった期間も筆者が行ったロールシャッハ法の結果の説明を覚えており，自分の性格やこだわりについて考え，食べられる種類も増やそうと努力したとのことだった。その後約半年の心理療法のなかで，「ワンマンな父親に勉強を強制され嫌だった」，でも「怒られないように無理にがんばっていた」，そして「こだわりがある自分は父親に似ているようで嫌だった」ことが語ることができるようになっていった。それと同時に少しずつ食べられるものも増え，高校に合格したのを契機に終結となった。母親面接もA子に振り回されなくなり，不安も減少したため終結とした。

5）ロールシャッハ法の心理療法への活用について

最初は本人の動機づけも乏しく，すぐには心理療法の導入にはならなかった。しかしロールシャッハ法のフィードバック面接は，A子の心には届いていたようで，本当に困ったときに筆者に助けを求め，心理療法の開始となり，その後半年で終結に至ったケースである。その間42回に及ぶ母親面接で環境が整えられた影響もあるが，フィードバック面接によって，否認していた自分の心の問題に気づく芽が残り，現実に困ったときにその面接が思い出され，心理療法を行う結果につながったものと思われた。束原（1990）は，神経症性無食欲症の事例において，同じ人がロールシャッハ法と心理療法を行う意味を論じており，ロールシャッハ法から得られた見立てがあったから安定した治療を行うことができた，と述べている。このように摂食障害は，本人の主訴は摂食行動であり，内面に関心がないクライエントは，イ

ンテーク面接だけでは自我水準を判断することが難しく，心理療法の方法も選びにくい。クライエントの自我水準などの見立てがきちんと定まらないと，安定した治療関係を結びにくく，治療が進みにくい。そのため特にこうした内的葛藤の自覚が乏しいクライエントにはロールシャッハ法による心理療法の見立ては有効であり，さらにその結果をクライエントと共有することで心理療法の作業同盟を結ぶのに役立つものと思われた。さらにフィードバック面接が作業同盟を結ぶために有効であるということはすなわち，フィードバック面接そのものが治療的な面接であるということもできるであろう。

(2) 事例2：ロールシャッハ法の振り返りが面接の転機となった16歳のB子
1) 主　訴
頭痛，吐き気。
2) 現病歴
祖母，父親，母親，姉，B子，妹の3人きょうだいの真ん中であり，6人家族であった。優しいサラリーマンの父親と，共働きで活動的な母親は不在がちなため，B子はおばあちゃん子であった。小学生から頭痛を時々訴えるようになり，中学3年の7月にひどくなり，精査目的で入院しているが，特に異常はなく，起立性調節障害と診断されている。その後頭痛薬で何とか過ごせていたが，高校2年の6月にひどい頭痛と吐き気で学校に行けなくなり，再入院し精査したが異常がなく，小児科医より心理検査の依頼となった。
3) ロールシャッハ法の分析（表Ⅲ-2-2）
　形式分析では，反応数も24と平均であるが，P反応やそれに準じた反応は3個あり，F+％は50％とやや低く，常識的な見方よりも，少し変わった見方を好む傾向がみられた。ただ良質なM反応は4個あり，Content Rangeも12と多く，特に病的なサインもないことから，PPO（Psychotic Personality Organization）レベルは否定的と思われた。ただF％は50％と高く，カラー反応が少ないことから情緒発達が未熟であり，自己の感情への気づきが少ないと思われた。また正面向きの顔の反応がいくつかみられ，対人的な不安や不信感が高く，やや外界に対しての被害的な過敏性があるように思われた。
　継起分析では，図版Ⅰでは「くわがた」「マスク」とinitial shockからP反応を出すことができず，防衛にエネルギーを注いでいる。図版Ⅱでは，赤色ショックから赤を注視し，「ちょう」「手の跡」と最初の2つの反応では統合した認知ができないものの，続く「擬人化したカエル」から「ゴリラが手を合わせている」と最後はP反応で終わり，時間が経つと不安から立ち直る力があることが示唆された。一方，図版Ⅲでは，「あひる」「女のあひるが向き合っている」とP反応に近い反応を産出しているものの，その後さらに反応を出そうとすると「かぶと虫ととんぼのあいのこ」「笑っている人の顔」と形態が次第に崩れていくことが示された。図版Ⅳ，Ⅴでも同様であり，第1反応は常識的な形態の良い反応を産出しているものの，第2反応で無理をして形態の悪い反応になるパターンがみられた。図版Ⅵでは，「もの干し竿」「羽根のはえた妖怪の顔」，図版Ⅶ「かにの甲羅」まで形態の良い反応がみられず，淡い陰影ショックから退行を引き起こしていた。しかしその後図版を反対向きに

表Ⅲ-2-2　事例2（B子）のロールシャッハ・テスト・プロトコル

card	time	position	Response	Inquiry	Scoring			
Ⅰ	13″	∧	①こっちだけですか？（自由に）こっちから見たら，かぶと虫に羽根がはえているっぽい。	（どういうところから？）ここがつので，ここが顔で羽根で，ここが胴体。くわがたみたい。	W	F+	A	N
	50″	∨	②こっちから見たら，マスクみたい。	頭にかぶるっぽいマスク。帽子のような，こんな形。映画に出ていた悪者の親玉の感じ。	W	F+	Mask, Cg	Athr, Adef
Ⅱ	8″	∧	①この赤いところがちょうみたい。	ここがちょう。ここが胴体で，ここが羽根のしたのところ。	D4	F+	A	N
		∨	②手をこう置いたみたい（動作をする）。手をつけたような。	手を押したあと。ガラスの霜につけたような。（囲って）黒いところだけ。	D1+1	F+	Art	N
		∨	③こう見ると大きい擬人化したカエルみたいなのが，ミッキーのカエル版が手を押し合っているみたいな。	ここが頭で，この目が出ているからカエルみたい。ここで手を合わせている。フードつきの服を着ている。（ミッキーというのは？）服の感じから。それに手足が長いしー。	D1+1	M+	H/, Cg	Dch, Pch
	78″	∧	④ゴリラが手を合わせているみたい。結構おもしろい。でもこれ心理検査なんだよね。	頭を下げてしゃがんでいる。手を合わせている。（ゴリラというのは？）丸くてもじゃもじゃした感じだから。ここで踏ん張っている。	D1+1	FM+	A	P Pst
Ⅲ	11″	∧	①あひるっぽいかな。顔がー。	ここが顔で，ここがくちばしで，ここが胸でここが手で，台に手をつきながらいる。	D3	FM+	A, Hh	N
		∧	②女の人が向き合っているのー。	あひるは顔だけ。女のあひる。ここが胸っぽい。やかんとかかばんとかを持っているっぽい。	D3	M+	H/, Imp	(P) N
		∨	③こっちから見たら，虫みたい。	ここが顔でここが手で，ここが模様。（どんな虫？）節足，甲殻類っぽい。かぶと虫2/3ととんぼ1/3のあいのこ。	WS	F−	A/	Afant
	57″	∧	④全体的に見たら顔みたい。笑っている顔。	ここが目で，ここが鼻で，ここが口。この辺はしわぐらい。（何の顔？）人。	WS	M−	Hd	Aobs
Ⅳ	9″	∧	①大きい男の人が腰かけている。	ここが顔で，耳が大きくて，鼻が大きくて，口が真一文字になっている。目は小さい。ここが足の裏で，ここが手で背もたれの部分。足を広げて座っている。ここは木でできている。	W	M, FV+	H, Hh	N
	35″	∨	②反対から見たら，お城が出てきているみたいな。	このあたりがお城っぽい。昔のお城。中が空洞で中から出てくる感じ。ご開帳って感じ。スポットライトが当たって，中からばかっと出てくる感じ。	W	Fm, FV−	Arch, Li	Dlo, Dsec
Ⅴ	6″	∧	①こうもり。	ここが触覚で，太くて大きくて耳みたいにみえたからコウモリ。ここが羽根で直線的に下に下げている感じ。	W	FM+	A	P N
	30″	<	②エビフライ。	ここからここ。カニフライでもよかった。どっちがしっぽでもいい。もこもことした感じがしたのが衣かなと。	W	F−	Fd	Dor
Ⅵ	18″	∨	①こっちから見て，もの干し竿。	ここがこういうふうになっている干すやつ。	W	F−	Hh	N
	50″		②羽根のはえた顔みたい。他にはない。	ここが顔で，ここが胴体で，ここが羽根。（もう少し説明？）昔の妖怪かな。	D7	F−	H/	Athr
Ⅶ	5″	∧	①かにの甲羅	全体にゆでたかにの色合いだから，ここが節の手の部分。	WS	C/F−	Fd	Dor
	35″	∨	②キャイーンの逆向き	ここが横顔で，ここが目で，これが手で，ここがおしりで，ここが足。外を向いているから逆向き。	W	M+	H	Prec

Ⅷ	12″ ∧	①カラフルだ。美術館とかで飾っておきそうな置物。	最初はクラウンかなと思った。結構きれいだし形が整っている。美術部だから美術館によく行くし。(どんなもの?)花とかをモチーフにした入れ物にはならない愛でるだけの置物。	W	CF−	Imp, Orn	Porn
	∨ 47″	②洋服。	ここが服の胴体部分で、襟の部分。ここが腕で、ここがスカートで、ここがパンツ。ランジェリーみたいなもの。洋服一式。(服だけ?)服だけ残して消えてしまった。人だけ溶けて消えちゃったみたい。	W	F−	Cg	Msex
Ⅸ	20″ ∧	①不細工な顔。	この辺が目で、これが鼻で、ここが口にみえた。この辺がはげた頭っぽい。これが髪の毛で、ここからが胴体で、首から肩のところ。不細工というよりはエイリアン。ここは口から出している煙かな〜。	WS	M−	Hd/, Sm	Aobs, Athr
	∨ 38″	②反対からみたら、ドレス。	こういう形のドレス。ここが腕の部分で、この辺が首。ここはコルセットで締め付けている。この辺は模様かな。	WS	F−	Cg, Orn	Porn
Ⅹ	10″ ∧	①王様。	ここが目で、ここが鼻で、巻きひげ、ここがカールした髪。これは額の飾り。ここも飾りで、これは簡略式の冠。ここはバックにも飾りがある。	WS	F+	Hd, Orn	Daut, Porn
	∨ 33″	②花。	ここが中心で、めしべとおしべ。ここが茎で花で、ここら辺は枯葉。	W	F−	Flo, Bot	Agl, Pnat

〈score〉 R＝24, Reject 無, P＝2.5, F％＝50％, F＋％＝50％, A％＝25％, M：ΣC＝6：2, M：FM＝6：3, FC：CF＋C＝0：2, CR＝12, 平均初発反応時間11.2秒

することで，やや不安が軽減され，「キャイーンの逆向き」と立ち直りをみせている。図版Ⅷ，Ⅸ，Ⅹの多彩色図版では，刺激に圧倒され，図版Ⅷ「置物」「洋服」，図版Ⅸ「不細工な顔」「ドレス」，図版Ⅹ「王様」「花」と漠然とした全体反応のみになっている。不安に圧倒され，細かく図版と向き合うことができず，図版と距離をおくことで，不安を回避したものと考えられる。全体を通してみると，前半は感情を隔離して部分的に反応することで現実見当識が保たれていたが，後半になると検査者への慣れもあり，感情の刺激とともに自我が退行し，自我水準の立ち直りがみられず終了となっている。前半の防衛的な様子と，後半の退行した様子が極端に異なっており，自我の統合水準はBPOレベルの middle class と考えられた。全体を通じて，どの情緒刺激にも不安を起こすほどに過敏であり，また達成欲求が高く自分の能力以上のことをしようとして，ストレスがたまってしまうこともうかがわれた。

　そのため早期に深くかかわることは，悪性の退行を起こす可能性もあるため危険であり，本人が治療者を信頼できるタイミングで here and now な感情を取り扱いながら，心理療法を慎重に進めていくことが適用と思われた。

4） 治療経過

　インテーク面接では，まず主訴である頭痛についてどういうときになりやすく，ストレスとの関連があるかどうかを中心に聞いていった。B子は，中学3年の頭痛の心因はわからないが，今回については親しかった友人とのトラブルをあげた。そのことはかなり感情的に話したが，実際は仲直りした後から頭痛がひどくなっており，本人があげたその心因との因果

関係はわかりにくかった。2回目にロールシャッハ法を行った。3回目の面接が退院日でもあったので，ロールシャッハ法の結果はストレスとの関係がありそうだったと簡単に話して，心理療法を提案した。するとB子は，「話すことによって気づくことがあっておもしろそう」と同意したため，週1回の心理療法を小児科外来で開始した。その後数回は頭痛や，めまい・腹痛など身体症状についての話が中心であり，また予約を無断でキャンセルしたり，予約外に来たりと構造を守ることができなかった。3か月後の8回目の面接終了間際に，B子から「心理テストの結果を詳しく聞きたい」と申し出たため「精神的に不安定な状態であったこと，性格的に繊細でいろんな情緒的な刺激に敏感で，不安を感じやすいところがあること，でも人と同じや平凡なのは嫌うところがあること，しかし"自分は自分"を貫くほど強くなくて迷っている状態であること」と，1つずつB子の感想を聞きながら伝えた。するとB子は「それはあると思う」と答え，その後の面接では対人関係の話をするようになった。学校やバイトなどの人間関係での腹が立ったことや，それが言えなくてストレスになっていることを語った。またいつも人に気を遣ってしまうこと，同時に今まで母親の愚痴の聞き役になってきたこと，母親から気に入られたくていい子になってきたことなども語られるようになった。半年過ぎた頃に少しずつ自己主張できるようになってきたと話し，頭痛も減り，大学受験を理由に終結となった。まだ母親からの自立に向けての課題は残っていたが，現実的なことを優先して終結とした。

5）ロールシャッハ法の心理療法への活用について

このケースの主訴は頭痛であり，初期は身体症状の話が中心であった。しかし8回目にB子の希望でフィードバック面接を行うことになり，それが転機となり，治療が好転したケースである。8回目にそれが起こったのは，B子の筆者との信頼関係ができたことと，B子自身が心理的なものに向き合う準備ができたことと関係していると思われた。松瀬（1990）が，治療者が面接経過のなかで2回ロールシャッハ法を行い，心理検査の治療的意義を考察し，ロールシャッハ法は治療者が行ったからこそテスト中に退行を経験でき，それが治療関係の転機になったと述べている。B子の場合は関係ができる前にロールシャッハ法を行っており，松瀬の症例と状況は若干異なるが，その後のフィードバック面接によって治療関係を深め，治療そのものを促進させる契機になったという点では同様であると考えられた。いずれの場合も治療者が意図してこのような構造を作ることは難しく，あくまでもクライエントの時熟によって行うならば，フィードバック面接は促進的効果が高いと思われた。

5．青年期におけるロールシャッハ法の臨床的応用について

秋谷（1988）は「二者間で行われるロールシャッハ法は治療の第一歩」と述べているように，ロールシャッハ法の検査状況そのものを治療が始まっている行為ととらえている。前述の2例についても単なる心理査定の役割だけにとどまらず，検査状況から治療が始まっていたと考えられる事例であった。本章で紹介した両事例ともに主訴は身体症状であり，自己の心理的問題は意識化していなかった。こういったクライエントの場合は，自ら心理療法を希

望することは少なく，その導入には何らかの工夫が必要となる。事例1は心理的葛藤への気づきが全くなく，むしろ心理的葛藤について考えることも拒否したため，フィードバック後すぐには心理療法の開始にはならなかった。しかしロールシャッハ法を体験したことや，フィードバック面接が，A子のなかに治療的体験として残っていたことが，結果として心理療法の契約に有効に働いたものと思われる。すなわちフィードバック面接が心理療法の導入に直接的に結びつかない場合においても，その体験そのものに意味があり，後に活かされる形での活用法もあることを示す事例と考えられる。

　一方事例2においては，事例1に比べると，ストレスや心理的な問題（友人とのトラブル）への気づきが多少なりとも認められた。そのためフィードバック面接の前に心理療法はすでに開始されていたものの，すぐに自己の内面に目を向けることが困難な事例であった。しかし面接継続中の8回目に本人の希望でフィードバック面接を行い，それが面接の転機になった。このように青年期で，対人不安も高く，成人である治療者との信頼関係の形成に時間を必要とするクライエントの場合は，詳しいフィードバックを初期に行うことがかえって不安を高くする場合もあり，本人の気づきや知りたいタイミングで行うのが有効と思われた。筒井（1981）は，「テストを通じて人格を知ることだけでなくて，テストを通じて関係を創り合い，理解を創り合い，人格を創っていく」という治療的態度の必要性を述べているが，まさにB子との関係は，ロールシャッハ法を通じて関係を深め，そこから人格を創っていくという作業を一緒に行ったように思われる。

　検査者と治療者を同一にするかどうかについては，さまざまな議論があるが，筆者自身がその当時1人職場であったように，現実的に役割分担することが困難な場合も多い。馬場（1984）が「治療者役割と検査者役割は本来性質を異にするので，患者の混乱を招きかねないので別の人にすべきである」と述べているが，現実的な事情によってはそのようにできないこともある。その場合には可能な限り初回に検査者としてテストを行うことが望ましい。また検査者が治療者になるときには，秋谷がいうように，ロールシャッハ法から治療が開始されており，連続性のあるものとしてクライエントからはとらえられており，治療開始時に転移が起こりやすいことを想定することが重要である。そういった役割状況の違いからくる転移の自覚があって，同一の人が行うのであれば，そのことも有効に利用できるのではないだろうか。

　また青年期のクライエントは，アイデンティティが確立されておらず，情緒発達が未成熟であるため，葛藤を明確に意識化できていることは少ない。また対人関係の経験も少なく，他者に向けて自己を表現することが稚拙である。そのため言語表現だけでクライエントの心理力動を見立てることが困難であり，ロールシャッハ法を利用することも多くなる。つまりロールシャッハ法における言語反応だけでなく，検査者への発言や態度もまたクライエントの自己表現の一部分として，心理療法の見立てに活用できるものと思われる。加えて青年期のクライエントのなかには，自分の内的問題への気づきが少なく，心理療法への動機づけも低いクライエントに出会うことも多い。そのため初期に心理療法の作業同盟を作るためには何らかの工夫が必要であり，そこにロールシャッハ法のフィードバック面接が有効に機能す

る場合もあるといえる。すなわちロールシャッハ法の結果は本人が意識化していない面も含まれているため，そこをていねいに説明しながら，一緒に共有していく作業を通して，治療関係の深まりとともに，自己覚知の手がかりとなることが可能になる。青年期のクライエントの心理療法にとって，査定としてのみのロールシャッハ法ではなく，心理療法の過程のなかでとらえ活用していくロールシャッハ法について理解を深めることが重要なことといえるであろう。

〈文献〉
秋谷たつ子（1988）ロールシャッハ法を学ぶ．金剛出版．
馬場禮子（1984）境界例．岩崎学術出版社．
馬場禮子（1997）心理療法と心理検査．日本評論社．
井上晶子（1984）ロールシャッハ・テストからロールシャッハ面接へ．ロールシャッハ研究，26，13-26．
片口安史（1974）新・心理診断法．金子書房．
松瀬喜治（1990）ロールシャッハ・テストの治療的適用についての一考察．ロールシャッハ研究，32，1-20．
森田美弥子（2012）臨床心理アセスメントにおけるフィードバックをめぐって．「心理臨床」名古屋大学発達心理精神科学教育研究センター 心理発達相談室紀要，27，27-30．
沼 初枝（2009）臨床アセスメントの基礎．ナカニシヤ出版．
東原美和子（1990）評価面接の一技法としてのロールシャッハ法の意義．ロールシャッハ研究，32，37-53．
筒井健雄（1981）「ロールシャッハの現象学――分裂病者の世界」について．ロールシャッハ研究，23，159-163．

3章　母子関係への介入技法としてのロールシャッハ法

白井博美

1. 関係性のアセスメント・ツールとしてのロールシャッハ法

(1) 合意ロールシャッハ法とは

　対人関係やコミュニケーション様式を，観察法によって実証的にとらえる測定法の1つに，合意ロールシャッハ法（Consensus Rorschach Test；以下，CRTと略す）がある。"Family Rorschach"（Loveland, Wynne & Singer, 1963），"Joint Rorschach"（Willi, 1969）と呼ばれることもあるが，いずれの方法においても，対象者を1室に集めて「ロールシャッハ・カードが何に見えるかを話し合い，全員が合意できる答えを探す」という課題を与え，その合意過程や合意反応を分析することによって，集団内の対人関係やコミュニケーション様式を明らかにしようとする。

　CRTの始まりは，ブランチャード（Blanchard, 1959）が少年院に収容された非行少年らに実施したGroup Process Rorschach Testであるといわれ，鈴木（1971）がその歴史を詳細に紹介している。1960年代には，家族研究の一環として，統合失調症患者の家族や，精神的な問題を有する子どものいる家族，精神疾患患者の夫婦などを対象として，家族内の対人関係やコミュニケーション様式をとらえようとする研究が活発に展開された（Singer & Wynne, 1965；Levy & Epstein, 1964；Willi, 1969）。しかしながら，アセスメント法としても研究法としても，活発に利用される方法とはなっていないのが現状である。

　ウィン（Wynne, 1968）はCRTの問題点として，施行法および分析法における標準化の不足を指摘しているが，加えて家族研究の手法として用いられることが多く，心理治療のなかに組み込まれるには至らなかったことも普及が進まなかった一要因であろう。ただし，アセスメント技法の治療的使用については，CRTに限らず，近年重視されるようになってきた新しい視点であり，ロールシャッハ法における今後の課題といえるであろう。

(2) ロールシャッハ法を用いる利点

　コミュニケーション様式を観察法によってとらえる際にロールシャッハ法を用いる利点は何であろうか。ローベランド（Loveland, 1967）はその利点をいくつか示しているが，必ずしもCRTに特異的とはいえないものも含んでいる。「正解がないのでどんな人でも意見を出すことが可能である」「異なる背景（文化，民族，経済など）をもった人々にも使用可能であること」「インクブロットをめぐる意見交換は，後に障害を残す危険性が少なく，楽しい課題として受け止められること」などは，たとえば合同動的家族画のような他法にも共通する特徴であろう。一方で，「対象者が自覚していない，あるいは無視したり偽装しようとしていたりする知覚的ないし連想的な差異が，インクブロットの解釈をめぐって展開される

対象者間のコミュニケーションのうちに現れやすいこと」という点については，何に見えてもよい曖昧なブロットを刺激として用いるロールシャッハ法がきわめて優れていると考えられる。対象者間に知覚に関する能力的な差異が明らかに存在する場合においても，CRTは，互いが「歩み寄る」「妥協点を探す」「意見を押し通す」「あきらめる」などの情緒的やりとりを通した葛藤解決課題となりうるという利点を備えているといえる。

以上のような視点から，筆者らは，CRTが関係性のアセスメント・ツールとして治療的応用可能性を秘めた技法であろうという発想を出発点として，CRTを用いて母子関係をとらえることを目的とした基礎研究を行った（白井・松本，2009）。本章では，その基礎研究において採用した施行法および分析法を紹介し，さらに研究結果の一部を提示して，母子CRTのアセスメント・ツールとしての可能性を探りたい。

2．母子CRTの施行法と分析法

(1) 筆者らが行った研究の概要

調査協力者は，一般の幼稚園年長児とその母親17組（子の性別：男児9名，女児8名）である。子どもの平均年齢は5.9歳（SD 0.4），母親は36.5歳（SD 2.3）である。協力者の家庭は両親のそろった核家族で，子どもの数は1〜3人であり，日本の都市部における典型的な家族構成であるといえる。実施した調査は，母親の育児不安を把握するための質問紙（川井ほか，2000），母子それぞれの個別ロールシャッハ法，母子CRT，母親の振り返り面接の4段階からなる。母子CRTおよび母親の振り返り面接の様子はDVD録画された。育児不安質問紙の評価点をもとに育児不安傾向の上位6名を「育児不安ハイリスク群（以下，H群とする）」，下位6名を「育児不安ローリスク群（以下，L群とする）」とし結果を比較検討した。ただし，子どもの個別ロールシャッハ法の反応数が10未満であった2組は，あらかじめ分析の対象から除外した。母親の反応数は全例で10以上であった。

(2) 母子CRTの施行法

母子が横並びになるように椅子を配置し，テーブルを挟んで向かい側に検査者が座る。入室の順や座席の選択は，母子の判断に任せる。使用図版は，Ⅰ，Ⅱ，Ⅲ，Ⅶ，Ⅹの5枚である。これらの図版を1枚ずつ順に，母子の中間に提示し，「何に見えるかを2人で話し合って，答えをひとつ決めてください。決まったら私に教えてください」と教示する。検査者は母子からの質問がない限り沈黙し，できるだけ身を引いて母子のやりとりを見守る。ただし，ジャンケンのように明らかに話し合い以外の方法で答えが決定されようとした際には，検査者が介入し話し合って決めるよう求める。図版の見方について質問があった場合には，自由に見てよいことを簡潔に伝える。また，便宜上1図版の制限時間を7分と定めたが，母子には制限時間については伝えず，質問があった場合には「時間は気にせずゆっくり見てください」と伝える。

ここで，使用図版の選択についてふれておきたい。CRTに関する先行研究は，10図版を

使用したものと5図版を使用したものとに大別される。筆者らの研究では，対象に幼児を含むことを考慮し30分程度の所要時間を想定して5枚の図版を用いることとした。

また5枚を使用する場合にいずれの図版を採用するかについては，研究者によってばらつきがあった。そこで，事前に筆者らが行った幼児の反応内容と領域に関する研究（白井ほか，2009）の結果をもとに使用図版を検討し（表Ⅲ-3-1），Ⅰ，Ⅱ，Ⅲ，Ⅶ，Ⅹの5枚に決定

表Ⅲ-3-1 5歳児において出現頻度上位3位の反応内容と各図版の特徴（白井ほか，2009を改変）

図版	順位	領域	位置	反応内容	度数(％)	図版特徴
Ⅰ	①	W		こうもり	18(21.4)	上位の反応は，成人のP反応と同一の反応であり，成人と類似した知覚がなされやすい。
	②	W		犬・猫科の動物の顔	14(16.7)	
	③	W		蝶々	12(14.3)	
Ⅱ	①	W		顔	13(15.5)	W領域に単一の対象を知覚することが多い。1位の反応でも16.6％を超えず，知覚の個人差が大きい。上位の反応は成人のP反応とは大きく異なり，成人との知覚の差異が顕著である。
	②	W	∨	蝶々	6(7.1)	
	③	W	∨	こうもり	4(4.8)	
Ⅲ	①	D3		リボン	20(23.8)	W反応優位と報告されることが多い幼児において，例外的にD反応の出現率が高い。上位の反応は成人のP反応とは顕著な差異がある。
	②	D1	∨	昆虫（D7が頭）	10(11.9)	
	③	D1	∨	昆虫の上半身（D7が頭）	5(6.0)	
Ⅳ	①	W		怪獣（D3頭，D4手，D6足）	15(17.9)	成人のP反応と頭部や手足の位置などの基本的知覚が同一の反応が上位に並んでおり，成人と類似した知覚がなされやすい。
	②	W		人間類似のもの（D3頭，D4手，D6足）	11(13.1)	
	③	W		人間（D3頭，D4手，D6足）	8(9.5)	
Ⅴ	①	W		こうもり	31(36.9)	上位の反応は，成人のP反応と同一または近似しており，成人と類似した知覚がなされやすい。
	②	W		蝶々	22(26.2)	
	③	W		鳥	12(14.3)	
Ⅵ	①	W		ギター・バイオリン	10(11.9)	第1位の反応でも出現率は11.9％に過ぎず，知覚の個人差が大きい。
	②	W		犬・猫科の動物（D3頭，Dd25やDd24が足）	8(9.5)	
	③	W		カブト虫（D3角）	5(6.0)	
Ⅶ	①	D2		小動物	11(13.1)	結果には示していないが，性別によって異なる傾向を示した。男子では上位の反応でも出現率は低く知覚の個人差が大きいと考えられ，女子では小動物や人間など成人のP反応と同一または類似した反応が認められた。
	②	W	∨	トンネル	6(7.1)	
	②	W		人間2人	6(7.1)	
Ⅷ	①	D1		4本足の動物	7(8.3)	成人のP反応と同一または類似した反応が上位に並んでおり，成人と類似した知覚がなされやすい。
	②	D1		トカゲ	5(6.0)	
	③	D1		カメレオン	4(4.8)	
	③	W		動物（D1）と木や森（D6）	4(4.8)	
Ⅸ	①	W		お化け	4(4.8)	第1位の反応でも出現率は4.8％に過ぎず，知覚の個人差が最も大きい。
	②	W		怪獣	3(3.6)	
	②	W	∨	人間	3(3.6)	
	②	W		昆虫	3(3.6)	
	②	D3		火	3(3.6)	
Ⅹ	①	D1		クモ	13(15.5)	D反応が優位であり，第1位の反応は成人のP反応と同様である。図版の各D領域が比較的独立しているため，幼児であってD領域の使用が容易であると考えられる。
	②	D7		カエル	6(7.1)	
	③	Dd22	∨	人の顔	5(6.0)	
	③	D10		ハサミ・ペンチ	5(6.0)	

注）本表による成人のP反応とは，包括システムのP反応を指す。

した。その際，第1図版は導入課題として取り組みやすいように幼児と成人で類似した知覚がなされやすい図版とする，第2～4図版は母子間に葛藤が生じ，「歩み寄る」「妥協点を探す」「意見を押し通す」「あきらめる」などの情緒的やりとりを通した葛藤解決課題となるように幼児と成人で知覚の差異が顕著な図版とする，最終の第5図版は歩み寄りやすく安心してクロージングできるように幼児と成人で類似した知覚がなされやすくわかりやすい図版とする，という点に留意した。

(3) 母子 CRT の分析法

はじめに，一文を一発話として母子の会話を逐一 DVD から書き起こした。書き起こした発話のうち，音遊びや擬音語などは分析の対象から除外した。分析の対象としたのは，図版が母子の手に渡ってから合意反応が決定するまでの過程（合意過程分析）と，母子が話し合いによって決定した合意反応（合意反応分析）である。合意過程分析では，合意所要時間や提案反応数，発話ブロック数，1ブロックあたりのターン数などを分析項目とした。発話ブロックとは先行する発話に関連した発話が次々と継続することによって形成されるブロックである（深田ほか，1999）。ターン数とは各発話ブロックの中で，何回の話者交代が行われたか（ターン数）をカウントするものであり，無藤・横川（1993）による基準を参照した。

合意反応分析では，合意反応のロールシャッハ・スコアを分析項目とした。母子が報告した合意反応を，包括システムに準じてスコアリングした。

これらのうち，本章で紹介するのは，合意反応分析の結果である。

3．個別ロールシャッハ反応と CRT の合意反応にみる母子の特徴

(1) 個別ロールシャッハ法における特徴

個別に実施したロールシャッハ法のスコアリング・データについて主要変数の平均値を比較したところ（U 検定），子どもではいずれの変数においても H 群と L 群の間に有意差は認められなかった。すなわち，両群の子どものロールシャッハ反応には統計上差異がないといえる。

母親については結果を表Ⅲ-3-2に示した。3変数の平均値に有意差が認められ，L 群と比較し，H 群では Dd％が有意に高く，H および GHR が有意に低かった。すなわち，育児不安の高い母親におけるロールシャッハ反応の特徴として，認知様式の特殊性，対人関係への関心の低さ，および肯定的な対人関係の乏しさが示された。つまり，個別ロールシャッハ法の結果からみると，両群間の差異は，子どもではなく母親の認知や対人関係の特徴にあるといえるであろう。

(2) 母子 CRT の合意反応における特徴

母子 CRT における合意反応の分析結果を表に示した（表Ⅲ-3-3，表Ⅲ-3-4）。L 群と比較して，H 群では DQ＋，Pair の平均値が有意に低値であった。また，度数による比較

表Ⅲ-3-2 母親の個別ロールシャッハ・テストにおける主要変数の平均値

	H群		L群		
	平均値	SD	平均値	SD	U-test
R	21.00	7.90	18.83	7.76	ns
L	1.15	0.59	0.84	0.82	ns
EA	5.83	3.22	6.33	3.76	ns
es	4.67	1.21	5.00	3.10	ns
Zf	15.50	5.54	16.17	6.49	ns
M	2.83	2.40	4.33	2.50	ns
FM	2.17	1.60	2.33	2.07	ns
m	0.67	0.82	0.33	0.52	ns
W%	65.53	11.93	71.08	19.43	ns
D%	19.11	8.72	26.20	15.24	ns
Dd%	15.37	11.28	2.72	5.03	5.00*
DQ+	6.83	4.07	8.33	3.67	ns
XA%	0.58	0.22	0.80	0.10	ns
WDA%	0.65	0.2	0.82	0.10	ns
X−%	0.42	0.22	0.20	0.10	ns
P	4.17	1.72	4.33	1.63	ns
WSum6	0.67	1.03	0.67	1.63	ns
Afr	0.47	0.13	0.42	0.16	ns
WSumC	3.00	4.00	2.00	2.02	ns
Isol Indx	0.20	0.25	0.24	0.17	ns
3r+(2)/R	0.21	0.12	0.34	0.16	ns
H	1.33	1.21	3.33	1.03	4.00*
Hd	2.33	1.51	0.83	0.75	6.00 $p=.0547$
GHR	2.17	1.17	5.00	1.67	3.00*
PHR	3.33	3.08	2.17	1.60	ns
PTI	3.17	1.33	1.83	0.75	6.00 $p=.0547$
DEPI	4.33	1.37	3.67	1.63	ns
CDI	3.33	0.52	3.33	1.51	ns
S-Con	4.17	1.72	4.33	1.03	ns
HVI	3.00	1.79	3.83	1.83	ns
OBS	1.33	1.21	1.17	0.75	ns

*$p<.05$

においても，DQ+＞1の該当者が，L群に比較しH群では有意に少なかった。DQ（発達水準）とは，認知の成熟度や複雑さを示す指標であり，本結果は，L群と比較しH群の合意反応は知覚の統合度が低いことを示している。

こうした両群間の合意反応における相違を詳細に検討するために，各母子が産出した合意反応の内容を表Ⅲ-3-5に示した。あわせて反応領域と発達水準（＋，o）および反応の提案者（子か母か両者か）も記した。また，個別反応では認められない反応が，CRTの話し合いの過程で創出され，合意反応として採用された場合を新規反応とした。

図版Ⅰでは，両群に目立った差は認められず，ともに子どもの提案が多く採用され，W領域に1つの対象（DQo）をみた反応が母子の合意反応となっている。

続く図版Ⅱ，Ⅲ，Ⅶをみると，H群ではDQ+は図版Ⅶに1個認められるのみで，他はW領域あるいは大きなD領域に1つの対象を知覚し，DQoとスコアされる反応であった。一方，L群では全例で少なくとも1個のDQ+とスコアされる合意反応が認められ，合計12個がDQ+であった。このうち，話し合いの過程で新たに創出された新規反応が，5個みら

表Ⅲ-3-3 合意反応スコアリングデータにおける主な変数の平均値

	H群		L群		U検定	
	平均値	SD	平均値	SD		
R	5.00	0.00	5.00	0.00	ns	
W	3.00	1.41	3.67	1.37	ns	
D	1.33	1.51	1.00	1.17	ns	
Dd	0.67	0.82	0.40	0.55	ns	
DQ+	1.33	0.82	2.83	0.75	3.50*	
F	4.17	0.75	2.83	1.33	7.50	$p=.093$
M	0.17	0.41	1.00	1.26	ns	
FM	0.17	0.41	0.83	0.75	ns	
WSumC	0.17	0.26	0.08	0.20	ns	
Pair	0.67	0.52	2.17	0.98	4.00*	
EA	0.33	0.41	1.08	1.43	ns	
es	0.17	0.41	1.00	0.63	ns	
Populars	0.50	0.55	0.67	0.52	ns	
XA%	40.00	12.65	66.67	24.22	6.50	$p=.066$
H	0.33	0.52	0.67	0.52	ns	
H+Hd+(H)+(Hd)	0.83	0.75	1.33	1.03	ns	
A+Ad+(A)+(Ad)	3.33	1.21	3.33	1.17	ns	
GHR	0.33	0.52	1.50	1.22	ns	
PHR	0.67	0.52	0.50	0.55	ns	
WSum6	2.67	3.45	2.67	3.27	ns	

*$p<.05$

表Ⅲ-3-4 合意反応スコアリングデータにおける主な変数の度数

	H群		L群		Fisher直接法
	度数	%	度数	%	
DQ+>1	1	16.7	6	100.0	$p=0.02$*
XA%>50	1	16.7	4	66.7	
M>0	1	16.7	3	50.0	
FM>0	1	16.7	4	66.7	
Pair>0	0	0.0	4	66.7	$p=0.06$
H>0	2	33.3	4	66.7	
P>0	3	50.0	4	66.7	
GHR>PHR	0	0.0	4	66.7	$p=0.06$

*$p<.05$

れた。すなわち，H群では，図版Ⅱ，Ⅲ，Ⅶにおいても認知の成熟度という視点からみて単純な反応が続くのに対して，L群では，より複雑で統合度の高い合意反応を産出している。先に述べたように，母子ともに個別ロールシャッハ法では知覚の統合度に差異は認められないため，母子間の話し合いのありようが，合意反応における両群間の差異に影響を与えていると推察される。

最終の図版Xでは，両群ともにD領域やDd領域に1つの対象を見た反応が約半数あり，またDQ+もL群で3個，H群で2個あり，両群に大きな差は認められなかった。

(3) 話し合いの具体例にみるコミュニケーションの特徴

図Ⅲ-3-1，図Ⅲ-3-2に合意に至るまでの母子間の話し合いの実際を例示した。図版Ⅱ

表Ⅲ-3-5　合意反応の一覧

ケースNo.	Ⅰ			Ⅱ			Ⅲ		
H1	トナカイ	Wo	子	イーグル	Do	子	インコとリボン	Do	子
H2	コウモリ	Wo	子	蝶々	Wo	子	カエル	Do	子
H3	飛行機	Wo	子	蝶々	Wo	子	女の子	Do	子
H4	コウモリ	Wo	子	**ホタルの幼虫**	Wo	子	カミキリ虫	Wo	子
H5	チーターの顔	Wo	子	焼きりんご	Do	子	カミキリ虫	Do	子
H6	葉っぱ	Wo	子	足の裏と虫	Do	子	虫	Do	子
L1	魔法使い	Wo	子	**ヤギの上に人形**	W+	子	人間2人	W+	子
L2	ヤギの顔	Wo	子	**豚2匹　帽子**	W+	両	トラの顔	Do	子
L3	キツネの顔	Wo	子	豚が湖に映っている	D+	母	人間2人	D+	母
L4	猫の顔	Wo	子	カエルの顔	Wo	子	カブトムシ	Wo	子
L5	ハロウィンのかぼちゃ	Wo	子	**カエルの顔**	Wo	子	人間2人	D+	子
L6	ライオンの顔	Wo	子	蝶々	Wo	子	カエル，水がはねた	W+	子

ケースNo.	Ⅶ			Ⅹ		
H1	クワガタの大アゴ	Wo	子	海の中	D+	母
H2	**クワガタ**	Wo	子	**花と顔**	Wo	子
H3	花	Wo	母	怪獣	Ddo	子
H4	プードル2匹	W+	母	**変なおじさん**	Ddo	子
H5	お化け	Wo	子	お化けの学校	D+	子
H6	歯科矯正のマウスピース	Wo	母	海の中	W+	両
L1	ヤギ2匹	D+	子	蝶々	Ddo	子
L2	人間2人	W+	母	花火	Wo	子
L3	象の顔と豚の顔	Do	子	**色々な物が踊っている**	W+	両
L4	**ウサギ2匹　石にのってる**	W+	両	エビと芋とピエロの顔	Do	両
L5	ウサギ2匹	W+	子	海の中	W+	母
L6	階段があって木があって	W+	子	猪	Do	子

注）　ケースNo.のHはH群，LはL群であることを示す。
　　　子：子どもが提案　母：母親が提案　両：母子両者の提案が融合　反応内容が太字：新規反応

における話し合いの最初の部分を抜き出したものである。母子の個別反応と話し合いの結果採用された合意反応もあわせて示した。L群の事例（表Ⅲ-3-5のL2）では，子の「猫の顔」という反応提案とその明細化を母が促し受けとめるというやりとりから始まり，続いて母が「2人の人が赤い帽子をかぶって手を合わせている」と提案をしている。それを受けて子が「豚，2人で手を合わせて赤い帽子をかぶっている（W+）」という個別反応にはない新規反応を創出し，合意に至った。

一方，H群の事例（表Ⅲ-3-5のH4）では，子の「何？」という問いかけに応じて母が「ここにワンちゃん」と提案するところから始まり，子が「待って」と言っているにもかかわらず，母は自らの提案反応を繰り返している。続いて子は母の提案を「わからない」と否定し，「蛍」という新規反応を創出。図には示していないが，互いの主張は平行線のまま話し合いが続き，母の「どちらかひとつに決めよう」の促しに子が「蛍の幼虫にする（Wo）」と言って合意反応が決定した。

この2事例を比較すると，L群の事例では，母が子の提案を共感的に受けとめ，それに呼応するように子が母の認知を取り入れて，自らの個別反応よりも知覚の統合度の高い反応を

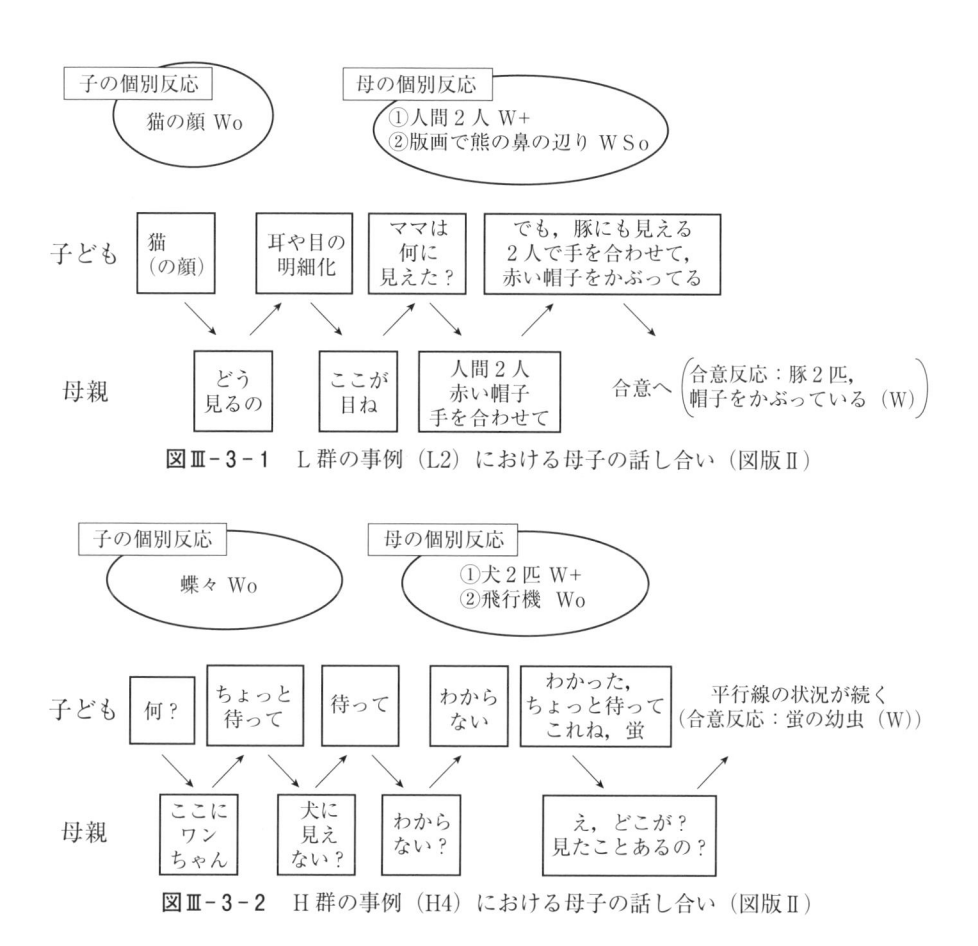

```
┌─子の個別反応─┐   ┌──母の個別反応──┐
│  猫の顔 Wo   │   │ ①人間2人 W+        │
└──────────────┘   │ ②版画で熊の鼻の辺り WSo │
                   └────────────────────┘
```

```
子ども  ┌猫  ┐ ┌耳や目の┐ ┌ママは ┐ ┌でも，豚にも見える┐
        │(の顔)│ │明細化 │ │何に   │ │2人で手を合わせて，│
        └────┘ └──────┘ │見えた？│ │赤い帽子をかぶってる│
                          └──────┘ └──────────────────┘
          ↓      ↓         ↓            ↓
母親    ┌どう┐ ┌ここが┐ ┌人間2人 ┐           ┌合意反応：豚2匹，┐
        │見るの│ │目ね │ │赤い帽子│  合意へ   │帽子をかぶっている(W)│
        └────┘ └────┘ │手を合わせて│         └────────────────┘
                        └──────────┘
```

図Ⅲ-3-1 L群の事例（L2）における母子の話し合い（図版Ⅱ）

```
┌─子の個別反応─┐   ┌─母の個別反応─┐
│   蝶々 Wo    │   │ ①犬2匹 W+     │
└──────────────┘   │ ②飛行機 Wo    │
                   └────────────────┘
```

```
子ども ┌何？┐ ┌ちょっと┐ ┌待って┐ ┌わから┐ ┌わかった，     ┐  平行線の状況が続く
               │待って │          │ない  │ │ちょっと待って │  （合意反応：蛍の幼虫(W)）
       └────┘ └──────┘ └──────┘ └────┘ │これね，蛍    │
                                            └──────────────┘
          ↓      ↓         ↓       ↓            ↓
母親   ┌ここに┐ ┌犬に  ┐ ┌わから┐           ┌え，どこが？  ┐
       │ワン  │ │見え  │ │ない？│           │見たことあるの？│
       │ちゃん│ │ない？│ └────┘           └──────────────┘
       └────┘ └────┘
```

図Ⅲ-3-2 H群の事例（H4）における母子の話し合い（図版Ⅱ）

創出するに至っている。H群の事例では，母の唐突な反応提案に子は拒否的となり，その後，子が創出した合意反応は子の個別反応と比較し，知覚の統合度の面では同等のWo，形態水準の面ではより低いものであった。図Ⅲ-3-1，図Ⅲ-3-2に示したように，両事例における母子の個別反応は差異がないにもかかわらず，母子の話し合いの結果である合意反応には知覚の統合度の面で顕著な差異が認められた。すなわち，合意反応に示された差異には，母子の関係性やコミュニケーションのあり方が反映されているといえるだろう。

(4) 母子CRTのアセスメント・ツールとしての可能性

本章では，母子CRTの基礎研究において採用した施行法・分析法を紹介するとともに，結果の一部を提示した。結果として，育児不安が高い母親とその子どもが導き出す合意反応と育児不安が低い母親とその子どものそれとの間には，有意な差があることが明らかとなった。また，母子の話し合いの実例の提示を通じて，その差異が母子の個別反応の差異ではなく，話し合いの過程における母子の関係性やコミュニケーションのあり方を反映している可能性を示した。すなわち，母子CRTが，母子関係のアセスメント・ツールとして応用されうる可能性が示唆されたといえよう。ただし，母子の関係性のどういった側面をとらえてい

るのかを明らかにするためには，話し合いの過程について量的，質的分析の両面からさらに検討を重ねる必要があるだろう．

〈文献〉

Blanchard, W. H. (1959) The group process in gang rape. *Journal of Social Psychology*, 49, 259-266.

深田昭三・倉盛美穂子・小坂圭子・石井史子・横山順一（1999）幼児における会話の維持：コミュニケーション連鎖の分析．発達心理学研究，10，220-229．

川井　尚・庄司順一・千賀悠子・加藤博仁・中村　敬・谷口和加子・恒次欽也・安藤朗子（2000）育児不安のタイプとその臨床的研究Ⅵ：子ども総研式・育児支援質問紙（試案）の臨床有効性に関する研究．日本子ども家庭総合研究所紀要，36，117-139．

Levy, J. & Epstein, N. B. (1964) An application of Rorschach test in family investigation. *Family Process*, 3, 344-476.

Loveland, N. (1967) The Relation Rorschach: A technique for studing interaction. *Journal of Nervous and Mental Disease*, 145, 93-105.

Loveland, N., Wynne, L. & Singer, M. T. (1963) The Family Rorschach: A new method for studying family interaction. *Family Process*, 2, 187-215.

無藤　隆・横川ひさえ（1993）認知発達研究におけるプロトコル分析．海保博之・原田悦子編，プロトコル分析入門，pp.221-241．新曜社．

白井博美・松本真理子（2009）ロールシャッハ法を用いた母子関係へのアプローチ――個別反応とコンセンサス・ロールシャッハ法における合意反応との比較から．日本ロールシャッハ学会第13回大会プログラム＆抄録集，37．

白井博美・松本真理子・鈴木伸子・森田美弥子・坪井裕子・畠垣智恵（2009）ロールシャッハ法における日本人幼児の反応内容と領域．心理臨床学研究，27，365-371．

Singer, M. T. & Wynne, L. (1965) Thought disorder and family relations of Schizophrenics. IV. Results and implications. *Achivesv of General Psychiatry*, 12, 201-212.

鈴木浩二（1971）家族ロールシャッハ法の歴史と将来．ロールシャッハ研究，13，179-193．

Willi, J. (1969) Joint Rorschach testing of partner relationship. *Family Process*, 8, 64-78.

Wynne, L. (1968) Consensus Rorschach and related procedures for studying interpersonal patterns. *Journal of Projective Techniques and Personality Assessment*, 32, 352-356.

4章　発達障害に対するロールシャッハ法の用い方

篠竹利和

1．青年期発達障害の支援における心理検査

　知的障害がないことから発達上の偏りが見過ごされ，対人関係や社会化にまつわる青年期の発達課題が過負荷となって問題が顕在化し，精神科疾患の疑いから医療・相談機関を訪れる広汎性発達障害（Pervasive Developmental Disorder；以下，PDDと表記）の事例を経験することが多くなって久しい。

　しかし，青年期の当該事例では，幻覚・妄想など，しばしば精神病様の訴えがきかれることがあり，特に医療機関では，統合失調症との鑑別が問題になることがある。また，PDDに関する情報があふれてきた昨今，自分の何らかの生活しづらさに気づき，インターネットなどで調べて自分によく当てはまると思い，「アスペルガー障害ではないか？」と診断を希望して医療機関を訪れる事例も多くなっている。このような状況から，鑑別診断に関する所見を心理検査に求められることが少なくない。その場合大切なのは，PDDの鑑別に限らず，心理検査は万能でないことを実施する側が十分に心得ておくことである。さらに大切なのは，当然ながら，PDDかそうでないかをカテゴライズすることで治療や援助が終わるのではないということである。心理検査を鑑別診断のツールとしてではなく，事例個別の細かな特徴をとらえて，その後の具体的な支援に役立てることができるツールとして用いることが必要だろう。

(1)　ウェクスラー法

　PDDのアセスメントのための心理検査としてまず多く採用されるのは，ウェクスラー法だろう。臨床において，ウェクスラー法は知的機能の評価だけでなく，枠づけられた現実的な課題における対象者の適応能力の特徴をアセスメントする検査として有用であるが，PDDの同時処理・選択的注意の困難といった認知面の特徴，柔軟性の乏しさ／固執性，情緒的分化の乏しさ，コミュニケーション障害などの個別特徴を検討するのにも有用である（篠竹ほか，2009）。そして，このウェクスラー法を個別支援に役立てるためには，知能指数や群指数，下位検査評価点などの量的指標だけではなく，各下位検査の回答における質的特徴をとらえることが必要である。このことは，そもそもPDDの基本障害が対人相互性の質的障害とされており，そのように文字どおり質的側面の障害であるため，症状を定量的に評価することは方法論的に難しいこと（前田・鹿島，2005）と軌を一にしている。

(2)　PDDのアセスメントにおけるロールシャッハ法の意義

　ロールシャッハ法は，パーソナリティ傾向や自我機能の水準を把握したり，不安と防衛の

あり方をとらえたりする目的で実施されることが多いが，元来形態知覚検査であるという本質によって，特に PDD のアセスメントではウェクスラー法と同様，対象者の認知特性をみる検査として有用である。その上で，ロールシャッハ法の独自性は，ウェクスラー法に比して検査構造として枠づけが緩く，用いられるインクブロット自体が曖昧図形である点に求められる。こうした形態的特徴に加え，色彩，濃淡，空白刺激などが感覚水準を刺激する特性を備えていることから，対象者のよりプリミティブな認知特性をうかがうことができる。さらに，情緒面の特徴をとらえられることの意義は大きい。対象者が外から入る刺激をどのように体験しているのか，それに対する防衛や対処について，つまり，個人がどのように世界を体験しているのかを包括的に知ることによって，それに基づいた個別支援を行うことができる。そのためにはやはり，継起分析を中心にプロトコルを質的に詳細にみていくことが重要となる。

2．ロールシャッハ法に現れる発達障害の特徴

　筆者の属する研究グループでは，青年期・成人期の高機能 PDD と診断された人を対象として，ロールシャッハ法に現れる PDD の認知・思考過程，情緒体験などの特徴について検討している（北村ほか，2006）。そのなかから，ここでは認知・思考過程，情緒体験の特徴を要約する。

(1) 認知・思考過程の特徴
　認知・思考過程の特徴の現れ方には，次の3つのタイプがあるととらえている。
1) 雑駁 W 型
　インクブロットの形態把握が弱く，全体を雑駁にとらえる特徴をもつタイプである。このようなタイプの図版とのかかわりには，連想の幅が狭く，たとえば，図版Ⅰ，Ⅵで「葉っぱ」，図版Ⅰ，Ⅱ，Ⅳ，Ⅵで「虫」のような羽や翼のある生き物を知覚するなど，似たような反応を繰り返す固執的，常同的な傾向がみられる。また，同一方向では1図版にほぼ1つのとらえ方を示しており，見方を変えることの難しさがうかがえる。さらに，図版Ⅶ「陶器の断面図」など定型のない単純化された表象を知覚したり，目についた部分的な特徴のみを指摘したりするために全体把握が曖昧で，主体的な関与が弱い。
2) 作話 W 型
　作話的結合・作話傾向反応を多く示すタイプである。このタイプでは，個々の部分反応では良好な形態水準を保っているが，図版Ⅳ「怪獣の股に竜」，図版Ⅷ「2匹の熊が岩を登るエンブレム」のように，図版に引きずられて個々のブロットの位置関係をそのまま結合させることにより，作話的結合反応となる。また，図版Ⅳ「人体に短剣が突き刺さっている」のように，作話的な意味づけをともなうこともある。これは，見たままに影響されて部分情報間に不自然なつながりを生じてもそれに固執するため，現実的でない思い込みや妄想様の考えにあてはまることのある特徴を表している。

3） 微細 D 型

　全体反応が少なく，部分反応 D あるいは特殊部分反応 Dd が増加するタイプである。このタイプでは，目についた部分に反応してそれにこだわるために全体をまとめるのが苦手な傾向がみられる。細かい部分特徴のみをとらえて恣意的な区切り方をするため，dr や内部反応 di を多発することもある。

　このように，部分と全体を行き来しながらバランスよく全体をまとまりやつながりのあるものとして統合するとらえ方が難しいことが，各タイプの特徴に現れており，いずれも PDD の中枢性統合機能の弱さの反映と考えられる。

(2) 情緒体験の特徴

　情緒刺激への反応の特徴としては，色彩反応が非常に少ない，もしくは色彩刺激に激しく反応してコントロールの悪い状態が表出される傾向がみられる。任意的形態色彩反応 F/C など，色彩刺激の不自然な扱いがみられることもある。

　濃淡刺激に対しては，柔らかな材質感を表す反応がみられず，濃淡を扱うにしてもそれを形態上の仕切りとして使われることが多い。そのため F 優位の反応が多く，材質感を遠ざけそれ以外のところでパターン的なかかわりをとる傾向として理解される。他方，感覚過敏性の強い事例の場合，たとえば図版Ⅳに「彫刻（模様の濃い薄いが深く彫ったとか薄く掘ったとか）」，図版Ⅶに「苔」といった材質反応 c，「粘菌が活動している」といった非生物運動反応 m を産出し，刺激の性質を吟味しないまま刺激に巻き込まれてしまう特徴を表すことがある。

　こうした色彩・濃淡刺激に対する反応の乏しさ，あるいはコントロール不良で過剰な反応という 2 つの現象は，PDD の感覚過敏性の両極の現れとして理解される。それぞれ，刺激に動かされないようにするための自閉的なあり方と，刺激に過剰に反応してパニックになるような敏感さに対応する。

3．ロールシャッハ法による発達障害のアセスメント

　ここでは，失踪のエピソードによって医療機関を受診し，アスペルガー障害と診断された男子高校生のロールシャッハ法とそのアセスメント例を提示する。

(1) 事例の概要
本人が特定できないように改変を加えている。
1） 事　例
M 君（17 歳，高校 3 年）。
2） 受診に至る経過
　X － 1 年 10 月，昼休みの学園祭実行委員会終了後学校を出て夜になっても帰宅せず，保護者から捜索願いが出された。3 日後の夜，A 県 B 村の役場に本人が保護を求めて保護さ

れた。学校では，学園祭実行委員として出店各団体と教職員の間に立って協議する難しい役割を果たしており，睡眠不足や食欲低下状態にあったが，このエピソードによって約1か月学校を欠席した。その間に学園祭は終了，11月，体力が回復したと本人から復帰の意思が語られ，学校に復帰した。以前と変わらぬ落ち着いた様子で授業に出席，集団活動にもいつもどおりに参加した。授業では，自主的に課題を選び研究する「総合研究」への欠席が増え始めたが，それ以外に特段の問題はなかった。

　X年2月，学校に出かけたまま夜になっても帰宅せず，再び捜索願いが出されたが翌日の夜帰宅した。結果，その日の「総合研究」を欠席したため履修不成立となった。これ以上休めない旨が担任より伝えられ，指導助言を受けた上でのことだった。以来，M君自身の意向と保護者の判断から学校を休み，家で過ごすこととなった。学校側の勧めもあり，X年3月，医療機関を受診した。

　学級担任によれば，M君は1年次皆勤，成績良好で，特に理系科目に優れている。情緒が安定し，進んで清掃を行うなど目立たない活動にも手を抜かない真摯な態度から級友の信頼も篤い。学園祭委員の仕事も精力的に活動していたという。他方，養護教諭の所見は，学園祭準備が佳境に入るにつれて顔色が悪くなり，下級生と話し合いながら作業を進めていくのが難しく，意思や感情を表す言葉が少ない，器用な立ち回りが得意でない印象を受けているというものであった。

3）受診時の様子

　母親とともに来院したM君は，訊かれたことに1つ1つ答える形で，「何ともいいがたいプレッシャーがあるが，今は何もせず本を読んだりゲームをしたりしている。学園祭委員を務めたのは社会に貢献したかったから。両親に相談しないのは，自分で抱え込んでしまうから」といった内容を木訥な語り口で述べた。母親は「元来好き嫌いが激しい，繊細で神経質」とM君を評し，家での様子について，「雑談には応じられても，失踪の話題に少しでもふれるとシャッターが下りる……」と心配そうに述べていた。

4）心理検査依頼目的と検査バッテリー

　初診では「学校でのストレスによる適応障害，心因性遁走」と暫定的に診断され，PDDの鑑別とカウンセリングの適応を判断する目的で心理検査がオーダーされた。初診医はM君と母親に，「ストレスを抱え込む傾向があるようだが，そうしたストレス対処の特徴を確認して，今後の治療の参考にする」と伝えて，実施の同意を得た。特に養護教諭所見から，M君がPDDの特性をもっている可能性が考えられたため，ウェクスラー法（WAIS-R），ロールシャッハ法のほか，文章完成法，描画法，自閉症スペクトラム指数日本版の5種目を実施した。

5）ウェクスラー法の結果

　FIQ＝133と，非常に高いレベルであった。言語性IQ＝128，動作性IQ＝131の間に差はないが，動作性下位検査に評価点のバラツキがみられた（図Ⅲ-4-1）。

　動作性課題では，同時処理による構成課題（「積木模様」「組合せ」）の成績が比較的抑えられていることから，既存の枠組みやその場の状況に従う認知スタイルをとりやすく，事態

言語性検査	粗点	評価点（SS）
1　知　識	22	14
3　数　唱	18	12
5　単　語	44	16
7　算　数	22	15
9　理　解	19	13
11　類　似	25	16
		86

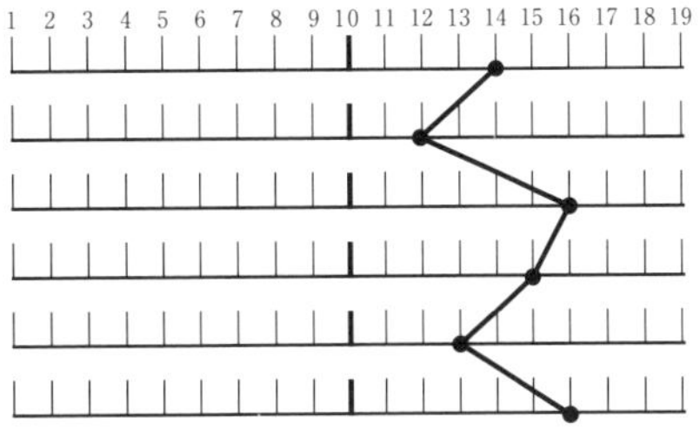

動作性検査	粗点	評価点（SS）
2　絵画完成	13	9
4　絵画配列	23	17
6　積木模様	50	12
8　組合せ	38	12
10　符　号	91	18
		68

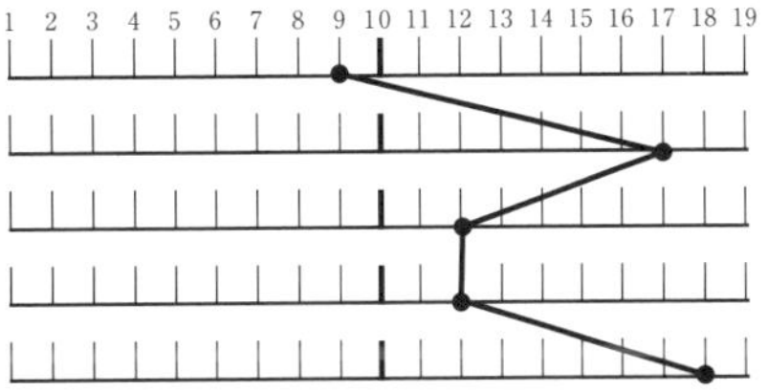

図Ⅲ-4-1　事例M：ウェクスラー法プロフィール

を自分にとって対応しやすい状態に改編することを苦手としている可能性がうかがえた。質的な特徴としては，「絵画完成」の回答から，曖昧な刺激状況に反応することを手控える傾向や発想の転換が難しい傾向が推察された。言語性課題の「理解」では評価点は高いものの，教示の意図を取り違えたり，本質的な重要性をあげられなかったりすることが散見された。ある視点をとると柔軟に他の視点に切り替えることが難しい傾向もうかがえた。

(2) ロールシャッハ法の結果

スコアリング，D領域の番号は片口法による。

1) 認知・思考過程の特徴

図版Ⅰでは5個の反応が示され，量産しようとする課題遂行の構えが示されたが，概して全体把握であり，また，特にD3を「翼」とする視点が動かず（①③④），どれも同様の形態把握に固執していた。①は「カボチャ」と「羽，翼」を結合した作話結合反応であり，④「目が4つある生き物」とあわせて，見たものをそのまま結びつけてとらえ，情報を自らの概念と照合して選択抽象する反応形成がなされない。①「カボチャ」らしさの説明では，内部Sの上下を恣意的に結びつけて［線］と説明した。このように，現実の物事を即物的にとらえ，自分の見たまま感じたままを直接的に体験するといった具象的なアプローチをとることで，主体的かつ柔軟に物の見方を調節しがたい特徴が示された。

　図版Ⅱでは初発反応時間の遅延もなく，図版Ⅰに引き続いて全体反応への固執がみられた。図形の対称性を利用して部分に切り取ることをせず見方を変えないまま，①②では体験的距離を喪失した形態質不良の相貌知覚を示し，代わって③④では非常に体験的に距離をおいた表象を知覚した。すなわち，①②のように輪郭という現実的な限界を度外視して内閉思考に

表Ⅲ-4-1　事例 M のロールシャッハ・プロトコル（記述に相当する箇所のみ抜粋）

Ⅰ①	10″∧	何だろ，これ。カボチャに羽が生えているというか，何かの空想の生き物にも見えるかな？	この菱形の形〈D3両側をcutした輪郭〉がカボチャのようなものに見えて，あとここ〈D3〉に翼があるかなと思いました。(カボチャ？) 単に四角くなって丸っこい顔していたので，あと，このマル〈S〉がカボチャのそのまま縦の線のように。(縦の線？) あ，あるように見えました。というより，ほとんど輪郭だけなんですけど……。(羽，翼) ただ単にこういう形をしていたんで，翼のように，何か悪魔の羽みたいな……ですね。(悪魔の羽？) 色が大きいんですけど……。(カボチャに羽？)〈笑〉まあ，そうですね。　W,S　FC'干　(Ad),Pl
②	∧	目が4つある生き物の顔とか……。	この白いの〈S〉が目。さっきカボチャと言ったのが顔の輪郭で，さっき翼と言ったのが〈D3〉角に見えるなと……，はい。(生き物の顔) 決め手は目，この4つのですかね。これが目に見えたという……。(4つが目？) はい。　W,S　F干　(Ad)
③	45″∧	あとは……やっぱり何かの空想の乗り物とかに見えます。	このへん〈D4〉が乗るところで，ここらへん〈D3〉が翼のように見えるかなと，はい。(乗り物) やっぱりこれ〈D3〉が翼に見えたからかなと思います。(他) うーん，浮かばない。はい。あ，こっち〈D4下部〉が尖ってるから，乗り物の先っちょに見えたからとか……。(空想の？) そんな形の飛行機，どこ見てもないなと思ったんで。　W　F干　Arch
④	1′0″∧	あと，コウモリみたいな，羽のある生き物	乗り物とほとんど同じで，ここらへん〈D4〉胴体で，ここらへん〈D3〉翼っぽい。で，これ〈d3〉がコウモリの手に見えたんで……。でも，ちょっとここ〈D2の下半分〉が邪魔かな。(特にコウモリ) ここらへん〈D3：翼〉とこれ〈d3：手〉ですかね。　dr　F±　A
⑤	∧	あとは何だろ……，ガとか……うーん，そのくらいかな……。	コウモリとまったく同じですけど，さっき邪魔だと言った部分〈D2の下半分〉があったらどうなるのかと思ったら，ガの後ろ羽のように見えて，というか無理やり見たらガに見えるかなと……。(他) これ〈d3〉が触角，触角太いんで，ガかなと思いました。　W　F±　A　P
	1′38″		
Ⅱ①	6″∧	何だろ，マントヒヒに見える，の顔？	そうですね。これ〈D3〉が目で，ここらへん〈S〉口っぽいなと思いました。で，さっきと比べて色が多かったので，マントヒヒってものすごく顔が派手なので，それで思いました。　W,S　FC−　Ad
②	14″∧	やっぱり，誰か口開けてるように見えます。カエルみたいかな……	さっきと同じで〈D3〉目があって，ここ〈S〉が口に見えたんで，それで誰か口開けてると思って，で，すると，それがマンガがおのカエルに似てる。(目と口の他) うーん，他にあんまり考えてなかったですね。　dr,S　M−　(Ad)
③	∧	あと，火山を上から見たとか……えーと，うーん……	ただ単に，色だけだったんですけど，色が赤くて，ここ〈S〉が火口に見えてきたので，無理があるかなと思ったけど，じゃあ，どこから見たらというので上からと，ただそれだけなんですけど……。　W,S　CF−　Na,Fire
④	∧	一瞬＊＊県にも見えます，あとはわからない。	えーと，黒だけ見て，ここらへん＊＊〈市名〉で，〈順に指さす〉，＊半島，＊湾，＊＊，＊＊で，ここ〈d1〉邪魔なんだけど，＊＊で，これで，＊＊県かなと。　D　F干　Geo
	0′57″		
Ⅲ①	06″∧	アブみたいな虫に見えます。	はい，えーと，ここ〈D7〉アブのでかい目が2つあって，こう〈D5下部〉口があって，で，これ〈D4〉が前足かなと思いました。で，後ろ半分がごっそり見えない形かなと……，はい。　D　F±　Ad
②	∧	あと，やっぱり昆虫の顔に見えます。カマキリとか，そんな系。	カマキリみたいに思いました。ここらへん，こっちか〈D1〉こっちか〈d1〉わからなかったけど，何かこれ目に見えて，ここ〈D5下部〉が口，昆虫の顎に見えたんで，開く〈gesture〉。あと，これが動く口，で，輪郭が三角っぽかったんで，カマキリかなと，思いました。(輪郭が三角っぽい？) 三角というか，角ばっているのでカマキリっぽいなと……。　W,S　F−　Ad
③	28″∧	あとは，怒ったような人の顔かな，うーん，そのくらいです。	今見たらほとんど何で言ったのかわからないけど，これ〈D1〉が目に見えたんで人の顔っぽいなと思いました。勢いで言ったんで，よくわからないです，(怒った) ただ単に目が赤かったからかな。でも，他に怒った様何もないじゃん……でも，目だけです。　W,S　M−CF　Hd
	0′52″		

陥る側面と，③④のように俄然現実との関与から退却してしまう側面との両面が示された。

　図版Ⅲでも，①「アブみたいな虫」はD反応であったが，その後②「昆虫の顔」，③「怒ったような人の顔」と再び全体に固執，ならびに体験的距離を喪失した相貌知覚が示された。このような，外側の全体輪郭をはっきりとらえない，部分に分けられない，漠然とした全体反応を示す傾向は，最後まで一貫していた（表Ⅲ-4-1参照）。

　図版Ⅸでも，①「目が大きいアブ」，②「デメキン」，③「セミ」と，D7を「目」ととらえることに固執した全体反応が続き，④D3「花」を経て，⑤「顔の長い人間」，⑥「マジンガーZの顔」で反応終了となった。形態，色彩，濃淡の諸要素が複雑に錯綜したこの図版Ⅸに対して何とか対応しようとして，全図版中最も多い6個の反応を示したが，アプローチ，表象ともに固執的であり，⑤では「こっちを見ている」とブロットとの体験的距離を失うに至った。このように，困難な状況に必死に立ち向かうものの思考や対処はワンパターンで柔軟性に乏しく，状況に立ち向かうほどにいつしか見境を失って恣意的な状況把握となり，現実感覚を喪失した状況に陥りやすいことが示唆された（表Ⅲ-4-2参照）。

　また，全体を通して，［菱形］［台形］といった形態への固執，「昆虫の顔」「顎」のような内容の固執がみられたことから，実際の思考や対処においては些細な物事に関心を寄せ，与えられた課題や生活場面に無関係で非本質的なものにこだわりやすい特徴が示唆された。

　このように，全体反応への固執傾向がみられ，雑駁W型の全体反応と，個々のブロットの位置関係のまま結合させる作話W型の全体反応をあわせみた。ここから，M君の認知・思考過程の特徴として，自分の現実的な限界をつかむことが難しく，物の見方を柔軟に切り替えることができない固執傾向（雑駁W型），そして，情報を適宜選択抽象できず，そのあ

表Ⅲ-4-2　事例Mのロールシャッハ・プロトコル（記述に相当する箇所のみ抜粋）

Ⅸ①	10″∧	何だろ，目が大きい魚か，アブみたいな昆虫か，	えーと，これ〈D7〉が目でピンクの部分全体〈D2〉が顔で，やっぱり目が大きいからアブみたいに。で，そしたらここ〈D2以外の領域〉が羽に見えるかな。　W　F−　A
② Add.	∧		で，そう考えながらここだけ〈D7〉見ると，デメキンになるのかな。で，上から見ると，そんな形になるのかなと思いました。Add.　D　F干　A
③	∧	昆虫が，セミみたいな，セミがとまっているみたいに見えます。	セミはアブと考えたとき，とまり方だけなんですけど，これ〈D2〉がセミの顔に見えて，これ〈D1〉が前羽，〈D3〉後羽で，とまり方がセミっぽいなと。　W　FM干　A
④	∧	あと，花にも見える。	それは色だけですね。これ〈D3〉花びらに見えたので……。　D　CF干　Pl.f
⑤	56″∧	うーん，何か一瞬目があるようにも見える……　顔の長い人間が変な仮面かぶってるみたい	この2つ〈内部S〉が，こっち見てるように思ったので，何だろうと思ったら，これ全部仮面じゃないか，この青っぽいところ〈D4上のS〉顔で，あと変な仮面かぶっているんじゃないかなと，すごい適当に考えました。（こっち見てる？）〈笑〉単にこれが目に見えたんでそれだけです。　W，S　F−M　Hd，Mask
⑥	1′19″∧	あと，マジンガーZの顔みたいに見えました。	その仮面で思いました。この〈D3〉形がマジンガーZの頭の形に見えたので，本当にそこだけです。　W，S　F−　（Hd）
	1′25″		

まりに見境を失って現実から遊離してしまう傾向（作話W型）をもっていることが示唆された。

2） 情緒体験の特徴

色彩に対する反応特徴をみると，図版Ⅱ①「マントヒヒの顔」，③「火山を上から見た」がいずれも色彩と形態の統合に失敗した不良形態反応であることから，感情を自分の認識や統制の下におくことが難しい特徴が示された。図版Ⅲ③においては，自由反応段階では「怒ったような人の顔」と，自分のなかの強い感情を抱えもつことができず，それを外側に投影して状況を歪めて認知していたのに対し，後の質疑段階では［今見たら何で言ったのかわからない］などと述べたことから，自我状態の変化がうかがえた。これは，強い感情を動かされると解離様の状態に陥る可能性を示唆するものであった。全色彩図版では，合計10個の反応中色彩を決定因とした反応は3個にとどまり（図版Ⅷ①③，図版Ⅸ④），それらは彩色形態反応 CF と花反応 Pl.f ないし芸術反応 Art の組合せであった（表Ⅲ-4-3参照）。ここから，情緒に対して受身的となるばかりで主体的な統制が利きにくい状況にあることが考えられた。

刺激の濃淡性に対する反応特徴としては，たとえば，図版Ⅵでは，①「ギターみたいな弦楽器」，②「スターフルーツ」，③「戦闘機みたいなもの」のように，F 以外の決定因はみられず，それは図版Ⅳ，Ⅶでも同様であった。図版Ⅶでは，①「何かの入れ物」のような過度に単純化された表象知覚の反応が5個の反応のうち4個を占めていた。残る1個は形態の対称性をとらえた全体反応②「人が2人向かい合っているような……」であるが，質疑段階では［壺が人の形にもみえるやつ］と，図地反転の特徴を主とした説明がなされた。図版Ⅵ②「スターフルーツ」においては，その反応内容から濃淡性に刺激されたことが推察されるが，質疑における説明では［ほんとうにスターフルーツの形。輪郭ですね，完全に。］と述べたように，濃淡性に対してはかえって外側の輪郭を強調していた（表Ⅲ-4-4参照）。これら

表Ⅲ-4-3　事例 M のロールシャッハ・プロトコル（記述に相当する箇所のみ抜粋）

Ⅷ①	5″∧	何だか花みたいのに何かの生き物が，四本足の生き物が立ってるみたい。	これも上下さかさまにした。〈正位置のまま〉これ〈D7〉が葉っぱみたい。単に色だけなんですけど，これ〈D2〉花かなと思いました。で，これ〈D1〉頭で胴体で，イグアナみたいな形かなで，1，2，3，4，4本足かなと思いました。（イグアナが花に立ってる）まあ，そうですね，はい……。（視点を逆にして見た？）あ，はい。W　FM∓CF　A,Pl.f
②	∧	あとはやっぱり昆虫の顔に見えちゃうかな……。	無理やりひねり出したんですけど，これ〈D1とD7の間の space〉が，が目に見えて，このパーツ〈D2〉が顎かなと……。何だろこれ，トンボみたいな……。これ〈D1〉が目か，さっきイグアナと言ったのが昆虫の目かな，で，赤いピンクの花が口，顎の部分に見えます。（トンボみたい？）輪郭かな？トンボって前から見ると目が大きくて，台形してたんで，これ〈D3を除いた領域の外側を台形で囲む〉が輪郭にちょうどいいかなと思いました。　dr,S　F−　Ad
③	∧	うーん……，わからない。何かのロゴにしか見えないっていう……はい。	それはただ単に，色使いで，こんな感じの小さくしてプリントして張っつければ，何か会社に見えるかなと，それだけです。（会社？）何かの会社のロゴに見えるかなーって思ったんだと……よくわからないです。　W　CF−　Art
	54″		

表Ⅲ-4-4 事例Mのロールシャッハ・プロトコル（記述に相当する箇所のみ抜粋）

Ⅵ①	3″∧	何かギターみたいな弦楽器みたいです。	えーと，それはここ〈D3内部〉が胴体で，ここ〈D4〉がネックで，これ〈D5〉がペグのような何かに見えました。 dr F± Music
②	∧	あと，スターフルーツとか切ったら，こんな形になると思います。	ここ〈D1〉外すと，本当にスターフルーツの形かなと，ただそれだけです。（他）輪郭ですね，完全に。 Wc F± Food
③	∧	あと，戦闘機みたいなものに見えます。それでもうイメージ固定されちゃったんでわからない。	えーと，何だろ，ここ〈D1〉が機首？（？）戦闘機の先のほうで，これ〈D3〉翼に見えたけど，こんな形の翼見たことないんで，スターウォーズのエックスファイター……。 Wc F∓ Arch
	47″		
Ⅶ①	7″∧	何かの入れ物とか，	本当に形だけです。こうやって〈掌で輪郭を作る〉そんな形に見えました。 W F∓ Obj
②	∧	あと，人が2人，向かい合っているような……	（Q）何でしたっけ？ ルイスの壺とか……。壺が人の形にも見えるってやつ。これ〈D1〉が人の横顔。何ていう名前だったかな？……はい。（横顔？）そしたら，これが胴体かなと，はい。（向かい合っている）はい，それは2つあったので……。 W F±M H P
③	∧	うーんと，あと何……カブトかクワガタとか，	いや，侍，武士のかぶってる兜が，クワガタの形になってるのが多いなと，まあそれだけです。（クワガタ）形ですね。何だろ，伊達政宗は完全に三日月型，これはこういう形であってもおかしくないかなと思いました。（クワガタの角の形をした兜？）あ，はい，そうです。 W F∓ (Ad)
④	∧	インベーダーゲームのインベーダー，	それは上下逆にして〈正位置のまま〉，輪郭だけ見たら，インベーダーゲームでチョコチョコ動いてるインベーダーってこういう形かな？と……。 W F∓ Obj
⑤	∧	あとやっぱり何かの昆虫の顔にも見えます。	そうですね，バッタみたい，トノサマバッタの顔みたいな，輪郭だけで……。 W F− Ad
	53″		

の点から，濃淡性に対する感受性はあるもののそれを情緒体験に統合できず，パターン的なかかわりをとる傾向がうかがえた。

このように，自分の内側にある欲求や感情を統制下において取り扱うことが難しく，そのため平素は刺激に動かされないように自閉的に対処しているが，強い感情を動かされると外界認知が歪められ，切迫した状況に陥る可能性がうかがえた。そうであれば，知性化された本人のこだわりが許される状況では安定した態度をとることができるものの，多彩で複雑な社会状況に処していくのは難しく，人とともにいる状況では自分の感覚や状態をはっきりつかむことが難しいだろう。

3）ロールシャッハ法のまとめ

スコアの集計をみても（表Ⅲ-4-5），Dd％が22％，additionalを含めたS％も17％と高いことから，現実状況に対して漠然とした違和感を寄せていて，Dが少なく，F＋％やΣF＋％が低いことから，実効性のある対処行動に制限がみられることがうかがえる。また，M＝3と少なく，その内容も全身の運動感覚によるMがみられず，W：MにおいてWが過剰に多いことや，M＜ΣC，FC＜CF＋Cなどの指標から，被影響性の高さや情緒統制力の低さがみられた。ここから，現実的な限界のある自己感覚が希薄で，自分の欲求や恐れの直接的

表Ⅲ-4-5　事例M：サマリー・スコアリング・テーブル

R（total response）	36		W：D	24：4	M：FM	3：2
Rej（Rej/Fail）	0（／）		W%	67%	F%/ΣF%	75／92
TT（total time）	9′55″		Dd%	22%	F＋%/ΣF＋%	30／24
RT（Av.）	59″		S%	0(17)%	R＋%	22%
R1T（Av.）	6″		W：M	24：3	H%	14%
R1T（Av. N. C）	6″	E.B.	M：ΣC	3：4.5	A%	56%
R1T（Av. C. C）	6″		FM＋m：Fc＋c＋C′	2：1	At%	0%
Most Delayed Card & Time	Ⅰ・Ⅸ, 10″		Ⅷ＋Ⅸ＋Ⅹ/R	28%	P(%)	4(11%)
Most Disliked Card	Ⅹ		FC：CF＋C	1：4	Content Range	10(2)
Most Liked Card	Ⅵ		FC＋CF＋C：Fc＋c＋C′	5：1	Determinant Range	6

な影響によって環境の事物を体験してしまう未熟な体験様式をもっていることが示された。

(3) ロールシャッハ法をふまえた個別支援のポイント

このような結果から，まず認知的特徴として，困難な状況に自分の限界を度外視して必死に立ち向かうばかりで，思考や対処を柔軟に切り替えられず，そのように立ち向かうほどにいつしか見境を失って現実感覚を喪失した状況に陥りやすい特徴がうかがえた。また，それをもとに，感情的に動かされると俄然外界が自分の身に迫ってくるといった迫害的な体験に駆られてしまう情緒体験の特徴が加わってM君の遁走反応が形成されたものと推測された。不確かさを感じつつも，「社会貢献のため」という思いに駆られて役割を遂行するべく1人で余裕なく立ち向かう結果，自己破壊的になってしまっていたのだろう。

その後，「限界知らずで，破滅的に立ち向かうか，一気に引っこんでしまうか」の対処スタイルをフィードバックし，自分のペースで生活を組み立てることを目した継続カウンセリングが開始されたが，その経過のなかでM君は自身で退学を決めた。担任をはじめ理解者の多い環境ではあったが，自由で自主性を尊重する校風をもった学校の環境はM君にとって負荷がかかりやすいと考えられた。長短はあろうが，カウンセラーはM君が自身で決められたことを尊重する立場をとり，保護者の理解をサポートする支援を行った。通信制の高校に転校した後も，環境の変化に際して現実の課題を途方もないものと受け取りやすいことから，優先順位をつけて順々に達成していく（Dを見つけていく）ことや，その都度具体的な成果を確認することを主眼にしてかかわった。進学についてもカウンセリングで具体的に検討し，理系の単科大学に進学，学生相談の援助につなげたところで，とりあえず終結とした。

4．事例を振り返って──PDD個別支援の重要性

あらためて，この事例では，ウェクスラー法で示された柔軟な発想の転換の困難や既存の枠組みに従う認知スタイルが，ロールシャッハ法においてより顕著にリアルに示され，あわ

せて本人の体験様式についても理解を与えてくれたといえる。ロールシャッハ法がPDDの支援に寄与するゆえんである。

　もちろんグループ・アプローチも有意義だが，PDDこそ個別カウンセリングが必要であると考えている。ある大学生の青年は，受診時「中学になって突然異変に気づいた」と述べ，後のカウンセリングを通してそれを「アウェイ感」と名状し，彼のキーワードとなった。このような「PDD以外の者が訴えるものとはまた異質な『疎外感』を持っている」（髙橋，2011）PDDの青年にとって，独自の認知特性，世界の体験の仕方の理解をふまえて，障害／自己受容，生活しづらさに対する工夫などをともに検討していく場としてのカウンセリングのニードは高い。そうした支援にあたる上で，ロールシャッハ法は有用なツールであると実感している。

〈文献〉

北村麻紀子・小嶋嘉子・千葉ちよ・篠竹利和・髙橋道子・前田貴記（2006）高機能広汎性発達障害のロールシャッハ・テストの特徴．ロールシャッハ法研究，10，3-15．

前田貴記・鹿島晴雄（2005）広汎性発達障害のロールシャッハ・テスト——統合失調症との鑑別．*Schizophrenia Frontier*, 6(3), 199-204.

篠竹利和・髙橋道子・北村麻紀子・池島静佳・千葉ちよ・前田貴記（2009）高機能広汎性発達障害成人例にみられるWAIS-Ⅲの特徴．日本心理臨床学会第28回大会発表論文集，379．

髙橋道子（2011）自閉症スペクトラムの学生支援のあり方をめぐって——学生相談の現状と課題．精神療法，37(2)，8-13．

5章　プレイセラピーとロールシャッハ法

佐藤至子

1．「遊び」・「遊ぶこと」そしてプレイセラピー

　遊び疲れてぼんやりと空を見上げると，入道雲が追いかけっこの続きをしている動物たちのように見える。やがて1つのかたまりになった雲はいつのまにかソフトクリームを思い出させる……。あなたは子ども時代のこのような体験を心に浮かべることができるだろうか。インクを紙に落とし，紙をたたんで模様を作るしみ絵遊び（Klecksographie）は古くからスイスの子どもたちが楽しんだ遊びだったという。Klex（正しくは Klecks，インクなどのしみの意）というあだ名を学生時代の呼び名としたロールシャッハ（Rorschach, H.）がこの一連の図版を作った背景にこの子どもたちの遊びがあったことは想像に難くないだろう。雲や偶然にできたインクのしみを見てそれが何かに見えること，それはどのようなことなのだろうか。

　イギリスの子どもの遊びとして行われていたスクイグルゲーム，無造作に描かれた線をもとに子どもと治療者が相互にそれを何かに見立てて絵にすることを子どもの治療相談で行ったウイニコットによる潜在空間（potential space）という概念をふまえて対象関係論の立場からロールシャッハ法について述べているスミス（Smith, 1990）は，「何かに見ることが難しくなる」ことの一例として次のような成人男性の反応例をあげている。それはある青年の「これはインクのしみだ。それ以上のなんだって言うんだ！」，「もしそれがコウモリみたいだとしたら，それはコウモリに見える。コウモリは他のものには見えないよ」という反応である。

　子どもが心のわだかまりを情緒や行動上の問題，あるいは症状として呈したときにその子ども自身への介入の1つとしてプレイセラピーが計画される。成人を対象とする心理療法が主に言葉を媒介として行われるのに対し子どもの心理療法では言葉によらない表現が子どもの心のあり様を表すものとして主に用いられる。20世紀初頭に「遊び」が子どものまだ十分ではない言語表現力を補うものとして子どもを対象とする精神分析・児童分析を行う際の具体的な技法の修正のツールとして用いられるようになって以来，その用いられ方や位置づけは拠り所とする理論によって異なるものの，子どもの心の治療のなかでは「遊び」が重要な位置を占めている。このような視点から治療的媒介としての「遊び」について考える前にホイジンガ（Huizinga, 1938）があげている「遊び」の3つの特性について高橋による翻訳書（1963）の「遊戯」という言葉を「遊び」に置き換えて見直してみたい。

　ホイジンガは「全ての遊びは第一に，また何にもまして，一つの自由な行動である。命令されてする遊び，そんなものはもう遊びではない。せいぜい，押しつけられた遊びのまねごと，写しでしかありえない」という。そして「遊びは〈日常の〉あるいは〈本来の〉生では

ない。むしろそれは固有の傾向によって，日常生活から，ある一時的な活動の領域へと踏み出してゆくことである。幼い子どもでももう，遊びというものは〈ただホントのことをするふりをしてするもの〉だと感じているのだし，全ては〈楽しみのためにすること〉なのだ，と知ってもいる」と述べ，その第三の特性として完結性と限定性をあげている。遊びとは本来的に「それは定められた時間，空間の限界内で〈行われ──遊びがなされて，その中で終わる〉遊びそのものの中に固有の経過があり，特有の意味が含まれている。……遊びは〈おのずと進行して終わりに達し，完結する。〉……一旦終わった後で，すぐまた繰り返すこともできれば，長い間を置いた後で反復することもできる。この反復の可能性は遊びの最も本質的な特性の一つである」という。また，ホイジンガは「遊んでいる子どもは決して子どもっぽくはない。子どもっぽくなるのは，遊びが子どもを退屈させた時とか，どうやって遊んだらよいのか分からなくなったときに，初めてそうなるのだ」とも指摘している。

「遊び」と「真面目」という言葉は，日常的には対語としてしばしば扱われる。晩年を迎え，このテーマの集大成ともいえる著書をあらわしたホイジンガは，この2つの人間の様態が人間の本質的な活動とその意味を示すものであると論じている。ホイジンガの言葉はその逆説的というあり方についての言及を含めて，十数年後に「遊ぶこと」の意味を心の治療における重要なキーワードとして理論的に構築したイギリスの独立学派・対象関係学派の精神分析家であるウイニコットと同じ方向をまなざしている。

プレイセラピーにおける遊びそのものがもつ意味について考えるときに，その基盤として遊びの自由さと治療の場を成立させる2人の関係性，その場の機能を重視したウイニコットの考えは，対象関係論さらにその展開として心のなかの問題（内的対象・内的対象関係）として治療的に扱うことからさらに実際に起っている他者との関係性にも目を向ける関係性理論・関係精神分析に，今，受け継がれてきているといえよう。

ウイニコット（Winnicott, 1971）は「遊び」（play）がその最初は赤ちゃんと母親という2人の人の間で生じて，その関係性のなかで2人がコミュニケートできるようになったときに「遊び」は「遊ぶこと」（playing）という成長と精神的な健康を促進し，より広い範囲の他者との関係を築くことを可能にするものとなるとしている。そしてこの「遊ぶこと」の機能自体が精神療法の基本であり，「遊ぶこと」は場と時間をもつものであると指摘している。ここでウイニコットがいう場と時間とは「遊ぶこと」が過去・現在・未来をつなぎ，そして圧縮して体験されるものであるということでもある。「移行対象・移行現象」と「遊ぶこと」という概念はウイニコットによる子どもの心の発達と精神療法に関する理論の中核であり，あらためてここでその全容にふれることはできない豊かさをもつ。ここでは「遊ぶこと」が母親あるいは母親像と赤ちゃんの間に想定された潜在空間のなかで生じるものであり，その移行関係性（transitional relatedness）がその成長促進的な機能を支えるものであることを再確認するにとどめたい。

この潜在空間のなかで子どもが体験する，1人で遊んでいても身近にいる信頼する誰かがいてくれると仮定し，そこで遊ぶことのなかで起こることを「照らし返し」（reflex back）てくれていると感じられるようになること，自分と他者（最初は母親あるいは母親像）の2

つの遊びの領域が重なり合うことを認め，ある関係性のなかで一緒に遊ぶことができるようになるということが子どもの成長をうながすものとなる。ウイニコットは「遊ぶことはそれ自体が治療である。……子どもを遊べるように調整してやること自体が，直接的普遍的な応用性をもつ精神療法なのである」とも述べている。

　子どもの心の治療として「遊び」を「言葉」に代わるものとして子どもの精神分析が行われるようになった時期，「遊び」は「言葉」として表現できるようになることをうながすための準備段階で，成人に比べて乏しい自分自身の問題についての問題意識を高め治療者への信頼感，治療を受けることの決心を確実なものとするためのもの，「言葉」の不十分さを補うものとして位置づけられていた。ウイニコットは初期のクライン（Klein, 1932）など子どもを対象とする精神分析家が子どもの遊びの使用法とその「遊び」自体の意味を見出すことに目を向けがちで，一連の事象としてそこで繰り広げられる「遊ぶこと」が後回しにされていたのではないかと指摘している。その点でウイニコットは解釈的な作業をせずに「子どもが自分自身を突然発見する」（the child surprise himself or herself）ことが治療過程で重要な契機となるというウイニコット自身の考えと同方向の視点に立つものとしてアクスライン（Axline, 1947）の研究を高く評価している。このウイニコットがあげている主著の中でアクスラインは，パーソナリティをそれぞれの万華鏡の筒のなかにさまざまな彩りのガラス片があり，そのときどきにその模様は変化し，「あるときは密集してその強さを示し，あるときは四散して見かけはもろく，しんがないように見え……」ても「再び自らの力で前とはちがったものを作り上げ」，「そのデザインにはいつもリズムと調和」があるようなものであるとしている。アクスラインはプレイセラピーとは子どもにその「万華鏡を回転する機会を提供する」ものであるという。

　子どもの自由な「遊び」と「言葉」による自己表現は治療者との間で成立し（このような子どもの「遊ぶこと」をある期間持続的に維持できるものとして確保する責任をもって管理（management）する機能も担うことを含めて），そこで起きることが子どもにとって何らかの成長的な変化の契機としてその後に子どもが「現実」を過ごすなかで生かされるものとなる。そして，そのある時期に一連のこととして行われること自体はうつろうものである1つの空間（transitional sphere）で行われるのがプレイセラピーであるといえよう。その時間を一緒に「遊ぶこと」のできる治療者としてその子どものファンタジー，「遊び」のさまざまな意味を考え「心にとめながら」（note in my mind），時を待つことを楽しめること（そして退屈と感じることの意味を治療者として考えることができること）が子どもの心の治療にかかわる基本的なスタンスであると筆者は考えている。

2．子どもにとってインクのしみ遊びとは

　どの年代を対象とするときにもロールシャッハ法は基本的にはそれぞれの図版を手渡し，「何に見えますか」と問うことから始まる。この問いかけがそれに続くプロセスを創っていくものであることについてすでにロールシャッハ自身が気づいていたとシャハテル

(Schachtel, 1966)は指摘している。子どもたちを対象とするときにもそのプロセスはそれぞれの子どもにより，時にはとても恐ろしいと感じられるものとも，何だかわからないけれどさまざまなものが見えてきて楽しい「インクのしみ遊び」にもなる。「何に見えるかしら」という問いかけが，子どもにとって問いかけた人と一緒に何かを発見していくちょっと挑戦的でもある新しい体験と感じられるか，不慣れな状況に急にひとりでおかれたように感じられ不安を感じさせるものになるか，それはその子どものそれまでの体験を反映しながら問いかけた人との間で作られていくものであるといえる。知能検査を初めとして多くの心理検査は成人を対象とするときよりも子どもを対象とする際に子どもとアセッサーとの関係，そのテスト状況に影響されやすい。ロールシャッハ法の解釈の背景となる理論として対象関係論が1970年代からこれまで，精神分析の立場に立つ研究者のみならず，多くの研究者から目を向けられたことは，ロールシャッハ法がまさにリアルタイムに繰り広げられる他者とのかかわりの過程から，その人となりを理解しようとするものであるということを，その基本的な特性とするものだからであるといえよう。

　対象関係論を援用したロールシャッハ法研究はそのプロトコルからどのように対象関係の発達を読み取ることができるか，という視点からのものと，ロールシャッハ法のプロセスをウイニコットのいう潜在空間と位置づけ，そのなかで繰り広げられる子どもとアセッサーのやりとり，「遊ぶこと」として展開するあり様からその子どもの対象関係をとらえその後の治療的接近につながるものとして読み取ろうとするものに大別される。もちろんその両者は重なり合うものであり，文字どおり行ったり来たりできる（transitional）なものである。

　ロールシャッハ法と対象関係，思考障害・自我境界との関連，特に境界性パーソナリティ障害の診断と治療に関する研究からアセスメントのなかでの二者関係に注目することへの展開についてはラーナーとラーナー（Lerner & Lerner, 1988），ラーナー（Lerner, 1998），クレーガー（Kleiger, 1999）の著書をあげ，ここではウイニコットの概念をキーワードに治療との関係を中心に考えてみたい。

　最初にふれたスミス（Smith, 1990）はそれぞれの図版を見て反応するというロールシャッハ法のあり方を現実と空想の中間領域，潜在空間のなかでアセッシーがアセッサーと「遊ぶこと」を体験することであると考える。この空間のなかで「遊ぶこと」ができるか，最初は難しいとしても徐々に「遊ぶこと」という関係性を成立させていくことができるか，それとも「遊ぶこと」のできないままに引きこもってしまうのか，そのあり方をどの部分にどのように目を向けていくのかというシークエンスのなかから読み取り全体像を理解することが，治療につながるものであるとしている。「プレイフル」（playfulness），遊ぶことができるという相互関係を治療者との間で成立させることができるかどうか，「遊ぶこと」の難しい状態にある――抑うつ状態などの症状により治療を求めている――成人を対象としてロールシャッハ法を手がかりにその人の「遊ぶことのできる」可能性を見出そうとする試みがハンドラー（Handler, 1999）により行われている。この技法については1998年の冬に行われたアメリカの心理アセスメント学会（Meeting of the Society for Personality Assessment）の心理的健康に関するシンポジウム（副題として「楽観主義，創造性，遊べること〔playfulness〕, 移行関係性〔transitional relatedness〕」という視点があげられている）で討論され, 翌年に特集として "*Journal of Personality Assessment*" 誌（1999）にシンポジウム関連の5本の論文とそれに対するコメントが掲載されている。

　ハンドラーは通常の手続き（包括システム）によってロールシャッハ法を実施した後に（具体的な教示は紹介されていないが），クロッパー法の限界吟味段階のようにあらためて図版を提示し，今回は「プレイフル・遊び心のある」反応をするようにと伝え，フィン（Finn, S. E.）らによる治療的アセスメントの手続きに従い共同作業であることをアセッサーが心がけて実施する。ハンドラーはプレイフルな反応であると判断する以下の5つの視点をウイニコットの理論に基づき考案した。それらは①安全な愛着関係を反映している，②型にはまらない（unconventional）ものであること，③独自なものであること，④何らかの肯定的な情緒的トーンの要素を含むものであること，⑤敵意あるいは攻撃性を含まないことである。ただし，このなかの最後の項目についてはこのシンポジウムにおけるラス（Russ, S.）の指摘により修正されている。創造的であることと積極性・攻撃性が矛盾するものではなく，心理療法のなかで攻撃性や敵意として表現されるものが治療を新たな方法へ進めるための推進力となることは，プレイセラピーにおいてもしばしば治療者として体験する。無意識的な水準のファンタジーを反映して反応されるロールシャッハ法では，その敵意や攻撃性がどのようなエネルギーと意味をもつものかが問われることになる。ハンドラーらはこの方法を思春期の情緒的な問題をもつ子どもたちに対しても実施していると述べ，プレイフルであることを常に心がけてロールシャッハ法を行うことにより，特に児童・青年期年代を対象とするときに得るものが多いと指摘している。

　児童・青年期を対象としてロールシャッハ法により治療可能性について検討した研究としては，グレコとコーネル（Greco & Cornell, 1992）による研究があげられる。彼らは触法少年についてその殺人が葛藤に基づくと推測されるものか，あるいは金品の強奪を目的とするものだったかにより2群に分け，その処遇を決定するための1つの方法として行ったロールシャッハ法によりこの2群の少年たちの対象関係のあり方について検討している。指標としてはブラット（Blatt, S.）らが4段階の発達指標とした人間反応 H，非現実的人間反応（H），人間部分反応 Hd，非現実的人間部分反応（Hd），と対象関係の発達水準とその特徴を把握するウーリスト（Urist, J.）による相互自律性尺度（Mutuality of Autonomy Scale：MOA），ホルト（Holt, R. R.）による攻撃的な反応についての指標（攻撃的な内容の反応の総数と3分類されたその内容〈攻撃する側／被害者／攻撃の結果の描写〉）が使われている。暴力的な行為とその結果は共通であっても被害者との関係が葛藤的である群の少年たちにくらべて犯罪に関連した群の少年たちが発達を阻害され病理的な対象関係を形成していることが統計的にも有意差のあることとして指摘され，葛藤的である群の少年のほうが，より洞察指向的あるいは対人関係に焦点を当てた治療的な接近を行うことによる変化の可能性が高い一群であるとしている。

　チューバー（Tuber, 1989）は，対象関係理論に基づき，6歳から13歳の4人の子どものロールシャッハ・プロトコルについて，子どもたちの内在化された対象表象の水準の評定と

してMOAのレベルとその内容をアセスメントの後に行われたプレイセラピーの一場面の寸描と対比させて検討し，子どもたちの過去の重要な他者との相互関係のあり方をロールシャッハ法により把握することが，その後のプレイセラピーの展開を考える際の重要な手がかりになりうると指摘している。このなかで例示された2人の子どもの事例を紹介したい。

9歳の少女メアリーは，集中困難や悲哀感などをともなう学校不適応を主訴とするケースで，両親は泥沼化した離婚について係争中である。来所時はこのような状態にあるが，少なくともメアリーの4歳までは両親とも十分に機能していた家族だったとされている。メアリーのプロトコルでは6つの反応がMOA評定の対象とされ，そのうち3つはレベル1，その他の3つはレベル3と評価されている。前者は図版Ⅱの「2頭のアザラシが元気いっぱいにボールをパスして遊んでいる」という反応などで最も高い水準と評価されているが，その他の3つの反応は「お人形をかかげている女の人が2人いる」，「……何かにしっかりとつかまっている」，「2本の木がよりかかっている」というものだった。アセスメント後のプレイセラピーの2回目のセッションで，メアリーは虹を描いたがその最後のアーチは黒で描かれ，はじっこにしがみついているような女の子が描かれた。女の子は黒い煙突のような形の雲の上に浮かんでいるように見え，絵には「痛い」という言葉が書かれた。女の子はよい部分である虹から寂しい場所，ブラックホールに滑り落ちそうになっていると語られた。この絵はメアリーのファンタジーを象徴化して表現することのできる能力と「しっかりとつかまっている」という反応にこめられた意味を明らかに示していた。

もう1人の少女，13歳のマーサは，学校から紹介されアセスメントと個人治療が計画された。マーサのプロトコルでは10個の反応がMOA評定の対象とされたが，それらはすべて「並行した活動，単純な相互関係」であり相互のやりとりを含まないレベル2だった。マーサの個人治療のセッションは，内面に近づかれることを恐れるかのように治療者は「よい人」なのだけれど治療は「終わりにしたい」と言っているという母親からの電話があり中断した。チューバーは，MOA評定の水準の高低はその子どもの機能がそれぞれの水準の反応・行動として現実的な生活やプレイセラピーのなかで表現される可能性をもつことを示すものであり，治療の展開についての指針を得るための手がかりとなるとしている。

ロールシャッハ・プロトコルをその数値として得られた結果に基づく理解につづいて，その反応がどのようなプロセスを経て反応とされたのか，その場に立ちあったものとしてどのような印象をもちながらそのプロセスを理解しようとしていたのか，プレイセラピーでさまざまなぬいぐるみやボール，ゲームなどがもつ機能を10枚の図版もまたもっているといえるのではないだろうか。

3．子どもがインクのしみに出会うとき

子どもたちと10枚の図版と筆者というセッティングのなかで体験したいくつかの場面をあげてみたい。子どもたちの何人かは何らかの発達的あるいは心理的な問題についてのアセスメントを行った子どもたちであり，何人かは幼い年代の子どもたちのロールシャッハ法に興

味をもった筆者にその姿を教えてくれた子どもたちである。

　小学校低学年の男児A君は，得意なことと不得意なことの差が大きく集中して物事に取り組むことが難しかった。知能検査の課題には普段よりははるかに落ち着いて取り組めたものの室内を歩き回り，A君の興味のあることに脱線してしまうというようなことが目立った。最初の図版を手にしてちらっと見たA君は，窓から外を眺めに行ってしまった。呼びかけると戻ってきたA君は，机の上に残していった図版を勢いよく回して「独楽」と言い，全体が独楽の形に見えること，紐を巻くときのことなどについて，そしてA君は独楽回しがとても上手で，勝負をして年上の子どもからも独楽を巻き上げたことがあることなどについて話し始めた。

　4歳代半ばのB子ちゃんは図版Xを見て「これはね，虫のね，クワガタの王様」と答えると何かを探しに立ち上がり，やがてプラスチックのカプセルを持ってきてその上にかぶせた。「長いのこうなっててね，あむんあむんて噛むの……，＊＊くんのお姉さん噛まれたことがあるんだよ……」。カプセルは「噛みつかれる」ことを連想させたクワガタを遠ざけておいてくれるもののようだ。

　C子ちゃんも4歳代後半の女児である。図版Ⅳで「魔法を使う」と言いながら立って腰に手を当てて見せてくれたC子ちゃんは，図版Ⅵでは「こうやって人がやってるみたい」と足を広げて手を前につき，でんぐり返しをするときの姿勢をとった。そして続けて足を開いて座り肘を曲げて掌を肩のあたりでかざして見せ，カードを手にしてその姿勢がカードの方向を正位置と逆位置，それぞれから見ての姿勢だという。どの部分がそれぞれの反応の手と足なのか説明していると，突出した部分が手や足に見えていることは指摘できるが，2つの反応を明確に区別して明細化することはまだ難しい。「何か変なお化けみたい……」なものが見えてちょっと怖くなってしまったのかと思われたときには，隣においてあったぬいぐるみが「ママのところにいるって……」と言っていると言い，待っている母親のところに行き母親の顔を見て戻ってくる。このようなときの「どうしたの」と迎えながらもう一度そっと課題場面に戻す母親と子どものやりとりも，その子どもの発達段階と他者との関係を理解する手がかりとなる。成人のロールシャッハ法でも，運動をともなう反応で言葉では表現しきれない感覚を伝えようとするときに，擬音や動作がこれに代わるものとして使われることはあるけれども，子どものロールシャッハ法では，遊びが言葉に代わるものとしてプレイセラピーで用いられるのと同じくらい頻繁に大人にはよくわからない音に言葉がとって代わられる。「シューッ」，これはある2歳代の子どもが図版Ⅴの輪郭を滑り台として見たときの反応である。どのように見ているのか確かめると庭先の滑り台を指差し，「どうしてそれがわからないのか当然のことなのに不思議……」というような表情でブロットの輪郭をたどってみせ，「おしゅべり台」と言う。「ここをシューって滑るのね」という筆者の言葉に肯き「シューッ」と繰り返す。

　ここにあげた子どもたちと筆者のやりとりには，彼らのコミュニケートする力が図版を見てさまざまな形で伝えられた言葉や仕草，音などとして伝えられること，ウイニコットのいう「遊ぶこと」が生成される過程が示されているといえよう。スミス（Smith, 1990）の考

えをおおまかにまとめてみると，インクブロットをほどよく何らかのイメージに合わせてとらえるという柔軟性が失われてしまうときと，イメージが優先してインクブロットを何かに見立てるという現実が見失われてしまうときが，潜在空間としてロールシャッハ図版が機能し「遊ぶこと」ができなくなるときであるといえる。知能検査では非常に積極的で大人びたもの言いにむしろ年齢相応の子どもらしさを感じることが難しいようにも思われた就学前の女児が，図版を手にして徐々に表情を硬くし，「わからない……見えないわ……。見えない……」とつぶやき，インクブロットに視線を向けること自体をついには避けてしまった場面は，「遊ぶこと」のできる空間として図版を使うことができなかったときであるといえよう。この子どもの心の傷にどのように近づいていったらよいのかが見えてくる時間でもあったといえる。可能ならば子どもたちとのやりとりのなかで，「遊ぶこと」のできない子どもが「遊ぶこと」のできるようになる手がかりを見出し，その後の介入につながるものにしたいと考えながら子どもの言葉に耳を傾ける。

　7歳のD君は仲間と一緒に行動することが難しく，家庭でも言うことをきかないことが多いということが問題になっていた。どのように振る舞ったらよいのかわからないような独特の他者への近づき方や，興味をもつ対象やその時の集中の仕方に極端な違いがみられることも問題視されていた。知能検査では課題によるばらつきはあるが，指数としては「平均」の範囲にある。最初の図版は「鬼」に見えた。耳と小さな角，「頭にこぶがごつんとできてて。大きい角がある」突出した部分や空白に目が向き，目と歯などの部分を指摘するが「赤鬼，こんな顔してるじゃん」と言って反応を終えた。図版Ⅱを手にしたD君は「わかんない……」と言い，問いを重ねても「なんにも」と言うが少しして「ガンダムみたいな顔。ガンダムの敵みたいでしょ。こういう口してた」と1つ目のガンダムの顔を見た。「少しだけ離れて浮かんで角があるし……」，角と指摘した赤い部分の下の方が薄くなっているので「離れている」。図版Ⅲを見ると「わーっ，何か怖い。ここらへん骨人間」と言うがどのように見ているのか確かめても言葉で表すことは難しく，鉛筆を手にして領域図にD君が見た肩に剣のついた骸骨，「骨人間」を描き始めた。この3つの反応はそれぞれの部分を指摘することにとどまることでそれ以上の破綻をきたすことを避けているともいえるが，慣れない状況で不安や恐れが引き起こされやすいことを示していると考えられる。図版Ⅳを手にするとこれまでとは違うかなり長い沈黙が続いた。しばらくして「ハサミ人間の下を竜が通る」と言いながらハサミ人間の足と竜の頭やヒゲ，ハサミの位置を指摘するが，再び鉛筆をとりあげ，描き始めた。思いついたイメージを描いて伝えることにしたように見えたD君が描いた大きなハサミは攻撃性と不安の表現と考えられる。ハサミのイメージは図版Ⅴにも続いて表現され，「逆さまにして欲しいな，蝶。ハサミ蝶。蝶，ハサミ。腕の剣に注意」とハサミと剣のついた蝶を描いた。図版Ⅵを見たD君は「俺ね，このカードで……」と言いかけてふと突然そこに筆者がいることに気づいたような表情で，「何でさっき君っていったの，名前，知ってんのに」と問いかけた。このやりとりの後にD君は「手というか針だよ。アンテナ。俺が描かないとわからないな」と描き加えた。手というよりも針やアンテナを張り巡らせたD君の外界との接触の仕方は被害感や他者との距離のあり方を示すといえよう。

図版Ⅶでは「ウサギとウサギが喋り合いっこしてる……」。この図版のウサギたちは一緒におしゃべりをしている。「俺が描かないとわからないな。俺が描くと教えてあげられる……」。図版Ⅷを見ながら描かれた剣を持った人は鎧をまとい，腰には力を誇示するようにたくさんの剣入れを着けて描かれた。図版Ⅸでも「俺が描かないとわかんない」と言い，「……超すごくって光ってるボール。ここから出てくる黒くて汚いの，これが角できれいにする」と汚いものが角によって輝く金のボールにされるというイメージを描いた。お手本のように置いた図版を見ながら最後の図版の領域図に彼の反応を描き終えたD君は「何だか書いてあげる」と言い「との」と書き加えた。扇を手にして座っている「との」の下に向けられた剣と賞賛を示すように扇を動かしている姿勢は，D君の攻撃性がこのとき，収まりどころを見つけたことを示しているといえよう。これらの反応がすべて非現実的な人間と動物で色彩に刺激を受けていることは推測されるものの，これを反応に取り入れることがまだ難しいこと，反応の半数が運動知覚を手がかりとしてその運動が非現実的な人間のものであることが，D君のプロトコルの特徴としてあげられる。

　これらは，D君がバランスを崩してしまうほど内的な空想の肥大した世界に没頭しがちで，現実から遊離し孤立しがちな子どもであることを示しているといえよう。けれども10枚の図版を見終えて好き嫌い図版などを選択するときの「ほらさっきの……に見えるやつ」というような言葉から平凡反応に見えていることが推測された。この10枚の図版を見るというプロセスのなかにD君の不安や，時には被害感・攻撃性をともなう空想が安全で肯定的なものへと変化する可能性がみえ，それはその後のプレイセラピーにつながるものとなったのではないかと筆者は考える。

〈文献〉

Axline, V. M. (1947) *Play Therapy*. Boston: Houghton Mifflin Co.〔小林治夫訳（1972）遊戯療法．岩崎学術出版社.〕

Greco, C. M. & Cornell, D. G. (1992) Rorschach object relations of adolescents who committed homicide. *Journal of Personality Assessment*, 59, 574-583.

Handler, L. (1999) Assessment of playfulness: Hermann Rorschach Meets D. W. Winnicott. *Journal of Personality Assessment*, 72, 208-237.

Huizinga, J. (1938) *Homo Ludens. Vom Ursprung der Kultur im Spiel*. Humburg: Rowohlt Verlag (1956 独訳版).〔高橋英夫訳（1963）ホモ・ルーデンス――人類文化と遊戯．中央公論社.〕

Kleiger, J. H. (1999) *Disordered Thinking and the Rorschach: Theory, Research and Differential Diagnosis*. New Jersey: Analytic Press, Inc.〔馬場禮子監訳（2010）思考活動の障害とロールシャッハ法――理論・研究・鑑別診断の実際．創元社.〕

Klein, M. (1932) *The Psychoanalysis of Children*. London: Hogarth.

Lerner, H. D. & Lerner, P. M. (1988) Primitive mental states in children and adolescents. In Lerner, H. D. & Lerner, P. M. (eds.), *Primitive Mental States and the Rorschach*, pp. 559-680. Connecticut: International Universities. Press, Inc.

Lerner, P. M. (1998) *Psychoanalytic Perspectives on the Rorschach*. New Jersey: Analytic Press, Inc.〔溝口純二・菊池道子監訳（2002）ロールシャッハ法と精神分析的視点（上）臨床基礎編．金剛出版.〕

Schachtel, E. G. (1966) *Experimental Foundations of Rorschach's Test*. New York: Basic Books, Inc.〔空井健三・上芝功博訳（1975）ロールシャッハ・テストの体験的基礎．みすず書房.〕

Smith, B. L. (1990) Potential space and the Rorschach: An application of object relations theory. *Journal of*

Personality Assessment, **55**, 756-767.
Tuber, S. B. (1989) Assessment of children's object-representations with the Rorschach. *Bulletin of the Menninger Clinic*, **53**, 432-441.
Winnicott, D. W. (1971) *Playing and Reality*. London: Tavistock Publications, Ltd.［橋本雅雄訳（1979）遊ぶことと現実．岩崎学術出版社．］

6章 認知神経科学と生理指標からみたロールシャッハ法の可能性

平石博敏

　ヒトは，外界に存在するさまざまな情報を目や耳などの感覚器官を通して取り込み，次の行動に必要なものを取捨選択，すなわち脳内で処理するが，これは心理検査を受ける際でも変わらない。心理検査は，検査者がさまざまな質問を行い，それに対する対象者の反応から，さまざまな心理状態や性格を読み取るものである。そして，心理検査のなかでも，特に性格検査に分類される投影法の場合は，対象者の答えに対して検査者が解釈を加えるため，対象者の反応に客観性が失われる可能性がある。そのため，投影法の妥当性に対してしばしば疑問が呈されてきた。これを払拭するには，客観的な指標を検査に取り入れ，従来の解釈による結果と比較することも1つの方法であろう。そこで，今回は投影法の代表であるロールシャッハ法を中心として，絵画を用いた性格検査を行った際の脳活動と視線を客観的な指標としてとりあげ，ロールシャッハ法の可能性について言及したい。

1．認知神経科学の観点から

　絵画を用いた性格検査は，その対象者の反応からさまざまな性格を特定するために，臨床場面において長きにわたり用いられてきた。その結果，検査に対する特定の反応と対象者の性格を関連づける相当量のデータが蓄積されている。しかし，どのように視覚刺激が脳内で処理されるのか，あるいは，いつ，反応が性格によって影響を受けるのかは，わかっていない。したがって，課題に対する個人の言語反応と，脳機能画像技術によって明らかにされる脳内での情報処理パターンとの間の関係を明らかにすることによって，性格検査に関する基礎的な知見が増し，応用可能性が増すだろう。
　この認知的処理を行っている脳部位の活動を非侵襲的に計測する手段を総称して，脳機能画像法と呼ぶ。そのなかで最も広く使われているものの1つが機能的磁気共鳴画像法（fMRI）である。fMRIは強磁場を用いることで，間接的に神経活動に関連する血液量変化を視覚化できるが（原理については，Ogawa et al., 1990, 1992 を参照），その長所として①高空間解像度，②脳深部計測が可能，そして，③解剖学的に詳細な脳部位と対応させることができるということがあげられる。一方，その短所は，①強磁場を用いること，②機械の動作音が大きいこと，③狭いMRI装置内で受検者は仰臥位に固定されること，そして，④測定中に動いてはいけないことである。これらfMRIの短所を克服した新しい脳機能画像化技術として，近赤外分光法（Near-Infrared Spectroscopy：NIRS）がある。NIRSの長所は，①非侵襲性，②高時間分解能，③日常生活では普通である座位姿勢を取ることができる，④装置は騒音をたてないので静かな実験環境，そして，⑤測定中に対象者はしゃべることができ

る，という5点である。一方，NIRSの短所は，①低空間分解能，②深部情報が得られないということがあげられる。以上から，性格検査に回答する際の前頭前野の活動を測定するには，NIRSは理想的な手法といえる。

　絵画刺激を利用した性格検査の代表例として，ロールシャッハ法，P-Fスタディ（Picture-Frustration Study；絵画欲求不満テスト）（ローゼンツヴァイク児童版），TAT（Thematic Apperception Test；主題統覚検査）があげられる。ロールシャッハ法，P-Fスタディ，そしてTATはすべて絵画による方法論を用いているにもかかわらず，各検査の視覚刺激に関する指示と種類はとても異なっている。ロールシャッハ法は対象者にインクのしみのような刺激が何に見えるかを言語的に同定してもらう，P-Fスタディは社会的な状況が描かれた漫画を見て，その登場人物の心を読む，そして，TATは写真のような克明な絵を見て，そこから登場人物の過去，現在，未来について語ってもらう。このように，ロールシャッハ法，TAT，P-Fスタディはすべて絵画カードを用いた性格検査であるにもかかわらず，その指示と課題要求が異なる。このことから，各検査によって前頭前野の異なる領域が賦活することが予想されるが，その違いは異なる認知機能が求められた可能性があると考えられる。

　認知的な活動によって前頭前野の活動が左右半球で非対称であるという数多くの報告がある。たとえば，計算によって左前頭前野背外側部（ブロカ野）が賦活することがよく知られている（McCarthy et al., 1993；Pardo & Fox, 1993；Shaywitz et al., 1995）。また，左前頭前野は意味記憶から情報を検索することや，情報をエピソード記憶に符号化することに関連し，一方，右前頭前野はエピソード記憶からの想起に関連している（Tulving et al., 1994）。しばしば前頭葉機能検査に用いられるウィスコンシン・カードソーティング・テスト（WCST）を使った神経画像研究では，優位半球がそれぞれ異なっている（Van Horn, Berman & Weinberger, 1996；Fallgatter & Strik, 1998；Sumitani et al., 2006）。それゆえに，異なるタイプの性格検査を行った際に，どちらの大脳半球が主に働くのかを決定することは重要なことである。これまでに，ロールシャッハ法を用いた脳機能画像研究はいくつか存在しているが（Asari et al., 2008；Kircher et al., 2001, 2002；Kircher, Brammer & McGuire, 2005），これらの研究ではロールシャッハの図版は言語流暢性や知覚といった脳の特定の認知機能を調べるための刺激として用いられており，異なるタイプの性格検査を行った際の脳活動の比較とは異なるものである。すなわち，異なる性格検査遂行時に活動する認知機能とそれに関連した優位半球に関する報告は皆無といってよい。さらに，伊藤（Ito et al., 2005）はNIRSを使うことで性格特性が明らかになる可能性を示唆している。そこで，性格検査に答えている際の，前頭前野吻側，前頭極，あるいはブロードマン10野といわれる領域の脳活動を測定・比較することで，これら性格検査がどのような特徴をもつものであるかについて脳機能の視点から迫ることは，今後の発展につながるものと思われる。

　以下に筆者らがNIRSを用いて性格検査を行った際の脳活動計測の実際について述べる。

(1) 方　　法
1) 参加者

アネット利き手検査（Annett, 1970）により利き手が右手と判定された17名の健康な青年（男性14名，女性3名；年齢13.8±0.8歳）が参加したが，全員に精神疾患による治療歴はなく，NIRS実験前にWISC-Ⅲ（ウェクスラー児童用知能検査第3版）を行い，全員の知能が±1SD（標準偏差）内にあることを確認した（全検査IQの平均96.4，標準偏差12.6；動作性IQの平均94.1，標準偏差13.3；動作性IQの平均98.0，標準偏差9.9）。この研究は，東海大学医学部倫理委員会の承認のもとに行われ，実験前に各参加者およびその保護者にインフォームド・コンセントを行い，実験同意のサインを得た。

2) 手　順

3つのテストすべてにおいて共通の刺激提示デザインを用いた。19インチのワイド液晶画面（LCD）を通して，刺激絵が40秒間提示される前後に十字が画面中央に30秒間提示される。各テストの刺激絵の数に応じて，この刺激提示が繰り返された。各テストは短い休憩をはさんで行った。さらに，直前の刺激絵に対する反応が次の反応に影響する可能性がある。脳活動の慣れを避けるために，3つのテストの提示順序は疑似ランダム化した。各参加者はLCDから60cm離れた椅子に座り（図Ⅲ-6-1），各テストについて，答えるときはつぶやくような声でということ以外は，標準的な説明を受けた。テスト中，各参加者の脳における血液変化はNIRSによって記録された。

3) 刺　激

ロールシャッハ法の刺激は4枚（図版Ⅱ，Ⅲ，Ⅶ，Ⅹ），TATの刺激は標準的に使用されるハーバード版（Murray, 1943）の2枚（No.1とNo.8）を利用した。No.1は少年が頭を抱えて，机の前の椅子に座っている。その机の上には，楽譜とバイオリンが置いてある。No.8は絵のなかで少年が右側に立っており，左側に銃が立てかけてある。中央部分には，1人が懐中電灯を持ち，もう1人がその明りのもとで腹部の外科手術をしている。P-Fスタディの刺激は，3つの単純な漫画（No.3，No.13とNo.18）である（三京房社製）。P-Fスタディの各刺激は，顔のない複数の人物と2つの吹き出しで構成される。吹き出しのうち1つには日本語で会話が書かれてあり，もう一方の吹き出しは空白のままである。P-FスタディのNo.3は男の子と女の子が教室に座っていて，男の子が「君と授業中にしゃべっていたから，放課後に残された。君とはもうしゃべらないよ」と言っている。No.13の刺激は，リンゴの木の近くで1人の若者を大人が捕まえ，2人の若者が走って逃げていっている。そして，大人の吹き出しには，「とうとう捕まえたぞ」とある。No.18の刺激は，女の子が男の子に彼女の誕生日会に彼を誘わない

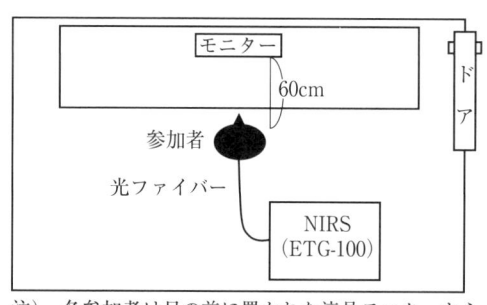

注）各参加者は目の前に置かれた液晶モニターから60cm離れた椅子に座った。

図Ⅲ-6-1　実験室内における参加者と装置

と言っている。ロールシャッハ法とTATの刺激は，幅32cm，縦24cm，そして，P-Fスタディの刺激は幅18cm，高さ24cmで呈示された。

4） 教　示

これらすべての実験は通常心理実験を行うのと最大限同じ環境下で行われ，各種テストに関して標準的な教示を行った。ロールシャッハ法については，「参加者の眼の前にインクのしみのような絵を見せるので，それがどのように見えるかを答えてください」。TATでは，「提示された絵を見て，その描かれた状況から考えられる過去，現在，未来を答えてください」。P-Fスタディでは，「描かれた2人の人物を見て，その1人が発する文章を読み，もう1人の返答を作ってください」。

5） 近赤外分光装置

(1) 装置

多チャンネルNIRS（ETG-100，日立メディコ社製）を用いた。780nmと830nmという2波長の近赤外レーザーを直径1mmの光ファイバーにより頭皮上から大脳に向けて照射した。頭のなかを反射してきたレーザーを別の光ファイバーにより100ミリ秒ごとに検出した。照射用と検出用の光ファイバーの距離は3cmであった。まず，検出されたレーザー信号はチャンネルごとに分けられた。次に，その信号はアンプによって波長に応じて2つに分けられた（詳しくは以下の文献参照のこと。Maki et al., 1995；Haida, 2002；Watanabe et al., 2003）。oxy-Hbとdeoxy-Hbの吸光係数の違いと改良ランベルト・ベールの法則から，両Hbの相対量変化を計算した。ただ，得られたHb量（Hb濃度×光路長）には光路長が含まれるため，絶対的なHb濃度はわからない。

(2) NIRSの基礎原理

上で述べたとおり，NIRSによって大脳皮質内のoxy-Hbとdeoxy-Hbの量を測定できる。神経細胞が活動するとき，酸素が消費される。これによりその領域の血液流入量が増加する。局所の反応によるこの血液流入は神経細胞の反応から約1〜5秒遅れる。血液流入が定常状態に戻る前に，典型的に定常状態を少し下回り，その後，4〜5秒後にピークに上昇する。これが局所のヘモグロビン相対濃度変化と局所大脳皮質血液量に変化をもたらす。通常，酸素化および全ヘモグロビン量が上昇し，脱酸素化ヘモグロビン量が減少するという典型的なヘモグロビン量変化がみられる。局所的な脳活動はこれら上記の変数から推測される（詳しくは以下の文献を参照のこと。Maki et al., 1995；Haida, 2002）。

6） 測定領域

筆者らは前頭葉前部にプローブホルダーを設置した。このホルダーには，8つの照射用プローブと8つの検出用プローブを付けられ，結果として，24の測定領域（チャンネル）が設定される。脳は計測に用いる国際10-20法の位置は大脳皮質の解剖学的な位置と適切な関係があるため（Okamoto et al., 2004），筆者らは10-20法を参照して測定チャンネルを設定した。特に，中央一番下の場所を10-20法における前頭極中央線（Fpz）になるように設定した。また，一番下の列と真ん中の行のチャンネル群のデータは分析から除外した。これは，一番下の列はノイズが多いこと，そして，中央は左右どちらの半球に属した信号が検出している

のかがわからないからである（図Ⅲ-6-2）。

7）測定パラメータとデータ分析

この研究では，事象関連法としてヘモグロビン量変化は評価され，課題中のヘモグロビン値から課題直前の10秒間の安静期間中の平均値を引いたものを用いる。この方法は課題関連の活動とは関係のない皮膚や頭蓋骨上の筋肉におけるヘモグロビンの影響を除去するものである。NIRSは光路長がわからないためにヘモグロビンの絶対量が計測できない。それら不明な要素を減少させるために私たちは側化指数（LI）を導入した。

分析するデータから瞬間的な動きによるノイズ信号を除去し，各チャンネルにおける相対的oxy-Hbの変化を明確にするために移動平均を用いた。さらに，これまでのfMRI研究においてヘモグロビン動態は課題開始後5秒で血中酸素濃度の相対的低下（initial negative dip）が生じ，その10秒後に正の最大値（positive peak）がくる，そして，これらは課題の種類は関係がないということが指摘されているので，各チャンネルの2つ目の15秒窓内のデータは賦活の側化分析を行うために平均化された。さらに，各大脳半球状の8チャンネルは各半球の活動スコアを得るために平均化された。この方法により血液流入反応の遅れにおける個人間の差を除去し，信号のS/Nを高めて慣れの効果を最小化する。

側化指数（LI）は，大脳半球活動値を利用して，（右半球の活動値－左半球の活動値）を（右半球の活動値＋左半球の活動値）で割ることで計算された。LIの範囲は－1から＋1までで，＋1に近づくにつれ右半球の活動が優位になり，－1に近づくにつれ，左半球の活動が相対的に強くなることを示している。LIは各参加者の各テストについて計算された。そして，LIは脳の局所的活動におけるテスト由来の違いを評価するために各参加者においてテスト間で平均化されたので，反復測定の分散分析を適用した。分散分析は3つのテスト間で有意な差をみせるので，事後分析にはフィッシャーの最小有意差検定（Fisher's LSD Test）を用いた。

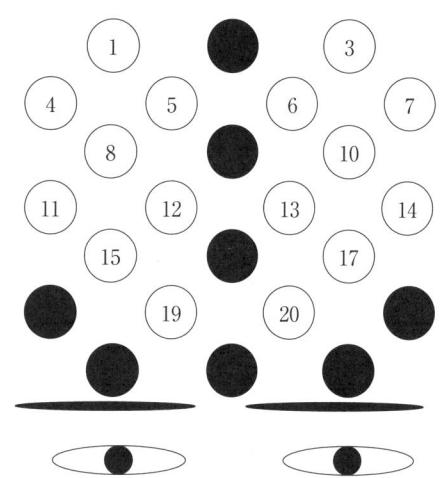

注）円で囲まれた数字は分析に使用したチャンネルを示し，黒塗りの円は分析から外したチャンネルを示している。

図Ⅲ-6-2 NIRSの測定およびチャンネル位置

(2) 結　果

1）言語反応

17名の参加者のうち，全員がNIRS測定を終え，14名が3つの言語テストを終えた。表Ⅲ-6-1は，発した単語，発語までの時間，発話時間に関する平均値を含む各テストに関連する情報を提示した。また，各テストの刺激絵に関する典型的な答えも記載した。探索的分析により，3つのテストは発語数（$F=8.17$, 自由度13, $p=0.0018$），発話時間（$F=25.8$, 自

表Ⅲ-6-1 ロールシャッハ法，P-Fスタディと TAT に対する言語反応と典型的な答え

テスト	図版番号	単語数	発話までの時間（秒）	発話時間（秒）	典型的な答え
ロールシャッハ法	Ⅱ	7.1	6.4	17	ゾウ　顔　ヒト　サル　タマネギ
	Ⅲ	7.4	6.5	18	リボン　ヒト　顔　鳥　口　川
	Ⅶ	7.1	7.1	16	ウサギ　キツネ　大陸
	Ⅹ	7.5	13	16	花　ゾウ　ヒト　鳥　羽　葉　メガネ
P-Fスタディ	3	2.2	21	2.2	ごめんなさい　わかった　だから？
	13	2.3	12	2.9	ごめんなさい　放して！　もうしません
	18	2.3	12	2.2	どうして？　気にしないよ　呼んでよ
TAT	1	11	12	16	ええと，彼はバイオリンの演奏会で演奏中に失敗をしたの。それに悩んでいるの。これからは，同じ間違いを繰り返さないように注意する。 彼は考えている。前から考え続けている。そのあと，何かを思いついた。 少年はバイオリンがうまく弾けなかった。そのことについて，悩んでいる。その後，一生懸命練習をする。
	8	10	11	15	悪い人が罰を受けている。彼はいま，刑務所に入っている。もうじきこの人は死ぬ。 こっち側の少年が銃で人を撃って殺した。そのあと，死体は解剖された。 この黒人は医者に傷つけられた。今彼は仕返しをしている。そして，患者は死ぬ

表Ⅲ-6-2 反復測定分散分析と事後検定の結果と LI に関する Cohen's d と r

	P-F スタディ vs. TAT				P-F スタディ vs. ロールシャッハ法				TAT vs. ロールシャッハ法			
	LI	発話までの時間（秒）	発語数（語）	発話時間（秒）	LI	発話までの時間（秒）	発語数（語）	発話時間（秒）	LI	発話までの時間（秒）	発語数（語）	発話時間（秒）
t 値	2.49	2.31	4.01	5.89	2.64	3.96	2.44	6.50	0.15	1.65	1.58	0.62
p 値	0.0181	0.029	0.0005	<.0001	0.0128	0.0005	0.022	<.0001	0.88	0.11	0.13	0.54
Cohen's d	0.88	0.68	1.30	2.43	0.85	−1.60	0.77	2.20	0.04	0.48	0.51	0.17
Effect size correlation r	0.4	0.323	0.544	0.772	0.39	−0.625	0.359	0.740	0.02	0.232	0.249	0.085

注）d was derived from the descriptive Ms and SDs not the t-value of Fishe's LSD; r was obtained by converting d.

由度13，$p<0.0001$），そして発話までの時間（$F=7.93$，自由度13，$p=0.002$）に有意差が認められた。それぞれをみると，事後のペア比較によりロールシャッハ法はTATとは有意差はなかったが，ロールシャッハ法とTATはP-Fスタディとは有意差がみられた（表Ⅲ-6-2）。P-Fスタディは他の2つのテストと比べて，発話数が少なく，発話時間も短かった。

2）脳活動

17名の参加者のうち，1名分が測定機器の不調から測定を完了できなかったため分析から除外された。表Ⅲ-6-3は3つの性格検査に関する反復測定の分散分析とLIの事後分析の結果を示している。P-Fスタディは左右に差がない場合と比べて左半球が活動している。

表Ⅲ-6-3　各テストのLI，発話までの時間，発語数，発話時間に関する平均と標準偏差

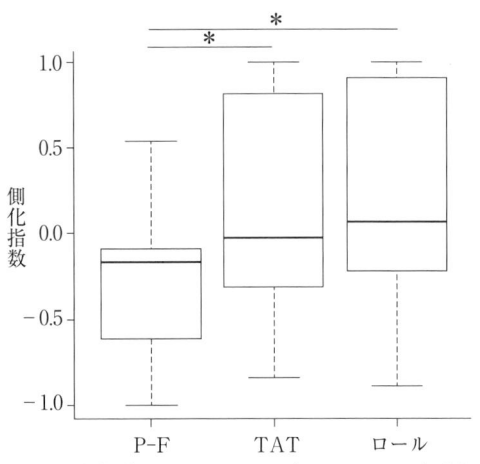

	ロールシャッハ法		P-Fスタディ		TAT		N
	平均	標準偏差	平均	標準偏差	平均	標準偏差	
LI	0.179	0.672	−0.301	0.428	0.153	0.588	16
発話までの時間（秒）	8.27	4.35	14.90	3.91	11.04	6.98	14
発語数（語）	7.29	9.15	2.26	1.25	10.54	8.95	14
発話時間（秒）	16.59	8.30	2.45	1.50	15.25	7.29	14

注）側化指数は−1から1で表され，1に近づくほど右半球に活動が偏ることを意味している。ここでは，P-Fスタディとロールシャッハ法の間に有意差がみられた。エラーバーは標準誤差ではなく，標準偏差を示している。＊は，p値が0.05未満であることを意味している。

図Ⅲ-6-3　各性格検査に関する脳活動の側化

反復測定の分散分析の結果はテスト間で有意差がみられ（$F(2,16)=4.397, p=0.021$），事後分析によりP-Fスタディとロールシャッハ法の間に（$p=0.0128$），そしてP-FスタディとTATの間に有意差がみられた（$p=0.0181$）（図Ⅲ-6-3）。

(3) 考　察

上記実験で測定している脳領域はブロードマン10野（BA10）であり，脳全体ではなく，BA10の機能について論じる。

社会性，言語的反応，感情は性格検査を処理していく上で必要な主要な要素であり，前頭前野の活動に影響すると筆者らは予想した。まず，社会性について論じる。参加者がP-Fスタディを行うとき，提示された刺激絵内の社会的な状況を読む必要がある。左半球の扁桃体，上側頭溝，前頭前野からなる神経回路において，「社会脳」理論が提唱されている（Brothers, 1990；Castelli et al., 2002）。この理論によれば，社会的な状況を読むことが，ロールシャッハ法とTATに比べP-Fスタディにおいて左半球をより賦活させる可能性がある。次に，言語反応について論じる。この研究では，各参加者の額部分にプローブをおいたが，この部分の脳領域は言語表現（発話）に関連するブロカ領域と言語の理解に関連するウェルニッケ領域のどちらも含んでいない。これは，ブロカ領域やウェルニッケ領域という言語活動の中心となるところを直接計測していないことを意味しているが，BA10と言語中心の間の関係に注目する必要がある。P-Fスタディにおける発話までの時間は，ロールシャッハ法とTATに比べ優位に長い。P-FスタディはTATとロールシャッハ法に比べ左のBA10が優位に活動している。これはP-Fスタディとロールシャッハ法における発話前の時間，また，P-FスタディとTATにおける発話前の時間とに関連があり，また，P-Fスタディ，ロールシャッハ法とTATにおける側化指数にも関連があった。いいかえると，左半球のBA10の優位は言語的なことを考えることで生じると示唆される。

最後に，感情の影響を考える。TATの絵は手術や心配そうな主人公の少年などにより暗

い印象を与え，P-Fスタディは主人公がフラストレーションを感じるようなことを言われるという状況を見せているので，これらの特徴がネガティブな感情を引き起こす可能性もある。ポジティブな感情は右よりも左の前頭前野を賦活させ (Canli et al., 1998)，恐れは右前頭前野と右前頭前野の腹側と背側を賦活させる (Hugdahl et al., 1995)。これらの脳領域はNIRSでは直接測定できない脳の内側に位置している。これらのことから，P-FスタディとTATにおける負の感情は右前頭前野を賦活させるにもかかわらず，負の感情がBA10の賦活に与える影響を測定できない可能性がある。筆者らは負の感情がP-FスタディとTATで生じると考えた。このことはこれら2つのテストで右前頭前野が賦活することを意味している。しかし，負の感情に関する脳領域は深部に位置するのでNIRSでは測定できない。一方，何らかの形で右BA10は同側の前頭前野に投射されている可能性を否定しない。これは感情が間接的にBA10の賦活に影響を与えているといえるし，LIは統計的に有意ではないがゼロよりもプラス側に移動していることからも示唆される。

またTATとロールシャッハ法において有意差が認められなかったことについては，参加者間の脳活動が一定していないことによる可能性が考えられる。住谷ほか (Sumitani et al., 2006) はNIRSを用いて健常者にWCSTを行わせた際の前頭前野の活動を測定し，左右半球活動の対称性について論じている。それぞれの参加者は片方，もしくは両方の大脳半球を安定的に使用しているが，参加者間ではより賦活している大脳半球は一定ではない。ヴァン・ホーン (Van Horn et al., 1996) とファルガッターとストリック (Fallgatter & Strik, 1998) は，WCSTを利用したfMRIとPETの研究で同じことを報告している。このことは，WCSTが必要とするいくつかの前頭前野の機能である注意やワーキングメモリの利用について個人間では反応戦略がさまざまである可能性を示唆している。

結論として，この研究では，P-Fスタディはロールシャッハ法とTATよりも優位に左半球が活動していることが示された。この結果は，参加者がP-Fスタディに答えるときに視覚刺激を呈示されているものの言語的に考えていると推測できる。一方，ロールシャッハ法では有意差はみられないがP-Fスタディよりも右前頭前野が活動していた。これは，ロールシャッハ法がより社会性と感情に関連していることを示唆している。次の課題として，測定領域と時間および空間の分解能，参加者の性比の偏りを最小にし，課題刺激の内容を明らかにすることで，脳活動を通して性格検査の機構をさらに詳細に明らかにすることで性格検査と脳活動との関連の解明が進むであろう。

2．生理指標の観点から

注視制御は現在進行形の知覚，認知，および行動をリアルタイムで表象するものであり (Henderson, 2003)，さらに，瞳孔反応は遂行中の認知課題に対する注意資源の度合いや認知的努力を反映する (Beatty, 1982)。また，グランホルムほか (Granholm et al., 1996) は，資源が上限を下回っている間は，処理要求が増大するにつれ，瞳孔径が機械的に増大し，資源の上限付近になるとほとんど変化がなく，利用可能な資源を超える処理要求があったとき

は，瞳孔径が小さくなり始めると報告している。このように眼球の生理的反応は，あまり顕在化しないヒトのさまざまな脳内情報処理過程を反映していると考えられる。

注視制御と瞳孔反応は認知処理に関する重要な情報を提供するにもかかわらず，心理検査や性格検査と注視制御および瞳孔反応の関係について実験した研究は少ない。倉知ほか（Kurachi et al., 1994）は，ウェクスラー成人知能検査遂行時の統合失調症患者の眼球運動について，トーマス（Thomas, 1963）は，眼球運動とロールシャッハ法に関する最初の報告をした。また，ミナシアンほか（Minassian et al., 2004），原田（1996），堀ほか（Hori et al., 2002）は，健常者と統合失調症患者の眼球運動を比較し，統合失調症患者は非患者群と比べて，異なる眼球運動と瞳孔反応をしていたと報告している。ロールシャッハ法とボストン命名法（BNT）を行っている時の瞳孔径を比較したとき，複雑な絵では単純な線画よりも瞳孔は大きかった（Minassian et al., 2004）。これら3種類の投影法は同じカテゴリーに属しているが，教示や提示する絵は異なるが，この研究ではロールシャッハ法とP-Fスタディは注視制御と瞳孔反応において異なる傾向を示す可能性が予想される。

そこで，この仮説を検証するために，ロールシャッハ法，TAT，そしてP-Fスタディによって引き起こされる注視方向を測定し比較した。

(1) 方　法
1) 参加者

前述のNIRS実験時に同時計測したことから，アネット利き手検査（Annett, 1970）により右利きであった男性14名と女性3名（年齢：平均13歳10か月，標準偏差10か月）が参加し，そのデータを分析した。このうち2名は，データがうまくとれなかったことから解析対象から外した。

2) 手　順

前述のNIRSによる脳機能計測のときと同じ方法で行ったが，その際に視線検出装置を用いて，注視方向の変化と瞳孔径について測定した。

3) 視線検出装置

視線検出器としてTalk Eye IIシステム（竹井機器工業）を用いた。Talk eye IIシステムは検出器（T.K.K.2940g）と記録用パソコン（T.K.K.2940b）で構成されていた。眼球運動は赤外光による光彩反射像（プルキンエ像）の位置と虹彩の中央の位置との相対的な距離によって算出された（瞳孔—虹彩反射法）。

4) 測定方法およびデータ分析

利き目における注視方向の変化（移動速度，移動距離，そして場所）と瞳孔径はTalk Eye IIにより30Hzごとに測定された。注視点の定義は200ミリ秒以上2度以内に視線が停留している状態とし（Kojima et al., 1992），各カードについて，刺激呈示期間中の注視点数，全注視距離，平均注視距離，平均注視時間の4項目が眼球運動のデータとして参加者ごとに算出された。

表Ⅲ-6-4　3種類の性格検査遂行時の眼球運動に関する各種データ

刺激	注視位置 (deg)				瞳孔径 (dot)				移動速度 (deg/秒)		注視時間 (秒)	
	X		Y		X		Y					
	平均	標準偏差	平均	標準偏差	平均	標準偏差	平均	標準偏差	平均	標準偏差	平均	標準偏差
ROR 1	0.13	0.96	−0.85	3.51	32.01	12.89	31.09	13.11	20.32	18.95	7.90	7.43
ROR 2	0.43	1.06	−1.10	3.53	34.45	10.91	33.91	11.98	23.80	17.43	6.29	5.85
ROR 3	0.48	1.37	−1.99	4.86	31.02	10.80	30.71	11.59	27.68	25.36	5.49	5.57
ROR 4	0.24	1.36	−2.12	4.90	29.47	9.16	29.77	10.18	27.56	19.94	5.37	6.12
TAT 1	1.20	1.13	−2.06	2.64	33.76	13.30	32.83	13.31	18.10	9.88	8.42	7.25
TAT 2	−0.57	1.93	−2.52	3.74	33.25	10.53	32.75	10.48	26.16	16.22	6.96	6.53
P-Fスタディ 1	−1.34	4.12	−0.89	8.94	30.77	16.50	29.57	16.45	30.58	23.65	6.57	6.45
P-Fスタディ 2	−2.12	4.77	0.54	6.91	28.40	11.96	27.70	12.04	32.61	29.90	6.44	7.05
P-Fスタディ 3	−1.98	5.45	0.93	6.47	29.57	11.15	28.64	11.64	32.54	31.75	6.59	6.79

$N=15$

(2) 結　果

　眼球運動と瞳孔径に関するすべての計測データを表Ⅲ-6-4に示した。検査間で注視時間に差はみられなかった ($F(2,134)=0.049, ns$)。眼球の移動速度にも検査間で差はなかった ($(F(2,134)=1.948, ns$)。瞳孔径（縦と横）にも検査間で差はなかった ($F(2,134)=0.706, ns$; $F(2,134)=0.871, ns$)。一方，注視点は検査間で水平方向に差がみられた ($F(2,134)=7.795, p<0.001$; $F(2,134)=2.395, ns$)。Tukeyの事後検定により，ロールシャッハ法の水平方向はP-Fスタディよりも有意に中心から離れており ($p<0.002$)，TATの水平方向はP-Fスタディよりも有意に中心から離れていた ($p<0.003$)。

　視線方向については判別指数が44.4％であったことから，ロールシャッハ法，P-Fスタディ，TATの3群では，ロールシャッハ法とTATは分離できなかった。そして，ロールシャッハ法とTATの視線方向は水平方向に，P-Fスタディは垂直方向であった（図Ⅲ-6-4）。注視時間は，ロールシャッハ法，P-Fスタディ，TATの3群では，判別指数が66.7％であった。ロールシャッハ法とTATは完全には分けられなかったが，P-Fスタディは他の2つとは容易に分けられた（図Ⅲ-6-5）。注視点移動速度については，判別指数が44.4％であったことから，これら3つの検査では分けられなかった。さらに，瞳孔径については，TATでは相対的に大きく，P-Fスタディでは相対的に小さかった。ロールシャッハ法の瞳孔径はばらついていた（図Ⅲ-6-6）。

(3) 考　察

　注視点については，水平方向に関して差がみられた。結果は，①P-Fスタディは垂直方向の眼球運動をみせ，ロールシャッハ法とTATは水平方向の眼球運動をみせた。②P-Fスタディは注視点の移動が素早く，ロールシャッハ法とTATは注視点の移動がゆっくりだが絵によって異なっていた。③瞳孔径はP-Fスタディ＜ロールシャッハ法＜TATであった。

　垂直方向と水平方向の眼球運動に差がみられる原因は，絵の構成にあるだろう。P-Fスタディの絵は横よりも縦のほうが長いが，TATとロールシャッハ法の絵は，縦よりも横の

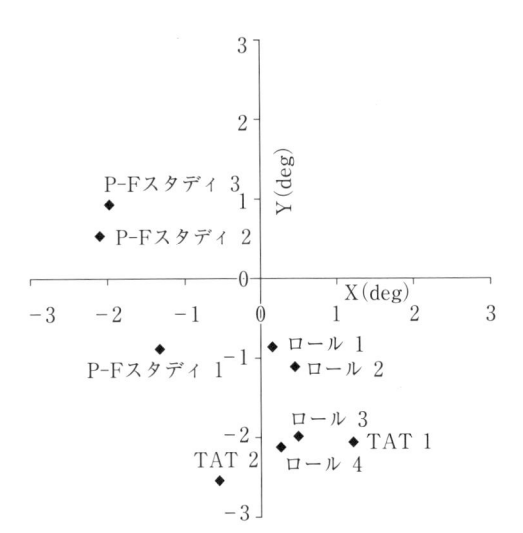

図Ⅲ-6-4 ロールシャッハ法，P-Fスタディ と TAT における注視位置

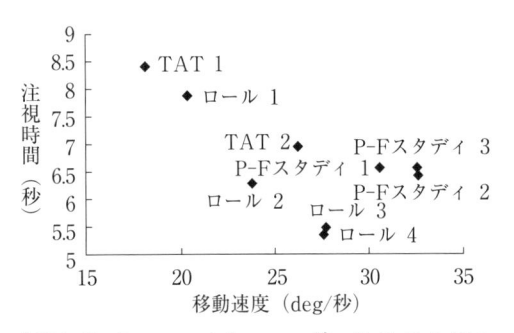

図Ⅲ-6-5 ロールシャッハ法，P-Fスタディ と TAT における移動速度と注視時間の関係

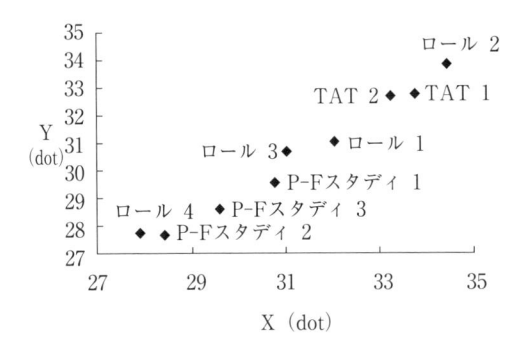

図Ⅲ-6-6 ロールシャッハ法，P-Fスタディ と TAT における瞳孔径

ほうが長い。これら縦横比の違いが眼球運動の違いに影響していると考えられる。絵の複雑さに依存して，検査間で注視点の移動速度に違いが生じる可能性がある。なぜなら，P-Fスタディは単純な線画であるが，ロールシャッハ法とTATは複雑な絵であることが考えられる。

さらに，瞳孔径には違いがあった。瞳孔径は認知的負荷量の指標である。グランホルムほか（Granholm et al., 1996）は，認知的負荷が少ないか超過しているときは，瞳孔径は小さくなり，認知的負荷が限界に近いときは瞳孔径が大きくなるとしている。P-Fスタディ遂行時の瞳孔径が小さく，ロールシャッハ法とTAT遂行時の瞳孔径が大きいことから，P-Fスタディの認知的負荷は小さいか超過しており，ロールシャッハ法とTATの認知的負荷は限界に近いくらい大きかったと考えられる。

以上から，各課題処理に必要とする視覚情報収集の際に用いる眼球運動の特性に違いが生じることが明らかであり，各性格検査についてまとめると以下のようになる。① P-Fスタディは縦長の構図をしていることと，線画であるという2つの特徴があるため，他の2種類の投影法とは質が異なる。②ロールシャッハ法は図版ごとの個別性が高い。③ TATは絵が一番細かく，細部まで見る必要があることから，瞳孔径が大きくなる。さらに，注視制御における近年の研究は，イメージから得られる刺激ベースの情報ボトムアップ型と，内部の視覚および認知システムから得られる記憶ベースの知識トップダウン型という2つの可能性に焦点を当てている（Henderson, 2003）。これら投影法は記憶の回想が必要であることから，今回の性格検査のうちロールシャ

ッハ法とTATはトップダウン型であり，さらにそれが右半球の活動優位を示している可能性（Tulving et al., 1994）もある。

　これら2つの実験を通して，BA10においてはロールシャッハ法とTATは右半球側が優位に活動するが，P-Fスタディでは左半球側が優位に活動していたと考えられる。この結果は感情と社会性に関する脳活動を反映している可能性も示されるとともに，記憶の回想を行っている可能性が示唆された。
　このように，ロールシャッハ法に記憶の回想，社会性，感情が絡む可能性が示唆されたことから，より多面的な性格特性を反映している可能性がある。今後は，さらにロールシャッハ法の各図版刺激における脳活動部位についてfMRIなどの脳深部計測機器を用いて明らかにし，さらなる客観性の向上を目指していく必要があると考えている。

〈文献〉

Annett, M. (1970) A classification of hand preference by association analysis. *British Journal of Psychology*, **61**, 303-321.

Asari, T., Konishi, S., Jimura, K., Chikazoe, J., Nakamura, N. & Miyashita, Y. (2008) Right temporal activation associated with unique perception. *NeuroImage*, **41**, 145-152.

Beatty, J. (1982) Task-evoked pupillary responses, processing load, and the structure of processing resources. *Psychological Bulletin*, **91**, 276-292.

Brothers, L. (1990) The social brain: A project for integrating primate behavior and neuropsychology in a new domain. *Concepts in Neuroscience*, **1**, 27-51.

Canli, T., Desmond, J. E., Zhao, Z., Glover, G. & Gabrieli, J. (1998) Hemispheric asymmetry for emotional stimuli detected with fMRI. *Neuro Report*, **9**, 3233-3239.

Castelli, F., Frith, C., Happe, F. & Frith, U. (2002) Autism, Asperger syndrome and brain mechanisms for the attribution of mental states to animated shapes. *Brain*, **125**, 1839-1849.

Fallgatter, A.J. & Strik, W.K. (1998) Frontal brain activation during the Wisconsin Card Sorting Test assessed with two-channel near-infrared spectroscopy. *European Archives of Psychiatry and Clinical Neuroscines*, **248**, 245-249.

Granholm, E., Asarnow R. F., Sarkin, A. J. & Dykes, K. L. (1996) Pupillary responses index cognitive resource limitations. *Psychophysiology*, **33**, 457-461.

Haida, M. (2002) Implication of a signal from brain optical topography. *MEDIX*, **36**, 17-21.

原田直子（1996）慢性分裂病患者のロールシャッハ・テスト時の注視点に関する研究．精神神経学雑誌，**98**，378-412．

Henderson, J. M. (2003) Human gaze control during real-world scene perception. *Trends in Cognitive Sciences*, **7**(11), 498-504.

Hori, Y., Fukuzako, H., Sugimoto, Y. & Takigawa, M. (2002) Eye movements during the Rorschach test in schizophrenia. *Psychiatry and Clinical Neuroscience*, **56**, 409-418.

Hugdahl, K., Berardi, A., Thompson, W., Kosslyn, S., Marcy, R., Baker, D., Alpert, N. & LeDoux, J. (1995) Brain mechanisms in human classical conditioning: A PET blood flow study. *Neuro Report*, **6**, 1723-1728.

Ito, M., Fukuda, M., Suto, T., Uehara, T. & Mikuni, T. (2005) Increased and decreased cortical reactivities in novelty seeking and persistence: A multichannel near-infrared spectroscopy study in healthy subjects. *Neuropsychobiology*, **52**, 45-54.

Kircher, T., Liddle, P., Brammer, M., Williams, S., Murray, R. & McGuire, P. (2001) Neural correlates of formal thought disorder in schizophrenia. *Archives of General Psychiatry*, **58**, 769-774.

Kircher, T., Liddle, P., Brammer, M., Williams, S., Murray, R. & McGuire, P. (2002) Reversed lateralization of

Kircher, T., Liddle, P., Brammer, M., Williams, S., Murray, R. & McGuire, P. (2002) Reversed temporal activation during speech production in thought disordered patients with schizophrenia. *Psychological Medicine*, 32, 439-449.

Kircher, T., Oh, T., Brammer, M. & McGuire, P. (2005) Neural correlates of syntax production in schizophrenia. *British Journal of Psychiatry*, 186, 209-214.

Kojima T., Matsushima, E., Ando, K., Ando, H., Sakurada, M., Ohta, K., Moriya, H. & Shimazono, Y. (1992) Exploratory eye movements and neuropsychological tests in schizophrenic patients. *Schizophrenia Bulletin*, 18, 85-94.

Kurachi, M., Matsui, M., Kiba, K., Suzuki, M., Tsunoda, M. & Yamaguchi, N. (1994) Limited visual search on the WAIS picture completion test in patients with schizophrenia. *Schizophrenia Research*, 12, 75-80.

Maki, A., Yamashita, Y., Ito, Y., Watanabe, E., Mayanagi, Y. & Koizumi, H. (1995) Spatial and temporal analysis of human motor activity using noninvasive NIR topography. *Medical Physics*, 22, 1997-2005.

McCarthy, G., Blalire, A., Rothman, D., Gruetter, R. & Shulman, R. (1993) Echo-planer magnetic resonance imaging studies of frontal cortex activation during word generation in humans. *Proceedings of the National Academy of Sciences of United Sates of America*, 90, 4952-4956.

Minassian, A., Granholm, E., Verney, S. & Perry, W. (2004) Pupillary dilation to simple vs. complex tasks and its relationship to thought disturbance in schizophrenia patients. *International Journal of Psychophysiology*, 52, 53-62.

Murray, H. A. (1943) *Thematic Apperception Test: Manual*. Cambridge,Mass.: Harvard University Press.

Ogawa, S., Lee, T., Kay, A. & Tank, D. (1990) Brain magnetic resonance imaging with contrast dependent on blood oxygenation. *Proceedings of the National Academy of Sciences of United Sates of America*, 87, 9868-9872.

Ogawa, S., Tank, D., Menon, R., Ellermann, J., Kim, S., Merkle, H. & Ugurbil, K. (1992) Intrinsic signal changes accompanying sensory stimulation: Functional brain mapping with magnetic resonance imaging. *Proceedings of the National Academy of Sciences of United Sates of America*, 89, 5951-5955.

Okamoto, M., Dan, H., Sakamoto, K., Takeo, K., Shimizu, K., Kohno, S., Oda, I., Isobe, S., Suzuki, T., Kohyama, K. & Dan, I. (2004) Three-dimensional probabilistic anatomical cranio-cerebral correlation via the international 10-20 system oriented for transcranial functional brain mapping. *NeuroImage*, 21, 99-111.

Pardo, J. & Fox, P. (1993) Preoperative assessment of the cerebral hemispheric dominance for language with CBF PET. *Human Brain Mapping*, 1, 57-68.

Shaywitz, B., Pugh, K., Constable, R., Shaywitz, S., Bronen, R., Fulbright, R., Shankweiler, D., Katz, L., Fletcher, J., Skudlarski, P. & Gore, J. (1995) Localization of semantic processing using functional magnetic resonance imaging. *Human Brain Mapping*, 2, 149-158.

Sumitani, S., Tanaka, T., Tayoshi, S., Ota, K., Kameoka, N., Ueno, S. & Ohmori, T. (2006) Activation of the prefrontal cortex during the Wisconsin Card Sorting Test as measured by multichannel near-infrared spectroscopy. *Neuropsychobiology*, 53, 70-76.

Thomas, E. L. (1963) Eye movements and fixations during initial viewing of Rorschach cards. *Journal of Projective Techniques and Personality Assessment*, 27, 345-353.

Tulving, E., Kapur, S., Craik, F., Moscovitch, M. & Houle, S. (1994) Hemispheric encoding/retrieval asymmetry in episodic memory: Positron emission tomography findings. *Proceedings of the National Academy of Sciences of United Sates of America*, 91, 2016-2020.

Van Horn, J. D., Berman, K. F. & Weinberger, D. R. (1996) Functional lateralization of the prefrontal cortex during traditional frontal lobe tasks. *Biological Psychiatry*, 39, 389-399.

Watanabe, A., Matsuo, K., Kato, N. & Kato, T. (2003) Cerebrovascular response to cognitive tasks and hyperventilation measured by multi-channel near-infrared spectroscopy. *Journal of Neuropsychiatry and Clinical Neuroscience*, 15, 442-449.

あとがき──ロールシャッハは何のようか？

　推理小説のような謎解きの醍醐味，という表現は不謹慎といわれるかもしれないが，ロールシャッハ法のイメージの1つといえるだろう。なぜこの反応が生じたのか？　あるいは逆に，なぜ出てこないのか？　などとテスティーの心の流れを追い，いくつもの手がかりを関連づけながら「その人」像を描いていく，それは難しいけれどワクワクする作業である。「その人の世界」を旅するための地図とか羅針盤のようなものにも思える。エックス線写真のような，と表現したこともある。このたとえはかなりP反応ではないかと思われる。味わい深さという点では，かみごたえのあるスルメのようでもあり，フルコースの豪華ディナーのようでもある。ロールシャッハという人は，シェークスピアやビートルズのような不世出の天才だ，というたとえはどうだろうか。これはもう同じ趣味をもつ人にしか通じないかもしれない。

　このようにロールシャッハ法は，それ自体さまざまに異なるイメージを投映しうる存在だといえよう。本書にはロールシャッハ法を愛する仲間が集っているが，それぞれの人のロールシャッハ・イメージがいくつもあるにちがいない。執筆者の多くは，故・村上英治先生から直接間接の影響を受けて，この道に入った。村上先生は「人間大好き」な先生であった。ロールシャッハ・プロトコルは人間そのものである。これが究極のたとえといってもよいだろうか。

　また本書では，人間理解の手段として，と同時に，かかわりの媒介として，ロールシャッハ法を2つの側面からとりあげたわけだが，アセスメントとセラピーは切っても切り離せないものだということをあらためて感じとってもらえたら幸いである。

　出版に至るまでには多くの方々の協力を得た。特にII部の児童・青年期の基礎データの検討をするにあたっては，高橋依子先生（大阪樟蔭女子大学）による一般成人データ資料に加えて貴重なご示唆をいただいた。また，名古屋大学の大学院生・卒業生たちに基礎データの入力や分析の一部に携わってもらった。思いのほか月日を要することとなってしまったが，金子書房の井上誠編集部長には計画当初より温かい励ましと多大なご尽力をいただき，そのおかげで完成にこぎつけることができた。さらに，テスティーとして私たちに大いなる学びを提供してくださった，多くの皆様にも心より感謝の気持ちをお伝えしたい。ありがとうございました。

　　2013年8月

　　　　　　　　　　　　　　　　　　　　　　　　　　　　　　　　　　編者一同

人名索引

A
秋谷たつ子　7,37,38,149,150
秋山誠一郎　4
Ames, L. B.(エイムス)　24,58,81
Annett, M.　184,190
Anzieu, D. D.(アンジュー)　11
青木　宏　105
Armstrong, J. G.(アームストロング)　132
Asari, T.　183
Axline, V. M.(アクスライン)　174

B
馬場禮子　8,9,34,87,141,150
Bash, K. W.(バッシュ)　11
Beatty, J.　189
Beck, S. J.(ベック)　5,55
Beizmann, C.　6
Berman, K. F.　183
Blanchard, W. H.(ブランチャード)　152
Blatt, S.(ブラット)　176
Bleuler, E.(ブロイラー)　110
Blos, P.(ブロス)　81
Brammer, M.　183
Breedy, A. L. R.(ブリーディ)　132
Briere, J.　131
Brothers, L.　188
Buber, M.(ブーバー)　29
Butcher, J. N.(ブッチャー)　129

C・D
Canli, T.　189
Castelli, F.　188
長　新太　15
Cornell, D. G.(コーネル)　176
DeVos, G.(デボス)　7,8,12,43,97

E
Epstein, N. B.　152
Exner, J. E.　9,10,28,29,55,78,80,82,84

F
Fallgatter, A. J.(ファルガッター)　183,189
Finn, S. E.(フィン)　129,176
Fox, P.　183
Frank, L. K.(フランク)　17,19
Freud, S.(フロイト)　15,35
藤岡喜愛　12,15,17,19-22,35
深田昭三　155

深井玲華　132
福井義一　120,122

G
Gill, M.　17,43
Granholm, E.(グランホルム)　189,192
Greco, C. M.(グレコ)　176
Greenhalgh, T.(グリーンハル)　28
Gunderson, J. G.(ガンダーソン)　128

H
Haida, M.　185
袴田雅大　18
Hallowell, A. I.　i
Halpern, F.(ハルパーン)　60
浜中薫香　23,45,47,55,60,72,74,82
Handler, L.(ハンドラー)　175,176
原田直子　190
橋本健一　4
Henderson, J. M.　189,192
Holt, R. R.(ホルト)　176
本城秀次　132
Hori, Y.(堀)　190
堀見太郎　4-6
Hugdahl, K.　189
Huizinga, J.(ホイジンガ)　172,173
Hurwitz, B.(ハーウィッツ)　28

I・J
井村恒郎　11
井上晶子　140
石井敬子　12
井澗知美　131
Ito, M.(伊藤)　183
Jung, C. G.(ユング)　15,35

K
影沢典子　132
懸田克躬　11
笠原　嘉　8
鹿島晴雄　161
片口安史　5,11-13,21,78,95,140
河合隼雄　37,38
川井　尚　153
Keller, J. W.　13
Kelly, D. M.(ケリー)　55
Kelly, F. D.(ケリー)　132
菊池清美　132

菊池義人　132
Kircher, T.　183
岸本寛史　28
北村麻紀子　162
北村依子　50, 67, 71, 87
Kitayama, S.(北山)　12
Kleiger, J. H.(クレーガー)　175
Klein, M.(クライン)　174
Klopfer, B.(クロッパー)　5, 6, 10, 21, 22, 33, 55, 78
Kojima, T.　190
小松教之　132
Kraepelin, E.(クレペリン)　4
Kretschmer, E.(クレッチマー)　3
久保良英　4
久保田さち　132
Kuhn, T. S.(クーン)　21, 28
Kurachi, M.(倉知)　190
倉本英彦　136
黒田重英　5

L
Ledwith, N. H.　23
Lerner, H. D.(ラーナー)　175
Lerner, P. M.(ラーナー)　8, 175
Levy, J.　152
Loewenstein, R. J.(ローウェンスタイン)　132
Loveland, N.(ローベランド)　152

M
前田貴記　161
Maki, A.　185
Markus, H. R.(マーカス)　12
丸井文男　42
Masuda, T.(増田)　12
松本真理子(Matsumoto, M.)　12, 16, 18, 19, 23, 24, 47, 50, 71, 78, 80, 82, 84, 132, 153
松瀬喜治　149
松沢哲郎　20
McCarthy, G.　183
McGuire, P.　183
Meyer, G. J.(メイヤー)　28, 29
Minassian, A.(ミナシアン)　190
Minkowska, F.(ミンコフスカ)　6
三浦恭子　131
三浦岱栄　11
宮 孝一　4
宮田義雄　4
森川直樹　132
森田美弥子　8, 16, 19, 23, 34, 71, 80, 82, 103, 105, 108, 111, 115, 132, 140
本明 寛　4, 11
村上英治　8, 11, 29, 33, 38, 42, 50, 52, 53, 55, 58, 88, 97, 100, 105, 120, 123

村松常雄　7, 8, 42
村瀬孝雄　129
Murray, H. A.(マレー)　34, 184
無藤隆　155

N
長坂五朗　4, 5
永田雅子　34
長屋正男　132
中村和夫　17, 20
中根千枝　13
中島健一　131
Nisbett, R. E.(ニスベット)　12
西尾博行　10, 12, 45, 52, 53, 57-59, 63, 69, 71, 75, 80, 81, 87, 101, 135
西澤 哲　131
野坂三保子　129
野沢栄司　81, 84
沼 初枝　141

O
大芦 治　105
Oberhorzer, E.　78
大賀梨紗　103
Ogawa, S.　182
小川俊樹(Ogawa, T.)　i, 3, 13, 33, 50, 129
岡田 強　3, 4
Okamoto, M.　185
小此木啓吾　8, 9
On, Kyon Ja(呉)　13
小野和雄　91
小沢牧子　12, 18, 20, 21, 23, 25, 60, 63, 69, 70, 72, 82, 84, 87

P
Pardo, J.　183
Phillips, L.(フィリップ)　43
Pichot, P.(ピショー)　11
Piotrowski, C.　13
Piotrowski, Z. A.(ピオトロフスキー)　5

R
Rapaport, D.(ラパポート)　5, 8-11, 17, 43, 108
Rorschach, H.(ロールシャッハ)　i, 3-6, 15-20, 22, 27, 33, 35, 50, 55, 67, 70, 71, 78, 87, 172, 174
Russ, S.(ラス)　176

S
Sackett, D. L.(サケット)　28
斎藤清二　28
皿田洋子　81
佐竹隆三　4
澤田端也　105
Schachtel, E. G.(シャハテル)　55, 67, 87, 95,

人名索引　197

174, 175
Schafer, R.(シェーファー)　5, 8-11, 17, 43
Shaywitz, B.　183
清水晶子　81, 84
篠竹利和　161
白井博美　153, 154
城谷敏男　4
Singer, M. T.(シンガー)　128, 152
Smith, B.(スミス)　172, 175, 178
Smith, J. G.(スミス)　43
空井健三　87, 95, 129
Strik, W. K.(ストリック)　183, 189
須田　治　104
杉原　方　4
Sumitani, S.(住谷)　183, 189
鈴木浩二　152
鈴木睦夫　35, 87

T
田島信元　24
高橋英夫　172
高橋雅春　10, 12, 45, 48, 50, 52, 53, 67, 69, 71, 80-82, 84, 87, 101, 135
高橋道子　171
高橋依子　10, 12, 45, 57-59, 63, 69, 71, 80, 81, 87, 101, 135
Thomas, E. L.(トーマス)　190
坪井裕子　123, 131, 132, 134, 137, 138
辻　悟　5, 6, 23, 36, 45, 47, 55, 60, 72, 74, 82
束原美和子　145
筒井健雄　150
堤　啓　81
都築　学　24
Tuber, S. B.(チューバー)　176

Tulving, E.　183, 193

U
内田勇三郎　3, 4, 12
植元行男　8, 35, 41, 43, 108, 111
上芝功博　87, 95
氏原　寛　36
Urist, J.(ウーリスト)　176

V
Van Horn, J. D.(ヴァン・ホーン)　183, 189
Vygotsky, L. S.(ヴィゴツキー)　17

W
Wallon, H.(ワロン)　6
Watanabe, A.　185
Weinberger, D. R.　183
Weiner, I. B.(ワイナー)　3, 4, 10, 17-19, 127, 128
Werner, H.(ウェルナー)　18
Willi, J.　152
Windelband, W.(ヴィンデルバント)　27
Winnicott, D. W.(ウイニコット)　26, 27, 172-176, 178
Wood, J. M.　3
Wundt, W.(ヴント)　27
Wynne, L.(ウィン)　152

Y・Z
山本知加　131
安田慶子　132
横川ひさえ　155
Zanti, B.(ザンチ)　11

事項索引

【アルファベット順】

Abstraction and Card Impression　109
Anxiety　97
Arbitrary Thinking　109
Association-Looseness　110
Associative Debilitation and "Labile Bewußtseinslage"　109
Autistic Thinking　110
Bodily Preoccupation(Bod)　97
CBCL(Child Behavior Checklist/4-18)　131, 134
Constrictive Attitude　108
CRT(Consensus Rorschach Test)　152
C反応　69
C'反応　69
Defensive Attitude　109
Dependency　97
D反応　57
d反応　59
Dd反応　57
Fabulization Response　109
fMRI　182
F%　3, 24
F+%　79
F反応　69
FM反応　69
here and now　148
Hostility　97
Inappropriate Behavior　110
MDC(Most Disliked Card)　117
Miscellaneous　97
MLC(Most Liked Card)　117
MMPI　3, 129
MOA(Mutuality of Autonomy Scale)　176
M反応　69
m反応　69
Neutral　97
NIRS(Near-Infrared Spectroscopy)　182, 185, 190
Obsessive and Circumstantial Response　109
Personal Response and Ego-Boundary Disturbance　110
P-Fスタディ　183, 187, 188, 191
Positive Feeling　97
PTSD　131
P反応　23, 71, 78, 82, 117, 144, 146
Repetition　109
R+%　79
TAT　7, 42, 183, 187, 188, 191
TC/R　132
Verbal Strangeness　110
WCST　183
WISC-Ⅲ　184
W反応　57
XA%　80

【五十音順】

あ行

アイデンティティ　150
アスペルガー障害　161, 163
アセスメント　3, 131, 141, 161
アセスメント・ツール　33, 153, 159
遊び　15, 26, 172
遊ぶこと　27, 173, 175
アネット利き手検査　184, 190
育児不安　153
移行関係性　173
移行現象　173
移行対象　173
依存感情　8, 43, 97, 134
イメージ　15, 35, 47, 87, 140, 179, 192
イメージ図版　117
イメージの世界　15, 20, 35
陰影　43
陰影反応　67
インクブロット　3, 15, 26, 35, 55, 67, 87, 152, 162, 179
インテーク面接　136, 141, 148
ウィスコンシン・カードソーティング・テスト　183
ウェクスラー式知能検査　34, 128, 190
ウェクスラー法　161, 164, 184
ウェルニッケ領域　188
運動感覚　71
運動反応　43
エクスナー法(式)　3, 10
エピソード記憶　183
エビデンス　28
親イメージ図版　120

か行

快的感情　43, 97, 134
外的世界　26
解剖反応　88
片口法(式)　5, 11, 78, 165

カラーショック　46
眼球運動　190,191
間隙反応　43
感情カテゴリー　8,36,43,97,103,134
感情的価値　97
帰属スタイル　105
機能的磁気共鳴画像法　182
虐待　131
逆転移　142
強迫・細事拘泥の反応　109
拒否・失敗型　22,26
起立性調節障害　146
近赤外分光法　182
クロッパー法(式)　5,10,28,43,176
慶應大学式　8,11
継起分析　8,144,146,162
形式分析　87,142,146
形態水準　5,18,43,78
形態判断実験　17
形態反応　78
継列分析　31,36,87
結合反応　43
決定因　43,67,108
決定因の幅　70
言語　20,22
言語表現の特異性　110
検査バッテリー　22,164
現実世界の体験　15
合意反応　155
合意ロールシャッハ法　152
好悪図版　117
効果判定　129
硬直・厳格型　22,26
広汎性発達障害　161
黒色図版　69
個人的体験の引用と自我境界の障害　110
個性記述的接近　27,29,31
子どもの知覚　18

さ行

作話的反応　109
産出過程　19
恣意的思考　8,109
自我心理学　8
自我の統合水準　144,148
色彩刺激　163
色彩反応　67,163
刺激絵　184
思考・言語カテゴリー　8,36,43,108,134
自然物反応　88
質疑段階　67,108,136,141,168
質的分析　36
自閉的思考　110
しみ絵遊び　172

自由・逸脱型　23,26
柔軟型　22,26
自由反応段階　67,108,136,141,168
主題統覚検査　183
主題分析　9
準P反応　71
情緒体験　163,168
情緒的反応性　75
初発反応時間　45,165
人工品およびその他の反応　88
身体的関心　43,97
身体的虐待　132,137
心的外傷後ストレス障害　131
心理査定　127
心理査定の危機　127
心理療法　127,140
心理療法の作業同盟　141,146,150
心理療法の適応性　140
スコアリング方法　43
精神分析　9,17
性的虐待　132,137
摂食障害　142
潜在空間　26,172,175
全体反応　12,60,163
相互自立性尺度　176

た行

対象関係論　9,172,175
態度分析　8
多彩色図版　71
知覚　16,22,35,67,108,189
知覚の統合度　156,158
父親イメージ　120
注意制御　189
抽象的表現・カードの印象　109
中枢性統合機能　163
中性感情　43,97
治療的体験　150
敵意感情　8,43,97,134
照らし返し　173
転移　150
投影(映)　19,22,35
投影(映)法　7,9,17,19,33,34,131,182,190
統覚　17,34,35
統合失調症　128,161,190
瞳孔反応　190
動物像反応　88
動物反応　87
トラウマ　132
トラウマ指標　132

な行

内的現実　15
内的衝動性　71

内的世界　15, 26
名古屋大学式ロールシャッハ法(技法)　36, 42, 97
ナラティブ・ベイスト・アプローチ　28
人間運動反応　67
人間像反応　88
人間反応　87
認知構造化過程　19
認知・思考過程　162, 165
認知神経科学　182
認知の成熟度　156
ネグレクト　133
濃淡刺激　163

は行

ハイラムダ　3
発達　19, 23
発達における一般性　24
発達における個性　25
発達における特殊性　24
母親イメージ　121
早すぎる解釈　141
阪大式のスコアリング　6
阪大法(式)　5, 11, 55
反応拒否　51, 55, 137
反応産出にともなう困難・萎縮的態度　108
反応数　50
反応内容　8, 43, 87, 97, 118, 133, 156
反応の反復　109
ピオトロフスキー法(式)　5, 28
不安感情　43, 97, 134
フィードバック面接　140, 150
服飾反応　88

不適切な言動　110
部分反応　60
プレイセラピー　26, 31, 172
プレイフル　175
ブロカ領域　188
ブロットの濃淡　70
文化　42, 78, 152
文化差　8, 12
平凡反応　29, 43
ベック法(式)　5, 7, 9, 10, 28, 43
ヘルツ法　28
防衛的な態度　109
包括(的)システム　9, 28, 51, 55, 78, 82, 155, 176
法則定立的接近　27, 31
母子関係　128, 153
母子CRT　153

ま行

無彩色反応　8, 67
無生物運動反応　67
名大法(式)　7, 11, 42, 55, 67, 78, 84, 97, 133
最も嫌いな図版　117
最も好きな図版　117
モニタリング　129

ら行

ラパポート・シェーファー法(式)　5, 8, 28
力動的心理療法　129
領域(反応)　55, 108, 156
量的分析　36, 50
連想過程の衰弱・不安定な意識状態　109
連想弛緩　110
『ロールシャッハ研究』　4, 12

執筆者一覧

●編　者

松本　真理子（まつもと　まりこ）　　名古屋大学発達心理精神科学教育研究センター教授
森田　美弥子（もりた　みやこ）　　　名古屋大学大学院教育発達科学研究科教授
小川　俊樹（おがわ　としき）　　　　放送大学大学院臨床心理学プログラム教授

●執筆者　　（執筆順）

小川　俊樹（おがわ　としき）	編　者	Ⅰ部1章，Ⅲ部序章
松本　真理子（まつもと　まりこ）	編　者	Ⅰ部2章，Ⅱ部1章，4章
森田　美弥子（もりた　みやこ）	編　者	Ⅰ部3章，Ⅱ部1章，9章
畠垣　智恵（はたがき　ちえ）	静岡大学人文社会科学部専任講師	Ⅱ部2章
大賀　梨紗（おおが　りさ）	愛知県女性相談センター主任	Ⅱ部3章
鈴木　伸子（すずき　のぶこ）	愛知教育大学教育学部准教授	Ⅱ部5章
袴田　雅大（はかまだ　まさひろ）	中津川市民病院臨床心理士	Ⅱ部6章
大橋　陽子（おおはし　ようこ）	あいち小児保健医療総合センター臨床心理士	Ⅱ部7章
平久江　薫（ひらくえ　かおる）	女子美術大学杉並学生相談室カウンセラー	Ⅱ部8章
坪井　裕子（つぼい　ひろこ）	人間環境大学人間環境学部教授	Ⅱ部10章，Ⅲ部1章
古井　由美子（ふるい　ゆみこ）	愛知医科大学病院こころのケアセンター技師長	Ⅲ部2章
白井　博美（しらい　ひろみ）	いぬかい小児科臨床心理士	Ⅲ部3章
篠竹　利和（しのたけ　としかず）	日本大学文理学部教授	Ⅲ部4章
佐藤　至子（さとう　よしこ）	仁愛大学大学院人間学研究科教授	Ⅲ部5章
平石　博敏（ひらいし　ひろとし）	金沢大学子どものこころの発達研究センター研究員	Ⅲ部6章

●編者紹介

松本　真理子（まつもと　まりこ）

　名古屋大学発達心理精神科学教育研究センター長・教授。名古屋大学大学院教育発達科学研究科博士課程後期修了。博士（心理学），臨床心理士，学校心理士。聖隷学園浜松衛生短期大学講師，聖隷学園クリストファー看護大学助教授，金城学院大学人間科学部教授を経て，2008年より現職。2011年より発達心理精神科学教育研究センター長。専門は児童・思春期を対象とした臨床心理学。主な著書に『子どものロールシャッハ法』（編著）金子書房 2005年，『子育てをささえる心理教育とは何か』（編著）現代のエスプリ別冊　至文堂 2008年，『これからを生きる心理学──出会いとかかわりのワークブック』（編著）ナカニシヤ出版 2008年，『子どものロールシャッハ反応──形態水準と反応内容』（監修）金剛出版 2009年，『子どもの臨床心理アセスメント』（編著）金剛出版 2010年，『子どもにとって大切なことは何か──フィンランドの学校環境と心の健康』（編著）明石書店 2013年，『世界の学校心理学事典』（監訳）明石書店 2013年，他。

森田　美弥子（もりた　みやこ）

　名古屋大学大学院教育発達科学研究科教授。名古屋大学大学院教育学研究科博士課程後期満期退学。教育学修士，臨床心理士。神経精神科刈谷病院常勤心理職，名古屋大学学生相談室専任カウンセラー，名古屋大学医療技術短期大学部助教授，名古屋大学教育学部助教授を経て，2000年より現職。専門は主に青年期を対象とした臨床心理学。2012年より日本ロールシャッハ学会会長。主な著書に『臨床実践の知』（編著）ナカニシヤ出版 2003年，『21世紀の心理臨床』（編著）ナカニシヤ出版 2003年，『臨床心理査定研究セミナー』（編著）現代のエスプリ別冊　至文堂 2007年，『子どものロールシャッハ反応──形態水準と反応内容』（監修）金剛出版 2009年，『実践ロールシャッハ法──思考・言語カテゴリーの臨床的適用』（共著）ナカニシヤ出版 2010年，『ロールシャッハ法解説──名古屋大学式技法　第5版』（共著）名古屋ロールシャッハ研究会 2011年，他。

小川　俊樹（おがわ　としき）

　放送大学大学院臨床心理学プログラム教授，筑波大学名誉教授。東京教育大学大学院（実験心理学専攻）中退。医学博士，臨床心理士。茨城大学保健管理センター講師，筑波大学心理学系講師，准教授，人間総合科学研究科教授を経て，2012年より現職。専門は，臨床心理学，病態心理学。主な著書に『子どものロールシャッハ法』（編著）金子書房 2005年，『投影法の現在』（編著）現代のエスプリ別冊　至文堂 2008年，『心理学概論──学びと知のイノベーション』（共編著）ナカニシヤ出版 2011年，他。

児童・青年期臨床に活きるロールシャッハ法

2013年11月22日　初版第1刷発行　　　　　　　　　　　　　　　　検印省略

編　者　　松本真理子
　　　　　森田美弥子
　　　　　小川俊樹

発行者　　金子紀子

発行所　　株式会社　金子書房

〒112-0012　東京都文京区大塚3-3-7
TEL　03-3941-0111（代）
FAX　03-3941-0163
振替　00180-9-103376
URL　http://www.kanekoshobo.co.jp

印刷　藤原印刷株式会社　　製本　株式会社宮製本所

© Mariko Matsumoto, Miyako Morita, Toshiki Ogawa et al., 2013　Printed in Japan
ISBN978-4-7608-2646-9　C3011